情報倫理入門

ICT社会におけるウェルビーイングの探求

村田　潔/折戸洋子

|編著|

ミネルヴァ書房

は し が き

　本書は情報倫理の入門書として，情報倫理という研究・実践領域の成立の経緯と学術的・社会的意義，研究上の特質ならびに基礎理論，さらには現在アクティブな研究が行われている情報倫理のさまざまなトピックをカバーしている。本書を読むことによって読者は，情報倫理において何が問題とされ，それに対してどのような提言がなされてきているのかについて理解し，また急速な発展を続けるコンピュータを中心とする情報通信技術（ICT：Information and Communication Technology）の開発と利用に伴って，どのような倫理問題・社会問題が発生しうるのかについて考えることができるようになるであろう。

　ICT の社会・経済への浸透と情報倫理の社会的重要性を念頭に，本書では広範囲の読者を想定して執筆が行われている。とりわけ，あらゆる専攻分野の大学生，ICT エンジニア，ICT ユーザとしてのビジネスパーソン，ICT に関わる政策立案者（ポリシーメーカー），学校や企業などの組織において情報教育に携わる人々，情報倫理に関心のある研究者に本書を手に取ってほしい。

　ICT の開発と利用に関わる倫理問題・社会問題を考察の対象とする情報倫理は，1980年代半ばに応用倫理学の一分野としてその本格的研究活動が開始された。その後，こうした研究課題に取り組むことの社会的重要性が広く認識されるにつれて，情報倫理は応用倫理学の枠組みをはるかに超える学際的研究領域として発展を遂げ，現在では，哲学，倫理学，コンピュータ科学・工学はもちろんのこと，心理学，社会学，法学，政治学，経済学，経営学，文化人類学など，実に多様な学問的バックグラウンドを有する多くの研究者や実務家，ポリシーメーカーが情報倫理研究のコミュニティに参加して活発な議論を繰り広げている。そしてその成果として，ICT の開発と利用に伴って発生する倫理問題・社会問題の認識とその本質の解明，さらには，そうした問題に対処する

ためのさまざまな提案が行われてきている。ICT の発展とともに情報倫理が取り扱う問題も多様化し，プライバシー，監視，デジタルアイデンティティ，ICT プロフェッショナリズム，知的財産権，ジェンダーとコンピューティング，AI 倫理，ロボット倫理，サイボーグ倫理などのテーマが議論されてきている。また，ICT という技術のグローバル性（global reach）と，人間ならびに社会のローカル性を反映して，国際比較研究あるいは異文化比較研究も数多く実施されている。

　情報倫理の目的は，ICT 社会における人間存在のあり方を問い直し，ICT の開発ならびに利用と，個人の自由や自律，尊厳，また公正，平等，正義などの人間的・社会的価値との統合を実現することである。そしてさらに，人間中心の視点に必ずしもとらわれることなく，社会全体の繁栄とそこに存在する情報体としての個人や組織，コミュニティ，また動植物と非生物を含む自然環境さらには生態系の，そして人工物そのものの「善きありかた」＝「ウェルビーイング（well-being）」の実現を目指すことである。本書の副題を「ICT 社会におけるウェルビーイングの探求」としたのはこのことに基づいている。

　図に示すように，本書は 2 部構成となっている。第 I 部は情報倫理への導入（第 1 章）ならびに総論（第 2 章〜第 4 章）のパートである。第 1 章は，情報倫理問題への認識と理解を深めるための第一歩として，現在あるいは近い将来に発生しうる ICT の開発と利用に関わる倫理的・社会的問題状況を記述した10のケースを収録している。読者自身がこれらのケースについて主体的に考えることをうながすために，各ケースについて何を考えるべきか，またどのように考えるべきなのかについては一切記述していない。ただし，考えるためのヒントとして，ケースを学ぶための手順を例示するとともに，倫理原則について簡単に解説し，さらにそれぞれのケースについてより深く考えるためには第 2 章以降のどの章を読めばよいかを示してある。読者には情報倫理問題に取り組むにあたって，あらかじめ決まったルールや，全面的に依拠できる道徳規範が存在するわけではなく，また必ずしも正解を探し出せるわけでもないことを第 1章のケースを通じて実感してほしい。

図　本書の構成

第Ⅰ部　情報倫理とは何か

第1章　何が問題なのか：
ケースによる学び

| 第2章　情報化の進展と倫理問題 | 第3章　情報倫理の目的 | 第4章　情報倫理の特質 |

第Ⅱ部　情報倫理の諸問題

| 第5章　プライバシー | 第6章　監視社会 | 第7章　ICTプロフェッショナリズム | 第8章　情報社会における所有と共有 | 第9章　ジェンダーとコンピューティング | 第10章　先端的ICTの倫理 |

第11章　情報倫理の未来
情報倫理研究者たちが描くこれからの情報倫理

　続く第2章では，情報化の進展に伴ってどのような倫理問題が認識されてきたのかについて概観している。第3章は情報倫理の研究ならびに実践が，どのような目的のために行われてきているのかについて解説し，第4章は情報倫理という研究分野の特質について論じている。

　第Ⅱ部は情報倫理の各論（第5章〜第10章）と将来展望（第11章）に関する章から成っている。第5章から第10章までに取り上げられているテーマは，いずれも現在，情報倫理研究者によって活発な議論が行われているものであり，今日の情報倫理研究の主要トピックをほぼ網羅している。第11章は「情報倫理の未来」について，世界の情報倫理研究をリードする8名の研究者によって寄稿されたショートエッセイを掲載している。これは，世界的なトップ研究者がこれからの情報倫理についてどのような問題意識を有しているのかを知るための格好の材料を与えるものとなっている。

　本書を読むにあたって，特段定まったルールがあるわけではない。情報倫理についてあまり詳しくない読者は，第1章から順を追って本書を読み進めてもよいであろう。あるいは，本書の構成図の中の破線が示すように，第1章を読

み，そこで興味を持ったケースに関連する第Ⅱ部の章を読んでから，第Ⅰ部の総論に関する章を読んでもよいかもしれない。情報倫理についての知識がある読者の場合は，自分の興味・関心に合わせて各章を読んでいっても構わない。特に海外の情報倫理研究者の考えや，グローバルレベルでの情報倫理研究の状況について知りたいという読者は，第11章を最初に読んでから，そこで感じた問題意識に関連のある各章を読むほうが，より興味深く本書を読み進めることができるかもしれない。

　本書の第1章から第10章までの執筆陣は，それぞれの担当部分に関するエキスパートであり，自らの研究活動を通じて得た豊かな知見に基づいて執筆を行っている。いずれの執筆者も，情報倫理の国際会議である ETHICOMP,CEPE（Computer Ethics Philosophical Enquiry），IACAP(International Association for Computing and Philosophy)，HCC（Human Choice and Computers）や，プライバシーと個人データ保護に関する世界最大規模の国際会議 CPDP（Computers, Privacy and Data Protection）などに定期的に参加し，研究報告と討論を活発に行ってきており，また関連する学術誌への論文投稿を積極的に実施している，「情報倫理の今」を知る研究者である。

　また，日本の読者のためにショートエッセイの寄稿を快く引き受けてくれた8名の海外研究者には，この場を借りて心から感謝したい。長年の研究活動を通じて培われた彼らとの友情は，何物にも代えがたい，研究上のそして人生の大きな財産である。これを日本の読者に還元できることを大いに喜びたい。

　最後に，本書の企画段階から積極的にアドバイスをしていただき，またとりわけ作業の遅い編者を我慢強くサポートしてくださったミネルヴァ書房東京の本田康広さんに著者一同を代表して深甚なる感謝の意を表する。

　2020年12月　コロナ禍に揺れる年の瀬に

村田　潔／折戸洋子

情報倫理入門
ICT 社会におけるウェルビーイングの探求

目　　次

第Ⅰ部　情報倫理とは何か

第 I 部

情報倫理とは何か

第1章

何が問題なのか：ケースによる学び

　現代社会において，情報通信技術（ICT：Information and Communication Technology）の果たす役割は極めて大きなものとなっている。しかしながら，ICT の開発と利用にあたっては，プライバシーや人間の尊厳と自律，社会における公正性，ICT プロフェッショナリズムなどに関わるさまざまな倫理問題・社会問題への適切な対応が求められている。本章では，このような情報倫理の課題について理解するために，情報倫理における議論の対象となる倫理的・社会的問題状況を描写した10のケースを学ぶこととする。読者がケースの内容を理解し，それについて考察・議論する上で有用となる一般的な倫理原則およびケースへの取り組み方についてもあわせて解説する。

キーワード：ICT，倫理問題・社会問題，情報倫理リテラシー，ケースメソッド，倫理
　　　　　　原則

1　ケースメソッド

　現在，コンピュータを中心とする情報通信技術（ICT：Information and Communication Technology）は社会・経済の隅々にまで浸透している。公共部門・民間部門を問わず，さまざまな組織が ICT を導入し，業務処理の効率化，意思決定の質の向上，組織間あるいは組織・顧客間の関係性管理，新しい製品・サービスの開発と提供，顧客満足の向上といったそれぞれの組織が直面する課題を解決するために利用している。まさに ICT に依存し（ICT-dependent），ICT によってその発展の方向性が導かれる（ICT-driven）社会・経済が出現しているのである。こうした中で，組織において開発・利用されている ICT ベースの情報システムの質は，組織行動の質を決定し，さらには組織行動によって直接・間接に影響を受ける多くの人々の生活の質（QOL：Quality of Life）を左右する要因となっている。ICT は社会的影響力を持つ技術なのである。

　コンピューティングすなわち ICT の開発と利用は，ほとんどの場合，善意

に基づいて行われている⁽¹⁾。しかしそうだからと言ってそれが何らの問題も引き起こさないわけではない。本書でこれから学んでいく，プライバシー侵害や個人の自由と自律性の抑圧，人間の尊厳の侵害，デジタルアイデンティティの歪み，不平等の拡大など，ICT の開発と利用に関わる倫理問題・社会問題の存在はすでに広く知られている⁽²⁾。ICT への依存度をますます高めつつある現代社会は，こうした問題の存在ゆえに特有の脆弱性を持つ社会であるとも考えられている。

　善意のコンピューティングが倫理問題・社会問題の発生へと結びつく背景には，ICT の開発と利用が個人や組織，コミュニティ，社会にもたらす短期的影響ならびに長期的帰結を正しく予測することが，どのような主体にとっても難しいことがあげられる。また倫理問題・社会問題の存在そのものに気がつくことも困難である場合が多い。特に，ICT ベースの情報システムや情報サービスが実現する利便性に目を奪われると，こうした問題を認識することができなくなる傾向が強くなる。

　しかし当然のことながら，現代情報社会の脆弱性を放置してよいわけではない。ICT の開発や情報システムの運用，情報サービスの提供がもたらしうる倫理問題・社会問題に対しては，それが実際に起こってからリアクティブに対応するのではなく，理想的には問題の発生を事前に抑制する，あるいは問題が生じた場合であってもそれが広く影響を及ぼす前に手を打つ，プロアクティブな対応をすることが重要であることは，すでに多くの研究者やコンピューティングに関する政策を立案する立場の人々（ポリシーメーカー）によって繰り返し強調されてきている。ICT が深く広く浸透する今日の情報社会においては，このようなプロアクティブな対応を可能とする態度を確立することが，ICTならびに ICT ベースの情報システムの開発と運用を行う組織やコンピューティング関連のポリシーメーカーはもちろんのこと，エンドユーザを含めたコンピューティングの恩恵を受けるあらゆる主体に求められるのである。したがって，ICT ならびに ICT ベースの情報システムの開発と運用に携わるエンジニアは徹頭徹尾プロフェッショナル⁽³⁾としてふるまうことが求められ，情報

サービスの単なるユーザであっても，自分たちが利用しようとしているサービスに何らかの倫理問題・社会問題を（あるいは少なくとも自分たちにとっての問題を）引き起こすリスクが存在していないのかについて常に気を配る必要がある。

　こうしたことを実現可能にするための1つの方策は，ICTの開発と利用が引き起こしうる倫理問題・社会問題の存在をセンシティブに知覚する能力を多くの人々に身につけさせる，すなわち情報倫理リテラシー[4]を獲得させることである。本書のねらいの1つはここにある。そこでその手掛かりとして，本章では，いくつかのケースを学んでもらうことにする。これらのケースには実話に基づくものもあれば，まったくのフィクションもある。

　それぞれのケースを読むにあたっては，次のような手順を踏むとよいかもしれない。もちろん，必ずこの通りにしなければならないというわけではない。

① 　まずはケースを最初から最後まで読んでみる。違和感を覚えたり，問題だと思う箇所があれば下線を引いたりメモを書き入れたりする。必要に応じてケースに関連する情報を収集する。

② 　改めてケースの中にどのような倫理問題・社会問題が存在しているのかに注意しながら読む。その際に以下の点を確認する。

　ⅰ．現代社会においてその重要性が共通に認識されている価値が侵害されている状況がないか。

　ⅱ．現代社会においてその重要性が共通に認識されている価値の間での対立関係あるいはトレードオフが存在していないか。

　ⅲ．価値の侵害や価値の対立に巻き込まれている，あるいは直接・間接に影響を受けているステイクホルダーは誰か。ケースの中で明確には書かれていないステイクホルダーが存在していないか。

③ 　ケースの内容について，他の人と議論する機会を設ける。

④ 　第2章以降の関連する章を読み終わってから，もう1度ケースを読み直してみる。

　②において参照すべき価値には，人間の尊厳，個人の自律性，言論や行動の自由，機会均等，公正，正義，誠実，正直，幸福，健康，経済的豊かさ，民主主義などが含まれるであろう。ただし，こうした価値が絶対的でも普遍的でもないことには注意が必要である。技術の発展・普及と社会の変化に伴って，それらのいくつかが大切なものとはみなされないようになったり，たとえば「人間の尊厳」の意味するところが大きく変化することも考えられるであろう。したがって，既存の価値を重視しながらも，それらを鵜呑みにせず，批判的な評価・考察の対象として扱うことが望ましいといえる。

　また，③を実施することには，ケースが描写している問題状況を理解する際に独善に陥ることを避ける効果がある。③と④の順番を入れ替えてもよいであろうし，①から順に④まで実施した後で，③をもう1度やってもよいであろう。

　さらに，ケースの中で見出された倫理問題・社会問題にどのように対処すべきなのかや，ケースの登場人物がどのように判断・行動すべきであったのかを考えるところにまで歩を進める場合には，人類の知的営為の長い歴史の中で培われ，受け継がれてきた倫理原則を頭に入れておくことが役に立つかもしれない。主な倫理原則には以下のようなものがある。

- 黄金律（the golden rule）：他人から自分に対してしてほしい行為を他人に対して行え。
- 中庸（the golden mean）：倫理的な卓越性すなわち徳は欠乏と過剰という2つの極端の中間にある。
- デカルトの変化法則（Descartes' rule of change）：もしある行為が繰り返し行いうるものでなければ，いかなる時もそれを行うことは正しくない。
- カントの定言命法（Kant's categorical imperative）：自分の行為の原則が普遍的な原則となるように行為せよ／何人をも単に手段としてではなく，同時に目的として扱え。
- 功利主義（utilitarianism）：行為の結果が最大多数の最大幸福を実現するよう行為せよ。

・ロールズの正義論（Rawls' theory of justice）：

➤ 正義の第1原理：各個人は，基本的自由に対する平等な権利を持つべきである。その基本的自由は，他の人々の同様な自由と両立する限りにおいて，最大限広範囲にわたる自由でなければならない。

➤ 正義の第2原理：社会的・経済的不平等は次の2条件を満たすものでなければならない。すなわち，それらの不平等が，

① 最も不遇な立場にある人の期待便益を最大化すること，

② 公正な機会均等の条件の下ですべての人に開かれた職務や地位に付随するものでしかないこと。

　これらの倫理原則は，いかなる状況においても常に正しいわけではなく，また相互に矛盾あるいは対立する関係に置かれることもあるという点で，おのずと限界を持つものである。また，ある問題状況に対して特定の倫理原則を当てはめて考えれば，答えがおのずから導き出されるものでもない。倫理原則そのものの正しさや有効性もまた批判的考察の対象としなければならない。しかしながら，「倫理的に物事を考える」上で，倫理原則が確固たる手掛かりを与えてくれることもまた事実である。

2　ケース

(1)あなたよりもあなたのことを知っているのは……

　晴恵はデジタルネイティブで，毎日，何の疑問もなくネットサービスを利用している。何かを知りたければGoogleで検索し，何かが欲しければAmazonで好みの商品を探して購入する。iPhoneはいつも持ち歩いていて，友だちとのやり取りはいつでもどこでもLINEでやっているし，田舎のおばあちゃんや遠くに住んでいる親戚の様子を確認したり，簡単に「私は元気です！」と知らせるために，時々Facebookを使っている。

　晴恵は最近のネットサービスが非常に便利になってきたことを実感している。

7

キーワードなどを打ち込んで，わざわざ探さなくても，Amazon のサイトでは晴恵が欲しいと思っているものが，購買履歴や閲覧履歴に基づいて「おすすめ」で表示されるようなっている。たまにしか使わない Facebook でも「これが欲しかったの！」と思えるような商品の広告が出てくる。Google の検索結果は晴恵が知りたいと思っていることをドンピシャで見せてくれる。晴恵は，ネットサービスが自分のことを自分よりもよく知ってくれているようで，とてもうれしかった。

(2)あなたを見守るつぶらな電子の目

　最近，街中を歩いていると，やたらに監視カメラが目につくようになった。私が住んでいる町は，この地域ではそこそこ規模は大きいけど，それでも田舎で，これまで大きな犯罪が起こったこともない。わざわざお金をかけて監視カメラなんか設置する必要があるんだろうか。

　最近，お巡りさんが家に来て，「お宅にも監視カメラをつけませんか」と言ってきた。今なら補助金が出るらしい。そういえば，近所の家も監視カメラを取りつけたっけ。でもこれは，ちょっとトラブルになったみたい。通りかかった人が，監視カメラの設置工事を見とがめて「こんなことされたら，ここを通るたびに見張られている感じがして，落ち着かないんだよ」と文句を言ってきたらしい。でも，すぐに警察の人が来て「このカメラはあなたがたを見張っているのではなくて，皆さんの安全な暮らしを見守っているんですよ。それに，何もやましいことがなければ，監視カメラだろうが，人の目だろうが，見られていたって何も問題ないですよね」と説得して事を丸く収めたんだって。私の家もそろそろ監視カメラをつけたほうがいいのかなぁ。

(3)ベネッセの個人情報流出事件

　通信教育事業などを展開するベネッセコーポレーションから大量の個人情報が流出したというニュースが2014年7月に大々的に報じられた。同社が提供している教育サービスへの登録会員の約3,504万件分の個人情報が，同社のシス

テム開発・運用を行っているグループ会社に勤務していた派遣社員のエンジニアによって名簿業者3社へ売却されていたのである。このうち，約2,895万件がベネッセのみに登録していた個人情報を利用した他社からのダイレクトメールを受け取るといった被害を受けたと推計されている。流出した個人情報は，①サービス登録者の氏名，性別，生年月日，②同時に登録された保護者または子供の名前，性別，生年月日，続柄，③郵便番号，④住所，⑤電話番号，⑥FAX番号（登録者のみ），⑦出産予定日（一部のサービス利用者のみ），⑧メールアドレス（一部のサービス利用者のみ）であった。同社では同年9月から被害者に謝罪と状況報告の書面を送り，あわせて500円分の金券（電子マネーギフトまたは全国共通図書カード）を補償として提供する手続きをとった。⁽⁵⁾

　　茜「ベネッセから手紙来たよ。」
　　聡「え，うちの個人情報も流れてたんだ。何通来ているの？」
　　茜「子供たちの分，2通。500円分の図書カードがもらえるみたい。」
　　聡「へー，何か得しちゃったね。うちには別にダイレクトメールとかが来たわけじゃないし，子供たちの個人情報が漏れたっていったって，何の実害もなかったものね。」

(4)新しい日常を生きる

　20XX年，治療薬やワクチンの開発されていない未知のウィルスが次々と見つかり，またそれらによって引き起こされる感染症が繰り返し世界中で大流行し，すでに会社や学校に通勤・通学するという習慣はなくなった。満員電車に揺られることも，もはや遠い昔のものとなり，オフィスワークに就く人々にとって常に自宅で仕事をすることは当たり前になっている。季節を問わず，不必要な外出をすることは危険かつモラルに反する行為とみなされ，また必ず一定のソシアルディスタンスをとらなければ人と直接会うこともできない。

　ソシアルディスタンスの確保は，人々の体内（通常は，利き手ではない手の親指と人差し指の付け根の間）に埋め込まれたセンサー機能付きのICチップによっ

て管理されている。家族や登録された親しい個人以外の他人と物理的に一定以内の距離に近づくとセンサーが作動してアラームが鳴り，正しい距離をとるように促される。このICチップは，10年ほど前に突然変異したコロナウィルスによる感染病が世界中で流行したことをきっかけに開発された。身体への悪影響や負担がないことが何度も検証され，その安全性が確認されたものとして，日本では満10歳以上の全国民がこれを身体に埋め込むことが法律で義務づけられている。ICチップの埋め込みを拒否することや，埋め込んだICチップを取り出すことは，いかなる理由があっても許されていない。ICチップを体内に埋め込むことは麻酔なしでもほぼ無痛で可能であり，一度埋め込めば，まったく痛みもないままに生涯使い続けることができる。

　また，このICチップはマイナンバーに連動した一意信号を常時発信しているため，本人認証にも使われており，人々は運転免許証や健康保険証，パスポートなどを携行する必要がなくなった。たとえば病院では特定のゲートを通過しさえすれば，そこに組み込まれている信号読取装置が本人認証を行い，健康保険証情報や診療履歴などが自動的に処理される。オンラインショッピングや店舗でのキャッシュレス決済にも活用されている。自宅の玄関の施錠・開錠はドアに信号読取装置が組み込まれているため自動的に行われる。

　自宅から会社の情報システムにアクセスする場合も，IDやパスワードを入力することなく，パソコンの電源を入れさえすれば，ICチップのデータが読み取られ，すべて自動的にセッティングが行われるため，情報セキュリティも大幅に改善された。また仕事中の勤怠管理と健康管理も，このICチップを通じて行われている。勤務時間中は，位置情報ならびに心拍数や血圧，脳波，体温などがICチップを通じて常時収集される。これらのデータは，ブロックチェーンの仕組みを利用した情報システムによってすべて正確に記録され，改ざんされることもない。

　このICチップを活用した情報システムを利用している企業の管理者は，次のようにコメントしている。

「リモートワークが当たり前になったとはいえ，きちんとした勤怠管理を行うことと勤務中の従業員の健康を守ることは企業にとっての義務だと考えています。勤務中に従業員の血圧や心拍数が急激に上がったときには，システムが知らせてくれますので，直ちに電話するようにしています。」

「リモートだろうが何だろうが勤務中に従業員のプライバシーはありません。勤務時間として契約している時間に会社のシステムや情報資源を使って仕事をしているのですから。本当だったら，家の中に監視カメラをつけたいくらいです。うちの社員は優秀でまじめですけれど，楽をしたい，さぼりたいという気持がまったく起こらない人なんていませんから。システムでどのようなデータのログをとっているかを従業員に説明する必要もありません。従業員にしてみれば，自分がきちんと働いていることを証明できるんですから，いいんじゃないでしょうか。もちろん，勤務時間外に従業員のデータを取ることはありません。」

一方で，リモートワークを実践する従業員からは，このような声も聞かれた。

「合理的だとは思います。ただ，家にいても，自分のデータがずっと記録されていると思うと，まったく心が休まらない気がします。もちろん，仕事なのである程度管理されるのは仕方ないんでしょうけどね。私だってさぼるつもりはありませんよ。仕事を失いたくないですから。でも，勤務時間中，ずっと働き続けるのは無理ですよね。集中力が続きません。リフレッシュのために近所のカフェで仕事をしようとしても，自宅にいないと仕事していることにならないので，息が詰まりそうになることがあります。それにこの IC チップは体に埋め込まれているので，逃げることもできないですし。ひょっとしたら，私は会社から信用されていないのかもしれませんね。」

(5)ソシアルメディアは楽し

私は生まれた時から自分のソシアルメディアアカウントを持っている。私が

生まれる数年前に，政府は国民全員に割り振られる個人識別番号を利用した市民情報管理システムをリニューアルし，個人識別番号に基づいた実名でのソシアルメディアサービスの運用をすべての国民を対象に開始した。このソシアルメディアでは，自分の人生の記録を保存したり，公開したりでき，公開されたデータは成人年齢に達するまで必ず親が閲覧できるようになっている。

　私も小学校に入学して，スマートフォンやモバイル端末を使うようになってから，政府運用のソシアルメディアサービスを自分で使うようになり，学校でもこの「公式の」ソシアルメディアの利用を促していることもあって，日記をつけるような気持ちで利用してきた。使い方も簡単だし，特定の情報に誰がアクセスできるのかを設定することもできる。小さい頃は，学校でどんなことがあったとか，どんな友だちと仲良くなっているのかが分かるので，親もそれを見て安心しているようだったし，小さい頃からの自分の写真を残しておくと，それへのアクセスを許可された親戚のおじさんやおばさんたちも，写真を見て，あっという間に大きくなったねと喜んでくれた。

　私立の高校を受験する時には，中学校の成績情報だけなく，このソシアルメディアのアカウント情報も記載することが求められた。だから，当然のようにアカウント名を記入し，自分がどんな人間でどんなことに関心をもってこれまでの人生や学校生活を送ってきたのかを知ってもらうこともできた。この実名の公式アカウントでは，親や中学校の先生たち，受験する高校の先生たちが見たとしても何も変なところがないように，あくまで熱心に勉強やスポーツに励んできたことの証拠になるような情報を中心に公開するよう工夫していたし，同級生たちも同じようにしていた。

　もちろん，この実名のソシアルメディアだけでなく，匿名のソシアルメディアも使い始めている。友だちや交際相手とのやり取りは親にも知られたくないし，アバターを使って別人のようにふるまうことも楽しいと思うこともあった。さらに年齢が上がって，友だち付き合いが多くなったり，使えるお金が増えるようになると，好みの洋服や憧れのアーティスト，友だちとの誕生日祝いの様子などを積極的に動画や写真にしてソシアルメディアにあげるようになった。

そうすると，毎日のようにいろいろなレスポンスが私のサイトに入ってくる。一部を除いてほとんどがポジティブなものだし，レスが来るのは悪い気がしない。匿名のソシアルメディアがどうしても嫌になったら，アカウントごと消せばいい。そうすればすべてなかったことにできる。

　今は写真も動画も簡単に編集でき，他の人にそれをどんなふうに見せたいのかを演出したコンテンツを作ることができるので，私の匿名のソシアルメディアは自分の好きなもので埋め尽くされている。現実には会うことはなくても，自分がいいと思ったものに共感してくれる人がいればうれしいし，安心する。まじめな自分を演じる実名のソシアルメディアも必要だけれど，より自分のありのままを出せる匿名のソシアルメディアのほうが楽しい。そこでの友だち同士や，気の合うユーザ同士でのコミュニケーションの時には，多少話を盛ったり，特定の誰かをあだ名で呼んでからかったり，大げさな表現することもあるけど，そのほうがウケるわけで。毎日の生活のことや買い物，食べたもの，会った友だちのことを，写真や動画にしてネットにあげるのはもはや日常で，特別なことじゃない。私自身も，他の人の投稿でいいなと思ったものに「いいね！」したり，コメントしたりするのも普通のことで，いちいち深く考えたりしない。そういうことは，ほんの数秒もかからないことだし，駄目だと思ったらあとで取り消せばいい。

　ソシアルメディアだけで私のことを知っている人から，「あなたってこういう人だよね」と言われると妙な感じもするけど，匿名のソシアルメディアのほうが利用者数も多くて，趣味や遊びを含めたいろいろな情報がアップロードされているから，見ていて飽きない。そこで自分がフォローしているものやコメントしたものに基づいて，自分の好きそうな動画や写真，ユーザをお勧めとして教えてくれるのも，実際，かなり自分の趣味とか好みに合っていると思う。これだけたくさんコンテンツがあって，毎日，無数の人たちがアップしている中で自分にちょうどいいものを選んで見せてくれるのはすごく便利だと思う。実名のソシアルメディアではちょっと公開をためらうような，変わったイメージの自分や好みもここでは出せるし，そういう自分を好きだと言ってくれる人

たちとつながっていたい。

　それでも強いていうなら，時々ちょっと面倒なこともある。たとえば，自分の知り合いの写真に「いいね！」したり，コメントしたりするとき，そのことを自分のフォロワーとか自分のアカウントを知っている人も見ているから，あとから「なんで，それにはレスするのに，自分のコンテンツにはしてくれないの？」って思われるかなとか考える時。だから，自分があげたコンテンツに毎回すぐにいいコメントをくれたり，「いいね！」を押してくれたりする人たちに対して，自分も同じように返さなくちゃいけないという気持ちになる。気にしすぎなのかもしれないけど，時々，あんまり興味のないものでも，お礼や付き合いのつもりで「いいね！」を押したり，コメントしたり，あえてその人が好きなアーティストや商品について，ポジティブなコメントを書いたりすることもある。一時的にちょっと粘着質の人がしょっちゅう私のアップする写真に瞬時に反応してくるのが気になって，バランスをとるつもりでレスしたこともあったかな。

　それから，自分の写真や動画にあまりレスがもらえない時は，ちょっとがっかりする。たくさんレスをもらえたり，ほめてもらえたりするとうれしいけど，レスがもらえることが目的だったわけじゃないから，多分そういう時は少し疲れているんだろう。きっと私のソシアルメディアを見た人は私のことを悪く思わないだろうし，そんな変な情報は出していない。炎上しないように気を付けているし，友だちが映っている写真をアップするときはちゃんとそうしてもいいか確認している。逆に，友だちが私の写った写真をアップすることもあるから，そういうのはすぐに見たい。ソシアルメディアってもう超日常になっていて，見ないでいると落ちつかない。自分自身が常にそこにいる感じ。多少は気になることはあっても，そこに映っている自分のことは好きだから，これからも使っていきたいと思う。

　そんな日々を日常として過ごしながら，私は就職活動をする学年になった。こういう時のために，実名のソシアルメディアもそつなく更新している。たとえば学校での研究内容のこと，サークルでの役職のこと，インターンシップの

経験も数回あること，被災地に行ってボランティアしてきたこと，これらの情報は誰が見てもいいだろう。細かいことを言わなければ，ほとんど事実だし。人と比べたらそこまで見映えがするわけではないかもしれないけれど，学生としていろいろな経験を積んでいることや，社会性があって友人が多いことは分かってもらえると思う。

　実際，就職活動も順調で，第1志望で入社を希望しているA社の面接に呼ばれた。もうほぼ内定が本決まりのような段階らしく，少数の担当者と，フレンドリーな空気の中で面接が行われた。私も調子にのって，趣味の話や普段の生活でよく訪れるエリアなどを口走っていた。面接官の人たちも楽しそうにそれを聞いてくれたと思う。

　ところが，私はこの面接試験をパスすることができなかった。理由は分からない。お祈りメールが来るだけで，その理由を説明されることはない。自分の実力不足と思うしかない。気を取り直して，私はその後，希望していたのとは少し異なるB社に入社することになった。

　B社に入社して1年ほど経つと，私はたまたま人事部に配属され，今度は自分が新卒学生の採用試験を担当する側になった。その時になって，人を選ぶことの難しさ，人材を評価するためには多様な側面からの情報が考慮に入れられていることを理解した。そして，今では社内での人事評価にAI（Artificial Intelligence：人工知能）が使われているのと同じように，就職希望者のエントリーシートのテキストデータや面接の様子を撮影した動画も，そしてソシアルメディアの投稿もAIによって分析されていることを知った。人事部の先輩は飲み会でこんなことを話していた。

「実名で公表しているソシアルメディアの情報と，匿名のソシアルメディアの情報って，テキストや写真，動画の内容，位置情報とかをAIで分析すると，すぐに同一人物である確率を割りだしてもらえるから便利だよね。特に女性はメイクしたり，洋服で雰囲気変わるから，面接だけだとわかりにくいしね。」

　そんなことができるのか。考えてみれば今の技術なら難しいことではないのだろう。女性は特に，って言うけれど，男性だって雰囲気は変わるし。でも，確か法律上はインターネットに公開された個人情報を採用活動に利用したり，それに対する AI の分析結果に基づいて採用を決めるには，必要な手続きを踏んでいなければならないはずではなかったっけ？　そう言ったら先輩はぶっきらぼうな口調でこう続けた。

　「変な人を採用したら，教育や研修するコストが無駄になるし，不祥事を起こされたり，機密情報をもらされたりしたら会社として大損失なわけじゃない。企業側としては当然，その人を採用するのが安全なのか知りたいと思うよね。もちろん，それだけで決めるわけじゃないし，最終的には人間が判断するんだから公正でしょ。」

　私は自然と頷いていた。採用する側になればよくわかる。採用業務のための準備は膨大で，その後のアフターフォローも時間がかかる。内定者全員が入社を辞退しないとも限らないし，入社してもすぐにやめる人も多い。その中で少しでもリスクを減らしたいと思うのは，今の私も同じだ。でも，ふと考えると，私自身もソシアルメディア上に出していた情報が AI によって不適切と判断された可能性はゼロではないかもしれないと思った。そういえば，自分が「付き合い」のために，匿名のソシアルメディア上で A 社のライバル会社の製品を好きでよく利用していることを何度か書いていたことを思い出した。まさかそれが……。いや，そんなことは決して大したことではないはずだし，趣味や嗜好，お気に入りの商品も人間だから変わっていくのが普通だ。でも，AI がどう判断したかなんて今となっては分からないし，確かめようもない。私が社会的には女性でも，実はもともとの生物的には男性あったことも AI は何らかの形で推測しているのかもしれない。ソシアルメディアには何一つそんなことをあげていなくても。

　私は，飲み会での話のことも，自分の就職活動のことも忘れることにした。

そして，音声や動画上に残された動作情報も分析可能な，AI を使ったソシアルメディア分析サービスが安価で提供されていることを聞くと，上司にその利用を申し出るようになった。もちろん，その結果を採用プロセスに利用するのではなく，あくまでそういうシステムを今度の業務に生かすための参考として使うだけという条件で。

(6)人命優先度データベース：自動運転社会のインフラストラクチャ

　人間が運転に一切関与しない，AI システムによる完全制御の自動運転車が，いよいよ 3 年後に国内で全面的に運用されることとなった。すでに関連の法律はすべて改正・成立済みであり，自家用車か営業車かを問わず，あらゆる「人間が運転する車」を自動運転車へと切り替える作業が進められている。このことによって長年にわたって社会問題とされてきた交通事故は劇的に減少することが期待されている。都市部での交通渋滞も解消され，また特に地方で問題となっていた高齢者の交通手段の確保も解決されることとなる。飲酒運転やあおり運転，暴走運転といった危険運転は，そもそも人間が運転しないのであるから根絶される。身体に障がいがある人の移動もより容易になるだろう。人々は「モビリティにおける自由と安全」を手にすることができるようになったのである。

　もちろん，交通事故が完全になくなるわけではない。そのため，自動運転車が交通事故，とりわけ人身事故をどうしても避けられない状況に陥ったときにそれをどう制御すべきかということについては，自動運転車審議委員会で慎重な議論が進められた。そこでの中心課題は，トロリー（トロッコ）問題として知られるジレンマをいかに解決すべきか，つまり，そのまま放置すれば自動運転車によって多数の犠牲者を出す状況にあり，その一方でその進路を制御すればより少数の犠牲者で済ますことができる場合，どうすればよいのかということであった。

　委員 A「私はこうした場合，可及的速やかに車を停止させること以外の何ら

の制御もせずに，いわばなすがままにするのが正しいと考えます。自動車の進路を制御した結果として人が死んだ場合，AIを搭載したロボットが死ぬべき人間を選別して，あるいは判断して人を殺したことになります。これは許されることではありません。」

　委員B「A委員のご意見も分からないではありませんが，やはり被害者の数を最小にするよう制御するのが正しいのではないでしょうか。誰の人命であっても等しく尊いのですから，これが自然な考え方だと思います。」

　しかし，最終的に多くの委員の賛成を集めたのは，人命優先度データベースを整備し，社会にとって有為な人材の命を優先的に救うという提案であった。

　委員C「B委員が指摘された，人の命は等しく尊いという考え方には心情的には賛成します。しかしこれはあまりに素朴で理想論的な考え方ではないでしょうか。またA委員のご意見のように，ロボットが選別して人を殺す状況を発生させてはいけないのかもしれません。ただ，そうした場合，社会的損失が非常に大きくなりうることを私は強く懸念いたします。私としては，社会にとって，また国家にとって有為・有用な人材の命を優先的に救うというのが正しい方向性だと信じます。そこでそのための仕組みとして人命優先度データベースを整備することを提案いたします。ただし，このデータベースが実際に使用されるのは，自動運転車の安全性を考えれば，ごくごくレアケースであるということを申し添えます。」

　審議会において多数の支持を得たこの提案は政府に諮問され，その結果，全国民を登録対象とする人命優先度データベースが整備されることとなった。個人の人命優先度は25項目にわたって客観的に評価され，またその評価値は個人の行動や業績に基づいて，リアルタイムに再計算される技術的仕組みが作り上げられた。自動運転車に搭載されたAIシステムが優先的に救うべき人間を識

別できるために，個人は外出時に，それぞれの個人に一意に割り当てられた個人識別信号を常時発信する小型装置を常に携帯しなければならないこともあわせて決定された。

(7)バグの発見数をコントロールせよ：ソフトウェアエンジニアのジレンマ

　ダフト自動車工業では，既存の情報システムにおいて問題となっていた取引企業とのデータ交換，データ共有の非効率性を解消し，あわせて顧客満足の劇的な向上と情報セキュリティを大幅に強化するために，AI や IoT をはじめとする先端的な ICT を導入した情報システムを構築し，従来のシステムを全面的にリプレースする計画を立てた。ダフトの CIO（Chief Information Officer）である板谷は30年以上にもわたり，主力自動車組立工場で生産管理に携わり，半年前にこのポストについたばかりであった。彼にとっては CIO としての能力を社内外に示す絶好の機会であり，「完全な」情報システムの構築を心に誓っていた。

　4つのソフトウェア会社から経験豊富なソフトウェアエンジニアが集められ，ダフトの新情報システム構築のためのプロジェクトチームが結成された。プロジェクトチームのメンバーはこの新しいシステムの構築に何らの不安も抱いていなかった。ところが彼らは，プロジェクトのスタートに当たって，信じられないことを板谷から要求された。それは，板谷がプロジェクトの進捗状況を正確に把握するために，プロジェクトチームは2週間ごとに板谷に対して「バグコントロール曲線」を示さなければならない，というものであった。バグコントロール曲線は日本の自動車組立工場で長年にわたって実績を上げてきた QC（Quality Control）の手法を適用したものであり，板谷は生産管理の現場での経験から，このことを思いついたのである。

　板谷はプロジェクトチームのメンバーに対して，プロジェクトの進行と共にプログラムのバグの累積発見数の推移はおおむねロジスティック曲線に沿うはずであると力説した。つまり，プロジェクト管理がきちんと行われれば，最初のうちは発見されるバグの数は少ないものの，プロジェクトが進行するにつれ

図 1-1　ロジスティクス曲線

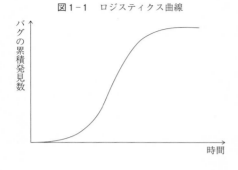

バグの累積発見数

時間

て急速に増え，その後，時間の経過とともに減り続けて，最後にはほぼゼロになるというのである（図 1-1）。さらに板谷は，バグの累積発見数がこの曲線に沿わないのであれば，それはプロジェクト管理がうまくいっていない証拠になると言った。

　しかし，プロジェクトチームの誰もが，いかにうまくプロジェクト管理を行おうとも，発見されるバグの数をコントロールすることなど不可能であることを知っていた。プロジェクトチームのチーフであった河村はこのことを板谷に説明しようと考えた。しかし，一度言い出したら他人の意見に耳を貸さない板谷の性格をよく知る同僚がそれを押し止めた。河村自身も板谷を納得させられる自信はなかった。結局，プロジェクトチームのメンバーは，自らの意に反して，彼らがコーディングするプログラムの中に意図的にバグを埋め込み，バグの発見数をコントロールすることにした。プロジェクトチームが板谷に提出するバグコントロール曲線は，見事なまでにロジスティック曲線に近い形状を示した。

　ダフトの新情報システムは，運用以来，いくつかのトラブルを引き起こした。その中には，顧客の利益を大きく損なうものまで含まれていた。板谷は「彼の」プロジェクトが失敗に帰したことに大きな失望感を抱いていた。それでも彼にはその失敗の原因について心当たりはなく，自分の指示には間違いがなかったと信じていた。

(8)ケンブリッジアナリティカ：ビッグデータによる選挙コンサルティング[(6)]

　2016年に実施された，世界が注目した 2 つの投票は，いずれも大方の予想に反した結果となった。6 月23日に行われた英国の欧州連合（EU：European Union）離脱（Brexit）の是非を問う国民投票では，離脱賛成51.9％，反対48.1％という僅差で離脱賛成派が勝利し，その後の英国と EU との交渉を経て，2020年 1

月末日をもって英国は EU から正式に離脱することとなった。一方，2016年11月8日に投票が行われた米国大統領選挙一般投票においては，共和党のドナルド・トランプが民主党のヒラリー・クリントンらの候補を接戦の末破り，過半数以上の選挙人を確保するに至って，翌年１月20日に第45代米国大統領に就任した。

　この２つの投票の裏で暗躍していたといわれているのが選挙コンサルティング会社のケンブリッジアナリティカ（CA：Cambridge Analytica）である。2013年に設立されたこの企業は，２つの投票に関わる選挙キャンペーンにおいて，いずれも勝者側にその情報サービスを提供したことで知られている。

　「行動マイクロターゲティング」を中心とする CA の選挙コンサルタントとしての情報サービスの概要は次のとおりである。

① 有権者の個人データを大量に収集・蓄積し，データ洗浄を行って質・量ともに充実した有権者ビッグデータを構築する。
② 有権者ビッグデータを心理学等の知見を取り入れた科学的手法を使って解析し，有権者をその政治的な嗜好・問題意識・行動傾向ならびに投票行動の傾向に即していくつかのグループに細分化する。
③ それぞれの有権者グループに対し，CA の情報サービスを利用している候補者にとって都合の良い行動を引き起こすためのターゲティングメッセージを送る。

　米国大統領選挙においては，米国の18歳以上の国民全員（約２億4,000万人）について，ソシアルメディア企業やデータブローカーから購入した行動データを含む大量の個人データを蓄積し，これを解析することを通じて詳細な有権者プロファイリングが実施された。個人データの収集・蓄積・解析については，データ主体に対するインフォームドコンセントに基づき，少なくとも違法ではない形で行われたといわれている。有権者プロファイリングによって細分化されたそれぞれの有権者グループに対して，個別に異なる内容の，そして対立候補に対する恐怖や反感，憎悪をかきたてるネガティブキャンペーン的なものも

含む，「行動を引き起こすためのメッセージ」が適切なタイミングで，たとえばメールやソシアルメディア広告，ネイティブ広告として送られた。メッセージはその内容に微調整と改良が加えられ，繰り返し送信された。

　細分化された有権者グループには，たとえば「コアなトランプ支持者」があり，このグループに属する人々にはボランティアへの参加や寄付への協力が働きかけられた。「投票所に出向かせる」グループは，トランプに投票する意思はあるものの，投票所に行くのを忘れるかもしれない人たちで，確実に投票を行うことを促すメッセージが送付された。また「阻止」グループは，選挙に行かないよう説得することのできるクリントン支持者を指し，この人々に対しては選挙への参加そのものを思いとどまらせるような働きかけがメッセージを通じて行われた。

　CA によって展開されたこのような選挙キャンペーン戦術は，対立候補とその支持者への過剰で不当な憎悪をかきたて，社会の分断を引き起こし，またアルゴリズムによる市民の支配の先鞭を切り，民主主義を揺るがすものとして批判されている。しかしその一方で，CA の活動が選挙結果に対して実際にどれほど有効に作用したのかについては，多くの人々が疑問を呈している。

⑼エドワード・スノーデンの内部告発：国家安全保障とプライバシー

　2013年6月5日，英紙ガーディアンのウェブサイトに「NSA，ベライゾンの数百万人の顧客の通話記録を毎日収集」と題する署名記事が掲載された。(7)この記事は，米国最大手の通信会社であるベライゾンの膨大な数に上る顧客の国内外への通話記録，すなわち通話内容ではなく，誰から誰に（どの電話番号からどの電話番号に），いつ通信が行われたかなどの通信メタデータが，同年4月に出された裁判所命令に基づき，顧客個人に対する不正行為容疑の有無にかかわらず，米国国防総省の主として SIGINT（Signals Intelligence：電子機器を使った通信傍受などによる情報の収集と分析を中心とする諜報活動）を担当する情報機関である NSA（National Security Agency：国家安全保障局）によって毎日継続的に収集されていることを報じるものであった。

　翌日には米紙ワシントンポストとガーディアンのウェブサイトにおいて，NSAで2007年から運用されているPRISMプログラムの内容が，このプログラムに関して記述したNSA内部の機密文書であるパワーポイントのスライドと共に報じられた[8]。報道によれば，このプログラムの実施によって，NSAはマイクロソフト，グーグル，ヤフー，フェイスブック，アップル，ユーチューブ，スカイプなど米国ICT企業の実質的な協力を得て，そのサーバに直接アクセスし，個人ユーザのメールのコンテンツや検索履歴，ライブチャット，転送ファイルなどの通信データを収集することによって，米国国民に限らず世界中のユーザを無差別に大量監視しているというのである。

　またバウンドレスインフォーマントと称するプログラムによって，米国の通信インフラを通過する数十億件の電子メールと通話データをNSAが収集・分析・保存していたことも報じられた[9]。さらにその後の一連の報道によって，NSAと英国のパートナー情報機関であるGCHQ（Government Communications Headquarters：政府通信本部）が際限のない情報収集を行い，大量・無差別の監視活動を行っていることが明らかにされた。

　最初の報道から4日後，こうした情報機関による監視活動に関する情報をニュースメディアに提供した人物の正体が，本人へのインタビュービデオとともにガーディアンのウェブサイトで公開された[10]。彼の名前はエドワード・スノーデン。NSAの業務請負企業であるブーズアレンハミルトン社に勤める29歳（当時）の青年である。米国の情報機関CIA（Central Intelligence Agency：中央情報局）や，やはりNSAの請負企業であるデル社とブーズアレンハミルトン社の従業員としてのNSAでの勤務を通じて，彼は一連の報道の元となる機密情報を，NSAによる監視活動の実態を世界中に知らせるために収集したのである。

　米国政府はNSAの情報収集には何ら違法性がなく，特に通信メタデータの収集はプライバシーの侵害に当たらないという見解を示した。そして6月21日には，香港に潜伏するスノーデンをスパイ行為で起訴し，翌日には彼のパスポートを無効にした。しかし，6月23日にスノーデンはモスクワに逃れた。米国政

府はロシアに対してスノーデンの身柄引き渡しを要求したもののロシアはこれを拒否し，彼は現在でもロシアで亡命生活を送っている。

　スノーデンの告発に対する評価には，自らの身の安全を顧みず，国家の暴走から民主主義を守ろうとする勇気ある行為であるといった好意的なものから，2001年の9.11同時多発テロ以来の「テロとの戦い」に腐心し，テロの再発を未然に防ぐための対応に追われる母国への裏切り行為であるといった否定的なものまでさまざまなものがある。その一方で，彼の告発は，インターネットが広く浸透した現代における，国家安全保障や社会の安全・安心，個人の自由やプライバシーのあり方に関する活発な議論を世界中で引き起こすきっかけとなっている。彼自身，亡命先からこうした論点について活発な情報発信を行っている。

⑽サイボーグエレジー

　徹は大学を卒業後，大手食品メーカーT社に就職し，キャリアアップを目指して日々努力を続けている。彼は子供のころから機械に興味があり，ロボットやサイボーグが活躍するマンガに夢中になっていた時期があった。大学ではコンピュータ工学を専攻し，指導教員からは大学院に進学することを勧められたものの，「自分の可能性をビジネスの世界で試したい」という気持ちが強く，企業就職を選択した。

　T社に就職して数年が経ったある日のこと，徹の目は，ふと視界に入ったネット広告に釘付けになった。そこには「ブレインテックの精華！　あなたの能力を最大限に広げる最新型ブレインチップ」という見出しが躍っていた。学生時代に徹は卒業研究の一環としてブレインテックについて調べたことがあり，その代表的な機器であるBMI（Brain-Machine Interface）⁽¹¹⁾を実際に使わせてもらったことがあった。BMIは人間の脳とコンピュータなどの機械とを結びつける機器である。徹が使ったものは頭に載せるウェアラブルタイプのもので，これを使うと脳波が自動的に読み取られ，コンピュータシステムに接続されたロボットを頭の中で念じるだけで操作することができた。ネット広告に表示され

ていたリンクをクリックして，開発元である山千研究所のウェブサイトを見て
みると，この脳に埋め込むタイプのBMIであるブレインチップは政府の支援
の下で開発され，人間とインターネットとを直接的に結びつけることを可能に
したものであることが分かった。ユーザは検索キーワードを思い浮かべるだけ
でネット検索をすることができ，またクラウド上にある専用のAIシステムが
ユーザの脳の状態を自動的に解析して，必要な時に必要な情報をインターネッ
トから探し出してくれる。検索結果や探し出された情報はユーザが装着してい
るスマートグラスに表示される。チップを埋め込むための開頭手術も含めて身
体的な安全性にはまったく問題がなく，情報セキュリティも万全であるとのこ
とであった。チップの埋め込みとシステム調整のための初期費用は500万円で
あり，その後のメンテナンスコストとして毎月5万円が必要とされていた。徹
の経済状態から考えれば，これらは十分支払い可能な金額であった。

　家族や友人は徹がブレインチップを利用することに反対した。脳にチップを
埋め込むということへの拒否反応が大きかったのである。しかし徹は次のよう
に言って，反対意見を押し切った。

「僕の体は僕のものだよね。完全に僕が所有している。だから僕には自分の
体をグレードアップする権利があるんだ。筋力トレーニングをして肉体的能
力を高めるのと，このチップを使って知的能力を高めるのに，大した違いは
ないよね。なんでそんなに反対するのか，僕には理解できないよ。」
「ブレインチップを入れている僕と，入れていない僕に違いはないよ。どち
らも僕自身だ。サイボーグになる気かって？　ばかばかしい。他の人がどん
な目で僕を見ようとも，関係ないね。チップのおかげでこれまで以上にバリ
バリ仕事ができるようになれば，みんな認めてくれるようになるよ。」
「お金で知的能力を買うのはアンフェアだって？　それじゃあ，予備校や塾
に通える子と通えない子とで学力に差がついちゃいけないっていうの？　だ
いたい，いい年をした大人がこのぐらいの金額を自分への投資のために払え
ないこと自体が問題なんじゃないの。技術を活用した，人間の新しい進化の

機会をこのぐらいのお金のためにみすみす逃すなんて，心がけが悪いんだよ。
自業自得じゃないか。」

　山千研究所の担当職員と執刀医からの十分な説明を受けて，徹は契約書と手
術同意書にサインをした。手術は何の問題もなく成功し，1カ月間のトレーニ
ング期間を経て会社に復帰した徹の仕事ぶりには誰もが驚嘆した。常に最新の
情報に精通し，正確な判断を下す彼の評価はうなぎのぼりであった。
　ところがそんなある日，徹に異変が起きた。どうやらブレインチップが機能
しなくなったらしい。それと同時に彼自身もうつ状態に陥り，職場に行くこと
すらできなくなってしまった。山千研究所のエンジニアに，チップやAIシス
テムの不具合があるのかどうかを確認してもらったところ，それらは正常に動
いているという。また，医師にも検査をしてもらったが，身体的に何ら悪いと
ころはないことが分かった。ブレインチップをわざわざ脳から取り出して確認
する必要があるような深刻な所見は何1つ検査結果からは見つかっていないと
いう。それにも関わらず，徹はついにはほとんど動かなくなり，顔の表情もまっ
たくなくなってしまった。このままでは生命の危険性もあると判断した担当医
師は，より詳細な検査を行うことにした。その結果，症状が発生した原因がこ
のブレインチップにあるとは断定できないものの，彼の脳に何らかの障がいが
発生している可能性が高いことが分かった。医師は徹の両親に対してこのよう
に説明した。

　「これまで，このブレインチップを装着した人は何の健康上の問題もなく生
活できていますし，私も専門医としてこれが原因で病的な症状が起こったと
いうことを特定したケースを見たことがありません。むしろブレインチップ
によって，自分の能力が向上したという人ばかりです。徹さんのケースは極
めて珍しいケースだと言わざるをえません。もしかすると，このチップ以外
の原因が存在しているのかもしれませんし，そうではないのかもしれません。
しかし，現時点では分からないのです。ご希望があれば，すぐにブレインチッ

プを取りはずすことができます。手術自体にはさほど身体的負担はありませんし，今回の場合，手術の費用は，山千研究所が全額負担するそうです。どうされますか？」

　徹の両親は，自分の意思をまったく表明できなくなった息子に代わって，藁にもすがる思いでブレインチップを取り外してもらうことを医師にお願いした。なぜ技術的，身体的には問題がなくても，ブレインチップが機能しなくなったのか，その理由はいまだに分からない。エンジニアや医師が予想不可能であった技術的なトラブルや身体への影響があったのか，あるいは機械に接続されたことによって彼自身が得たものと引き換えに失われたものがあったのか。いずれにしても，現段階では誰も正確に結論を出すことはできなかった。そしてこのブレインチップの利用は，もともと十分な説明を受けた上で，本人の同意に基づいて行われたものであり，誰がこの事態に責任を負うべきなのかもよく分からなかった。

表1-1　各ケースと本書の章との関連性

ケース ＼ 章	2	3	4	5	6	7	8	9	10	11
あなたよりもあなたのことを知っているのは…	○	○	○	◎	◎					
あなたを見守るつぶらな電子の目	○	○	○	○	◎					
ベネッセの個人情報流出事件	○	○	○	◎	○					
新しい日常を生きる	○	○	○	○	○			◎	◎	
ソシアルメディアは楽し	○	○	○	○	○					
人命優先度データベース	○	○	○	○	○	◎			◎	○
バグの発見数をコントロールせよ	○	○	○			◎	◎			○
ケンブリッジアナリティカ	○	○	○	◎	○					○
エドワード・スノーデンの内部告発	○	○	○	○	○				○	
サイボーグエレジー	○	○	○			○			◎	

3　ケースと本書各章との関係

　ケースをより深く理解するためには，本書の関連する章を読んでから，改め
てケースを読み直してみるとよい。読者の便宜のために，それぞれのケースと
各章との関連を**表1−1**に示す。特に関連のある章は◎で，関連のある章は○
で表されている。

注
（1）無論，コンピュータ犯罪やサイバーアタックのような悪意に基づくコンピュー
　　　ティングも現在の情報社会においては非常に深刻な問題である。しかし，これ
　　　らのような「議論の余地なく悪い行為」については倫理的考察の対象というよ
　　　りはむしろ技術的・法的対応が求められる問題であるといえる。
（2）倫理的・法的・社会的問題（ELSI：Ethical, Legal and Social Issues）という表
　　　現が使われることも多い。
（3）詳しくは第7章を参照のこと。
（4）情報倫理リテラシーの詳しい定義は第4章で示される。
（5）https：//www.benesse.co.jp/customer/bcinfo/01.html（2020年8月24日閲覧）
（6）本ケースの記述に当たっては，Kaiser, B.（2019），*Targeted : My Inside Story of
　　　CAMBRIDGE ANALYTICA and How TRUMP, BREXIT and FACEBOOK
　　　Broke Democracy*, London：HarperCollins（染田屋茂他訳（2019）『告発　フェ
　　　イスブックを揺るがした巨大スキャンダル』ハーパーコリンズ・ジャパン）を
　　　参考にしている。
（7）https：//www.theguardian.com/world/2013/jun/06/nsa-phone-records-verizon-
　　　court-order（2020年8月21日閲覧）
（8）https：//www.washingtonpost.com/wp-srv/special/politics/prism-collection-
　　　documents/, https：//www.theguardian.com/world/2013/jun/06/us-tech-giants-
　　　nsa-data（2020年8月21日閲覧）
（9）https：//www.theguardian.com/world/2013/jun/08/nsa-boundless-informant-
　　　global-datamining?CMP=twt_gu（2020年8月21日閲覧）
（10）https：//www.theguardian.com/world/video/2013/jun/09/nsa-whistleblower-
　　　edward-snowden-interview-video（2020年8月21日閲覧）
（11）BMI は BCI（Brain-Computer Interface）と呼ばれることもある。

推薦図書

和辻哲郎『人間の学としての倫理学』岩波書店（岩波文庫），2007年．

加藤尚武『現代倫理学入門』講談社（講談社学術文庫），1997年．

ブライアン・カーニハン（酒匂寛訳）『教養としてのコンピューターサイエンス講義』日経BP，2020年．

ジョージ・オーウェル（高橋和久訳）『一九八四年［新訳版］』早川書房（ハヤカワepi文庫），2009年．

オルダス・ハクスリー（黒原敏行訳）『すばらしい新世界』光文社（光文社古典新訳文庫），2013年．

リチャード・A・スピネロ（林紘一郎監訳）『情報社会の倫理と法──41のケースで学ぶ』エヌティティ出版，2007年．（本書は原書・翻訳ともにすでに絶版となっているため，図書館を通じて読むとよい）

Andrew A. Adams and Rachel J. McCrindle（2008）. *Pandora's Box : Social and Professional Issues of the Information Age.* Chichester : Wiley.

練習問題

① 第1節で述べられている倫理原則についてより詳細に調べ，それぞれの倫理原則に基づいて各ケースでどのような倫理問題に対する，いかなる解釈が可能なのかについて説明しなさい．

② 第1節で述べられているケースを読む手順に従って各ケースを読み，そこではどのような価値が侵害されているのか，あるいは価値の間での対立状況が生み出されているのか，さらにどのようなステイクホルダーがそこに関係しているのかについて説明しなさい．

③ それぞれのケースについて，どのような倫理問題が発生しており，それに対処するためにどのような方策が必要とされるのかについて考えをまとめ，さらに異なる意見をもつ他者との議論に基づいて，ケースがおかれている問題状況に関する共通の見解を導き出しなさい．

第2章
情報化の進展と倫理問題

　本章は，情報化の進展に伴ってどのような倫理問題・社会問題が発生してきたのかを学び，「責任あるコンピューティング」の実現のために組織と個人が確立すべき態度について理解することを目的とする。情報通信技術（ICT：Information and Communication Technology）の発展と社会・経済への浸透は，とりわけ1960年代半ば以降，コンピュータの濫用や情報社会の脆弱性，プライバシー，ICT プロフェッショナリズムなどさまざまな倫理問題・社会問題を認識させる要因となってきた。ICT ならびに情報システムの主たる開発・運用主体である現代の組織には，そのパワーに見合う責任を，こうした問題に積極的に取り組むことで果たすことが期待されている。

キーワード：情報化，責任，コンピュータの濫用，脆弱性，PAPA，RRI，SDGs

1　科学技術の発展と責任

　現代における社会・経済の情報化は，言うまでもなくコンピュータを中心とする情報通信技術（ICT：Information and Communication Technology）の開発・利用・普及と歩みをともにしている。情報化の初期段階においては，社会の関心はもっぱら ICT に関わる技術的課題を解決することに注がれており，そうした問題を解決することは，その問題認識の背後にある社会的ニーズを満たすことであるため，社会にとって疑いなく「善いこと」であった。いわば ICT に関わる技術問題と倫理問題・社会問題とが未分化の状態にあったといえる。

　しかしとりわけ社会的観点から見れば，一般に技術には多かれ少なかれ肯定的側面（bright side）と否定的側面（downside），あるいは功罪両面が存在している。また現代の技術は，その開発時におけるオリジナルの目的に限られずに，多目的に利用できることが多く，そのためその功罪両面性は複雑な様相を見せがちである。技術と社会とが不可分な形で相互に影響を及ぼし合いながら進化

していくこともこの複雑さを助長している。そのため，技術の開発と利用ならびに普及が社会にとっての負の影響をどのような形で発生させるのかを正しく予測することは難しい。さらに技術ととともに進行する社会や経済の変化は不可逆であることが多く，実際に倫理問題や社会問題が顕在化し，技術の否定的側面が多くの人々に明確に認識された段階ではすでに手遅れになっていることも珍しいことではない。この点は，技術の進展と普及がもたらす環境問題とも軌を一にするところがある。

　哲学者の今道友信は電力や原子力のような多目的に活用できる技術が発展・普及したことによって，アリストテレスが『ニコマコス倫理学』で示した伝統的な行為の論理構造（三段論法）とは異なる論理構造が出現していると指摘している。[1] 伝統的あるいは古典的な行為の論理構造は以下のようなものである。

　大前提：A は望ましい（私は A の実現を望んでいる）
　小前提：p, q, r, …は A を実現する手段である
　結　論：ある理由から私は p を選択する

　この三段論法は，自明に望ましい目的 A を実現するための適切な手段を選択し，それを実行するというものである。A は自明に望ましいので，これを実現するための最も立派でかつ容易な手段を開発し，利用することは倫理的にも正当化される。こうした論理構造は個人の行為レベルでは現在でも有効である。

　一方，現代においては科学と技術とが接合し，手段としての技術は科学技術に変貌している。それにつれて技術は個人の手を離れ，企業や国家のような組織が所有するようになっている。強力かつ多目的に利用できる技術（手段）を手にした現代の組織においては，古典的なものとは異なる，目的と手段とが逆転した次のような行為の論理構造ができあがっている。

　大前提：強力な手段 P をわれわれは所有している

小前提：P は目的 a，b，c，…を実現することができる

結　　論：ある理由からわれわれは P によって実現すべき目的 a を選択する

　組織が自明的に手にしている技術は多目的であり，達成可能なさまざまな目的のうちから何を選択するのかが社会的あるいは倫理的な問題となる。技術は非常に強力であるため，それによって達成すべき目的の選択が，社会に対する広範で強い影響力を持つ。そのため，科学技術が利用される際には，利用方法を選択する主体の「責任」がその徳目として必然的に要求されることになる。しかし選択の主体は組織（＝われわれ）であり，責任の所在は不明になりがちとなる。ここでの倫理的課題はエゴイズムではなく，ノスイズム（nosism：集団的利己主義）の克服である。

　以上のような今道の議論は，無論，ICT についても当てはまるものである。国家は言うに及ばず，市場経済体制下にある現代社会において企業は「パワー主体」あるいは「影響力を行使する主体」であり，さらに ICT ならびに ICTベースの情報システムは「パワー格差増幅装置」として機能しうる[2]。すなわち，ICT を活用することで，国家や企業をはじめとする組織はさらなる影響力を個人や他の組織に対して行使することができるのである。そしてこのことの当然の論理的帰結として，組織はその影響力に見合う責任を広範囲の個人と組織に対して——実質的に社会全体に対して——負わなければならない。どのような目的で，どのように ICT や ICT ベースの情報システムを開発・運用するのかについて，組織は全面的にその社会責任を負わなければならないのである。「それに見合った責任を果たしていると社会が認めるようなやり方で力を行使しない者は，結局はその力を失うことになる」（those who do not use power in a manner which society considers responsible will tend to lose it in the long run）という責任の鉄則を[3]，ICT を開発・利用する組織は肝に銘じる必要がある。

　しかしすでに述べたように，組織が ICT の開発と利用に関わる社会責任をまっとうすることは必ずしも簡単なことではない。とりわけコンピューティングに関連する倫理問題・社会問題の存在を認識すること自体が容易ではなく，

このことはICTの開発と利用における責任主体の不在状況を招くことすらある。また原子力技術などとは異なり，ICTはそのコモディティ化が進行しているため，組織の規模の大小あるいは資金力の多寡を問わず相応の利用をすることが可能であり，たとえばICTスタートアップ企業であっても情報システムの開発と運用を比較的低コストで実施できる一方で，その情報サービスの内容やビジネスモデルによっては広範囲の人々に影響を及ぼす可能性がある。しかしそうした企業が企業社会責任（CSR：Corporate Social Responsibility）への対応や企業統治ならびにICTガバナンスのための組織体制を整えていることは必ずしも期待できない。さらにユーザフレンドリなICT機器やオンライン情報サービスが広く普及している今日の社会−経済−技術環境においては，個人ユーザであってもこれらの機器やサービスの利用を通じて他の個人や組織に無視できない影響を及ぼすことが可能となっている。したがって，ICTに関する十分な知識を持っているか否かに関わらず，個人にも「責任あるコンピューティング」という態度を確立することが必要になってきている（第11章1参照）。しかしこうしたことは，現在までのところ，必ずしも広く社会に認識されているとは言い難い。

2　情報化の進展(4)

(1)計算する機械の発展

「計算する機械」への要求は，人間の歴史の中で古くから存在している。シュメールのアバカスは紀元前2500年ごろには利用されていたといわれており，中国では算盤が紀元前から使われていたという記録がある。1901年にエーゲ海の沈没船から発見されたアンティキティラ島の機械（Antikythera Mechanism）は，紀元前140〜100年頃に作られた，30以上の歯車からなる天体の動きを計算するための世界最初のアナログ式コンピュータであるといわれている。(5)1600年代にはドイツのヘブライ語研究者であったヴィルヘルム・シッカートや，遺稿集の『パンセ』で有名なブレーズ・パスカル，ドイツの数学者ゴッドフリード・ラ

イプニッツなどによって歯車式計算機が開発された。1800年代になるとイギリスの数学者チャールズ・バベッジが階差機関，解析機関と呼ばれるプログラム可能な計算機を構想し，その開発に取り組んでいる。

　計算する能力への人類の欲求は，科学と技術の進展につれて，またそれが人間生活のさまざまな局面に応用されるにつれて大きくなっていった。産業が発達し，農業社会から工業社会へと社会のあり方が変化すると，多大な計算能力はますます不可欠のものとなった。大規模企業の出現，市場の拡大，人口の増加と都市への人口集積，軍事力の拡大など，さまざまな要因がより速く正確な計算能力の必要性を高め，人間による計算を機械によるものに代替させることが必然的な流れとなっていった。ハーマン・ホレリスが1889年に特許を取得した，パンチカードを利用する電気タビュレーションシステムが，翌年の米国国勢調査で使われたのはその象徴的な出来事である。

　20世紀に入ると電子工学が電気工学から分派して発展し，歯車などの機械要素ではなく，電子回路を利用して計算するコンピュータ（電子計算機）の開発が促されることとなる。しかし，実際に現在のようなデジタルコンピュータが利用可能となるには，自動的に計算を行う機械の数学的モデルであるチューリングマシンを考案したアラン・チューリング，情報理論の父と呼ばれるクロード・シャノン，プログラム内蔵方式にその名を残す数学者のジョン・フォン・ノイマンといった多くの天才たちのアイデアと，多大な時間そして多額の資金が必要とされた。世界初のプログラム可能なデジタル電子計算機 Colossus が1944年に英国で開発されたのも，米国において電気機械式のリレー計算機 Harvard Mark Ⅰ が1944年に，世界初のコンピュータと称されることも多い ENIAC が1946年に開発されたのも，第2次世界大戦の勃発を背景とする高い計算能力への要求⁽⁶⁾の存在と，それを充足するための潤沢な軍事資金があればこそであった。そして，1949年に英国で EDSAC が，51年に米国で EDVAC が稼働することによって，2進数を利用するプログラム内蔵方式コンピュータという現在も標準的に利用されているコンピュータのアーキテクチャが確立された。

　1951年にビジネスアプリケーション向けの汎用コンピュータである UNI-

VACIが米国国勢調査局に納入され，1954年には民間企業としては初めてこれが総合電機メーカーのGE（General Electric）に導入されている。その用途は給与計算であり，その後，資材在庫管理に活用された。最終的には46台という当時としては大量に生産されたこのコンピュータは高額（当時の金額で100万ドル以上）であったにもかかわらず，事務計算や科学技術計算の自動化ために保険会社や化学会社のデュポンなどに導入されていくこととなり，本格的なコン(7)ピューティングの時代を迎えることになる。

　コンピュータの開発と発展は，人類の長年の夢であった高速計算への道を本格的に開くこととなった。そして「正確に速く計算すること」は，たとえそれが軍事目的を達成するためであったとしても，社会にとって議論の余地なく「善いこと」であった。したがって，信頼性を維持・向上させつつコンピュータの計算処理速度をより速くするための研究開発は倫理的にも正当化されてきたといえる。このことは，より高速のスーパーコンピュータや量子コンピュータの開発が，さまざまな応用分野を切り開くと常に賞賛され，ポジティブに語られることが示すように，現在においても変わっていない。

　高速コンピュータは半導体集積回路技術の革新とともに実現されてきた。1940年代末にトランジスタが実用化され，これが50年代末には真空管に代わってコンピュータの論理素子として採用されるようになり，さらに同時期から本格的な研究開発が始められた集積技術におけるイノベーションが継続的に実現されていくことによって，現在に至るまでコンピュータの計算処理の高速化と安定性・信頼性の向上は着々と進行し，あわせてダウンサイジングと省電力化，さらに価格性能比の向上も進展してきている。

(2)データ処理の高度化

　計算処理の高速化に加えてコンピュータの用途を大きく広げる要因になったのは，記憶装置ならびにデータ通信における技術の発展である。継続的な技術革新によって，記憶装置の大容量化，高速化，小型化，省電力化，低価格化が進められ，データ通信においては通信回線網の高速化，低価格化，ネットワー

ク化ならびに端末の機能の高度化と多様化が実現されてきた。

　記憶装置に関しては，1950年代から主記憶装置（メインメモリ）として磁気コアメモリや磁気ドラムメモリが利用されるようになり，1970年代以降は半導体メモリが使われるようになっている。また外部記憶装置（データストレージ）については，やはり1950年代以降，それまでのパンチカードに代わって磁気テープや磁気ディスクが利用されるようになり，現在ではハードディスクドライブ型磁気ディスク装置と半導体製品であるフラッシュメモリを使った SSD（Solid State Drive）が使われるようになっている。

　他方，空調の整備されたコンピュータルームに置かれているコンピュータをオフィスなどから操作したいというニーズに応える形で1950年代からデータ通信に関する規格や手順が整備されるようになり，1960年代に至って通信回線でホストコンピュータと端末装置とを接続したオンラインシステムが利用されるようになった。これによって，従来からのバッチ処理だけではなく，リアルタイム処理の実施が可能となった。

　計算，記憶，データ通信における技術的要件がそろい，また1950年代後半からの高水準プログラミング言語の開発やオペレーティングシステムの整備といったソフトウェア環境が充実したことによって，大量のデータを蓄積し，それを柔軟に処理するデータベースシステムが1960年代後半以降，実装可能となり，公共部門ならびに民間部門の多くの組織がデータベースシステムを構築した。データベースの運用と管理のための専用ソフトウェアであるデータベース管理システムの開発と整備は，データを特定のアプリケーションから独立させることを可能とし，このことによってデータの利用ならびに管理における効率性とセキュリティの向上がもたらされると同時に，アプリケーション開発の生産性向上とアプリケーションの性能と品質の改善が実現されることとなった。

　コンピュータを活用したデータ処理の経験を通じて，多くの組織が業務の効率化，生産性の向上，意思決定の質の改善，顧客満足の向上といった組織経営課題にコンピュータベースの情報システムが有用であり，また情報に高い経済的価値があることを認識するようになっていった。そして1960年代末には工業

社会から情報社会への転換が意識されるようになり，情報システムが社会・経済のインフラストラクチャとして機能することが理解されるようになった。

3　コンピューティングに関わる倫理問題・社会問題の認識

(1)コンピュータの濫用

　ハードウェアならびにソフトウェアの技術的進展は，より大規模で複雑なプログラムの実行と大量のデータ処理を可能とし，コンピューティングの柔軟性と汎用性の拡大を実現した。それにつれて多くの組織がその目的を達成するためにコンピュータベースの情報システムを構築・運用するようになった。この段階に至って，コンピュータ技術が組織活動に，そして組織活動から直接・間接に影響を受ける社会に対してもたらす多大な利便性の背後に，さまざまな倫理問題・社会問題が存在していることが認識されるようになる。その1つがコンピュータの濫用（computer abuse）である。

　コンピュータが持つ，単なる計算機と一線を画す特性は，プログラムを実行できることである。すなわち，コンピュータは多目的の情報処理マシンとして機能しうるものであり，その目的を特定するのが，論理的に組み立てられた情報処理の手順を記述したアルゴリズム，あるいはそれをコンピュータシステムの動作として具現化する命令文の集まりとしてのプログラムである。しかしこのことは裏を返せば，プログラムに悪意のコードを忍び込ませることによって，自分の私利私欲のためにコンピュータを利用する機会がもたらされることを意味する。コンピュータ技術による情報化が揺籃期を過ぎ，多くの組織がそれに取り組み始めたところで認識された，典型的なコンピュータの濫用の形態は，自分の利益になるように，情報システムのプログラムを故意に書き換えたり，システムを誤動作させるためのプログラムをシステムに送り込む行為であった。たとえば，銀行情報システムのプログラムに手を加え，多くの預金者の口座から非常に少額ずつを自分の口座に移し替えるようにするサラミ詐欺（salami slic-ing）や，外部から何らかの手段を使って情報システム内に悪意のプログラム

コードを潜伏させ，それが実行されることによって，コードを潜伏させた攻撃者がパスワードの窃取やデータへの不正アクセスを行うことが可能になったり，システムの不正挙動が引き起こされたりするトロイの木馬の事例は1960年代から発生しているといわれている。

　こうした事態が発覚し，認知された当初においてコンピュータの濫用への対応が厄介だったのは，これが犯罪あるいは違法行為であるか否かを判断するための十分な法律や判例が存在しておらず，いわばコンピュータシステムの普及に伴って現れた「新しいグレーゾーン」に属する行為だったことである。[8]　そのため，倫理問題と法的問題との境界線があいまいなまま議論が行われることも珍しくなかった。

　現在ではすでにコンピュータ犯罪に対応するための法律が整備され，1960年代という情報化の初期段階でコンピュータの濫用とみなされたものの多くが，明確に犯罪行為として取り扱われるようになっている。また，情報システムやネットワークへの侵入，マルウェアの配信，データへの不正アクセスなどについては，コンピュータ犯罪として処罰の対象となっていると同時に，情報セキュリティ上の問題として技術的対応が講じられてきている。しかし，ICT の利用による，過去に例を見ない倫理問題・社会問題の発生という実態を，法律やセキュリティ技術が後追いするという状況は現在でもしばしば観察されるものであり，これは今後も続くものと考えられている。

　EUC（End-User Computing）が本格化する1980年代半ばより以前までのコンピュータの濫用の主たる行為主体は，ソフトウェアエンジニアをはじめとする，コンピュータベースの情報システムの開発と運用に専門知識を生かして携わる人々であった。このため，そうした人々の不正行為あるいは非倫理的行為が情報システムに依存する組織や社会の脆弱性をもたらすことが認識されるようになり，その倫理規範とプロフェッショナリズムの確立の必要性が広く認められるようになった。これに対応する形で，米国のコンピュータ科学分野の専門学会である ACM（Association for Computing Machinery）では，コンピュータプロフェッショナルのための最初の行動綱領が1973年に制定された。[9]　ICT プロ

フェッショナリズムをどのようなものとして，いかに確立すべきかについては，現在でも情報倫理の中心的研究課題の1つとして盛んに議論が行われている。[(10)]

　また，1970年代半ばに，大学におけるコンピュータ倫理教育が米国で開始された。コンピュータの利用が，それまでの倫理問題状況をさらに悪化させたり，変化させたり，あるいはまったく新しい倫理問題をもたらしており，そのため応用倫理学の一分野としてコンピュータ倫理を確立し，コンピュータ科学専攻の学生を対象とした教育がなされるべきだという認識がその背後に存在していた。1980年代初頭にはプライバシーや機密保持，コンピュータ犯罪，コンピュータによる意思決定，技術依存，プロフェッショナル倫理綱領などがコンピュータ倫理教育のトピックとして取り上げられている。[(11)]

(2)コンピュータ依存社会の脆弱性

　コンピュータの濫用と並んで問題視されたのは，コンピュータベースの情報システムの機能に依存する情報社会の脆弱性であった。情報化は複雑な現象である。そこではICTという技術的要素と，人間的，組織的，社会的，経済的要素とが絡み合い，もつれ合って，創発的に人間，組織，社会，経済，そして技術が変化あるいは進化していく。一般に技術が絡む変化は不可逆である。なぜなら，特定の技術の導入が要因の1つとなって，個人活動や組織活動のあり方，また社会や経済の様相が変わるときには，その技術の存在を前提とする形で，しかも多くの人々に多大な恩恵を与えるような変化が起こるからである。その結果として，個人や組織の活動も，また社会ならびに経済の機能も技術への依存度を高めていくことになる。コンピュータ技術もその例外ではなく，情報化の進展はコンピュータ依存社会の出現をもたらしてきた。しかしその社会は，地震や洪水，火事などの特に停電を伴う災害や，情報システムに含まれるバグ，システムの操作ミスのような人的エラー，さらにはクラッキングなどの技術的アタックに対しての脆弱性を持つものであった。

　情報倫理の観点からは，とりわけ情報システムの中核にあるソフトウェアの品質が問題視され，どこまでその品質を維持・向上することができればソフト

ウェアエンジニアの責任が果たされたことになるのかといったことが議論された。この背後には，一定以上の規模を持つソフトウェアにバグの存在は避けられないという前提が存在している。すなわち，いかに善意のソフトウェアエンジニアであっても，その職業上の責任をまっとうすることは容易ではなく，バグが潜伏している不完全なソフトウェアが世の中で稼働している可能性を常に否定できないことが情報社会の脆弱性をもたらす一因となっているのである。制御ソフトウェアに潜んでいたバグのせいで，1985年から1987年までの間に6件もの深刻な放射線過剰照射事故を起こした放射線治療器セラック25（Therac - 25）のケース[12]や，最近になってもよく発生している銀行や航空会社の情報システムの障害によって引き起こされる混乱はこのことを雄弁に物語っている。

(3)個人情報データベースをめぐる倫理問題

　データベースシステムが多くの組織で構築・運用されるようになると，住民データベースや消費者データベース，顧客データベースのような個人情報データベースが公共部門ならびに民間部門のさまざまな組織で整備され，組織間を個人データが流通するようになっていった。たとえば米国の消費者信用情報企業であるEquifax社では，1970年代には個人情報データベースを整備し，クレジットカードや保険の加入審査のための情報提供業務に利用していた。大量に蓄積された個人データを組織のビジネス目標に沿って自動処理する情報システムの構築と運用は，組織の業務効率化を実現し，顧客満足の向上に寄与するものであると期待され，そこではデータベースに保存されている個人データの正確性と最新性を維持し，またデータ処理システムの品質を高めることが技術的課題であり，同時に組織的かつ社会的な課題であった。一方，ビジネス目的に基づく個人データの処理と流通の拡大は，人の目や監視カメラを用いた物理的な監視に加え，個人データの観察に基づく電子的な監視を本格的に可能とするものであり，監視社会の出現への懸念を増大させることとなった。1960年代半ばには，米国の憲法学者アラン・ウェスティンが，とりわけ政府機関による市民を対象とする監視に対抗することを意図して「個人，グループあるいは機関が

主張することのできる，自己に関する情報が，いつ，どのように，またどの程度まで他者に伝えられるのかを自分が決定する権利[13]」というプライバシー権の新しい定義を提案している。

　社会が「ICT の浸透のステージ[14]」へと移行した1980年代に入ると，個人情報データベースの開発と利用によって生じているさまざまな倫理問題が指摘されるようになった。1986年に公表されたエッセイにおいて米国の経営情報学者リチャード・メイソンは，多くの組織で個人情報データベースが構築・利用されており，また複数のデータベース間での個人データのマッチングが行われ，統合的な個人情報データベースが作り上げられる可能性のあることや，個人や組織の意思決定がデータベースシステムから作り出される情報に依存して行われていること，エキスパートシステムの開発の進展，さらには，多くの人々に情報リテラシーの獲得が求められているものの，コンピュータ技術やデータへのアクセス可能性が所得や地位によって左右されているといった当時の状況を踏まえ，情報時代の４つの主要な倫理問題として"PAPA"を提示した[15]。これは，Privacy（プライバシー），Accuracy（情報の正確性），Property（所有権），Accessibility（アクセス可能性）の頭文字をとったもので，それぞれ以下のような論点を含んでいる。

①　**プライバシー**：自分自身に関するどのような情報を，どのような条件の下で他者に開示することが求められるべきなのか。どのような情報であれば他者に知らせないままにしておけるのか，また開示を強制されるべきでないのか。

②　**情報の正確性**：情報の真正性，忠実性，正確性に誰が責任を負うのか。誤った情報に対して誰が説明責任を負い，それによって被害を受けた人々をどのように補償するのか。

③　**所有権**：誰が情報を所有するのか。公正かつ公平な情報の対価とはどのようなものか。情報が送信される経路（とりわけ無線通信の帯域）を誰が所有するのか。情報という希少資源へのアクセス権をどのように配分す

るのか。

④　**アクセス可能性**：個人や組織はどのような情報を獲得する権利を有して
　　いるのか。それはどのような条件と保護対策の下で行使することができ
　　るのか。

　個人情報データベースの整備とデータベースシステムのネットワーク化に
よって，個人に対して組織が行うことのできる監視活動が技術的に高度化・洗
練化され，それがさまざまな倫理問題・社会問題を引き起こしうることも活発
に議論されるようになった。社会統制を目的に，システマティックな個人デー
タの収集と観察に基づいて実施される監視の存在は1980年には明確に指摘され
ている。個人情報データベースシステムの発展と普及は，こうした監視のあり
方を，特定の個人やグループがどのような行動やコミュニケーションを行って
いるのかを検証することを可能にするデータベイランスへと進化させた（第6
章2参照）。すなわち，単数あるいは複数のデータベースに保存されている個人
あるいはグループのデータをマッチングし，統合されたデータから構成される
個人像あるいはグループ像を作り上げ，それを分析することによって当該個人
またはグループの行動傾向を明らかにし，それを個人やグループが特定の行動
をとるよう促進，あるいはその行動をとらないよう抑制するために利用すると
いったことができるようになったのである。
　こうした技術は，潜在的な犯罪者やテロリストのあぶり出しと，その行動の
把握などを通じた犯罪防止と社会の安全の維持のために役立てることができ，
また企業が消費者それぞれの嗜好に合わせて販売促進活動を行い，顧客との長
期的な良い関係性を構築・維持しようとするダイレクトマーケティングあるい
はパーソナライズドマーケティングの実現を可能にした。しかしこの技術の利
用は，同時に，組織が人々をその個人データから推定される経済的価値や政治
的価値に基づいて選別・分類するパノプティックソートやソシアルソーティ
ングへと結びつくリスクを有している。このような個人データに基づく選別は，
組織が運用する情報システムの，ほとんどの場合，不透明なプロセスによって

実行され，データ主体本人が気づかないうちに，その政治的・経済的・社会的地位が他律的に評価され，固定化される。これによって，低い評価を受けた個人は，組織とりわけ国や大企業による，知る権利の侵害や言論・行動の自由の抑圧，さらには差別といった不利益を被る可能性が高まることになる。このことは，公正や平等，また自由主義や民主主義という，現在多くの人々が重要だと考える価値を真っ向から否定する側面を有している。

ICT による監視は現在でも情報倫理研究の重要なトピックの1つであり，[20]最近ではビッグテック（Big Tech）や GAFAM（Google, Amazon, Facebook, Apple, Microsoft）と総称されるような巨大 ICT 企業のビジネスモデルが監視資本主義[21]を生じさせているという指摘もなされている。

4　パーソナルコンピューティングにおける倫理問題

(1)エンドユーザコンピューティングに関わる倫理問題

1980年代に入ると，十分な機能を持ち，価格もリーズナブルな，16ビット CPU を備えたパーソナルコンピュータ（PC : Personal Computer）が普及し，オフィスや教育現場，さらには家庭にもその導入が進んでいった。PC と PC 関連のソフトウェアの機能が高度化するにつれて，PC はスタンドアロンでの利用だけではなく，大型（メインフレーム）コンピュータの端末としても利用されるようになるなどその用途を広げ，1980年代半ばには，コンピュータやデータ処理に関する専門知識を必ずしも十分に持たない，情報システム資源の単なるユーザであるエンドユーザ（end user）あるいは非技術系ユーザ（non-technical user）が多数コンピューティングに携わるようになった。こうしたエンドユーザコンピューティング環境の出現は，さまざまな倫理問題・社会問題を認識させることとなる。

たとえば，オフィスなどで継続的に PC を利用することによって生じうる健康障害として，ディスプレイを長時間見続けることで眼精疲労や肩こり，不安症などを生じさせる VDT 症候群（Visual Display Terminal Syndrome）や，コン

ピュータを使っていないと不安になるテクノ依存症，あるいはコンピュータを使うことに拒否反応を示すテクノ拒否症を発症させるテクノストレスの存在が指摘され，特に若年者の心身に与える悪影響が問題視された。[22]

　また，EUC の進展に伴い，コンピュータの濫用は必ずしも組織に勤務するコンピュータ関連のエンジニアによって行われるものではなくなった。PC のユーザフレンドリネスは，特に1990年以降，オペレーティングシステムに GUI（Graphical User Interface）が採用されることが一般的になるなど，年々向上し，それにつれて PC ユーザ数も増加の一途をたどった。こうした中でエンドユーザによる故意あるいは不注意によるさまざまな問題行動が指摘されるようになった。たとえば，データ窃盗は，それに手を染めるか否かは別として，多くのエンドユーザにその機会が与えられていた。このことは情報セキュリティの強化を多くの組織に急がせることとなった。また，ソフトウェアパイラシーも横行した。フロッピーディスクなどの外部記憶媒体に納められた形で販売されていた市販ソフトウェアの多くには，限られた台数の PC にのみインストール可能とするためのコピープロテクトがかかっていた。しかし少なからぬエンドユーザが，ソフトウェアを購入する代わりに，そのコピーを入手し，あわせて Baby Maker や Copy Wizard といったプロテクト外しソフトを利用して自分の PC にインストールすることを，ほとんど罪悪感なく行っていた。1990年代初頭においてもなお，ソフトウェアという新しい知的財産の所有権をどのように定義し，保護するのかについて，十分な法的議論が行われていたわけではなかった。[23]

(2)インターネット技術の普及と倫理問題

　1990年代半ば以降のインターネットの急速な普及と，それに伴う e ビジネス環境の整備は，それまで以上に，情報倫理に関わるさまざまな論点を顕在化させ，また既存の問題を深刻化させる一因となってきた。

　たとえば個人ユーザのレベルでは，若者を中心に，インターネットの利用に没頭し，いわゆるネット中毒あるいはネット依存症になることで，健康状態の

悪化や日常生活に支障が生じることが問題となった。また，ウェブサイトやブログで，氏名や住所などの自己情報を過度に公開してしまい，プライバシー侵害やストーカー被害を自ら招く例も発生している。SNS（Social Networking Service）をはじめとするソシアルメディアの利用の拡大は，自分自身に関する情報を自分だけでなく，他人も公開する機会をもたらすこととなり，そのためネット上に公開される特定の個人に関する情報に基づいて他者が構成するその個人の人間像であるデジタルアイデンティティを適切にコントロールすることが誰にとっても難しくなっており，これがリアルスペースにおける個人のアイデンティティや人間関係の形成にも悪影響を及ぼす可能性がある。またソシアルメディアを舞台としたネットいじめが，子供たちの生活の質（QOL：Quality of Life）に深刻な悪影響を及ぼしている例も報告されている。こうしたさまざまな問題の存在は，広い意味での情報リテラシー教育を，ネット社会の現実に適合させる形で充実させることの重要性を示唆しているといえる。

　組織ビジネスの文脈においては，ネットワークへの侵入やデータベースへの不正アクセス，マルウェアの配布といった悪意の技術的アタックによる被害が増加し，情報セキュリティ強化への関心が高まることとなった。電子メールやソシアルメディアが主要な通信手段となることがこうした脅威をさらに高め，エンドユーザがとりわけ情報セキュリティに関して無知であることが許されなくなってきている。また技術アタックを実行するための情報やプログラム（スクリプト）がインターネットを通じて簡単に入手可能な状態となり，スクリプトキディ（script kiddie）のようなICTに関する技術的な知識をさほど持たない素人クラッカーの出現も見られ，コンピュータ濫用の裾野が広がっている。

　ICTを用いた職場監視の強化も議論の対象となった。職場監視のためのツールとしては，たとえば，職場に置かれたコンピュータの利用状況を監視し，従業員のキーストロークをはじめとするコンピュータ操作の記録を行うソフトウェアや，電子メールのメッセージ文のスキャニングと記録を実行できるものがある。こうしたハイテクモニタリングツールの職場への導入は，一方で組織の知的資産を保護し，知的資産の窃盗といった犯罪を抑止するのに有効である

かもしれない。しかしその一方で，ハイテクモニタリングによって職場におけるストレスは増大し，従業員の QOL が低下させられる可能性がある。ハイテクモニタリングが経営者の労働者に対する究極の不信を表すものであり，恐怖による統制を行うしくみであるという批判もある中で[25]，労働者の職場におけるプライバシー権や表現の自由の侵害，モニタリングに対する知る権利，モニタリング導入・実施に関わるデュープロセスなどが議論の対象とされるべきであることが認識された。

　社会のレベルでは，1999年 7 月に米国商務省から公表された報告書において，デジタルデバイドに対する警鐘が鳴らされた[26]。これは，インターネットをはじめとする ICT にアクセスする機会とそれを利用する能力の差が情報格差を生み，それが社会的・経済的格差へとつながるというものである。ICT にアセスする機会とそれを利用する能力には，所得格差や人種の違い，教育レベルの差によって，また先進国と発展途上国の間ですでに明確な違いが出ている。これがインターネット時代において社会的・経済的格差へと結びつき，それが固定化・拡大されることは，機会均等の観点から見ても好ましいことではない。ICT ならびに ICT に関する知識にアクセスすることが現代人の権利として広く保障されるべきであるかもしれない。

　以上のような論点・問題の多くは，さまざまな対応策が講じられてはいるものの，必ずしも解消されたわけではなく，スマートフォンが普及しユビキタス環境が整えられている今日において，さらに複雑化・深刻化してきているものも少なくない。

5　責任ある技術の開発と実装：RRI と SDGs

　ICT の発展のスピードは非常に速く，しばしばドッグイヤーと形容される。そして新たな ICT の開発と利用は，それによって顕在化される新たな倫理問題・社会問題への対応を組織や社会に迫ることも多い。実際のところ，最近のICT の発達と利用・普及によって，たとえば AI 倫理，ロボット倫理，サイボー

グ倫理，ゲノム・遺伝子倫理といった情報倫理に関わるさまざまな研究課題が提起され，実際に検討されてきている。

　上述の今道の議論にもあるように，先端的な技術に関する倫理問題の中心に存在しているものの 1 つは，その開発・利用あるいは運用に関わる行動主体の責任である。それでは ICT ならびに ICT ベースの情報システムの「責任ある開発と実装」を実現するために，どのようなことが検討されなければならないのであろうか。この問いは倫理的な技術開発へのプロアクティブな取組みの一環として位置づけられるものであり，ICT およびそれを利用したシステムの開発前に，あるいは開発中に，またその実装と利用に先立って，どのような行動主体が，個人やコミュニティ，社会，自然環境あるいは生態系の，そして人工物そのものの「善きありかた」を実現するために，どのようなことへの配慮と対応を，どのようになすべきなのかを明らかにしようとするものである。

　技術開発は経済を発展させ，世の中を便利にし，人間の幸福を増進させてきたと認識されている。そうした中で，技術の開発と利用が社会や環境に対してもたらす負の影響を事前に評価し，プロアクティブに制御しようとする技術評価への取組みが1960年代後半から行われてきている。しかし，研究とイノベーションに主体的に関わるキーステイクホルダーの多くが，技術評価の主張に賛同することなく，「まずはイノベーションを優先し，その結果については後から考える」という態度を崩さなかったことは事実である。このことに対する批判と反省に基づいて，現在，RRI（Responsible Research and Innovation：責任ある研究とイノベーション）と呼ばれる取組みが英国ならびに EU 諸国を中心に行われてきている（第11章 4 参照）。

　2015年 6 月に EC（European Commission）の欧州最先端 RRI エキスパートグループが公開した「RRI の促進とモニタリングのための指標」という題名の RRI の政策指標を定めるための報告書では，「社会における科学（SiS：science in society）から，社会とともにあり，社会のためになる科学（Swafs：science with and for society）へ」という視点が打ち出された。そして RRI とは，研究・イノベーションに取り組む人々に，その早い段階で，自分たちの行為がもたらす結果を

予測し，自分たちがとることのできるオプションを理解し（anticipatory），結果とオプションを道徳的価値に照らして評価して（reflexive），これらの考察を新たな研究や製品・サービスの設計・開発における機能要件として位置づける（responsive）ことを可能にする研究・イノベーションの実施のあり方であり，さらに倫理的側面と社会的ニーズを考慮に入れるために，問題指向で多様なステイクホルダーを研究・イノベーションプロセスに関わらせる（inclusive）ものであると特徴づけられた。また，Swafs の理念の下に RRI が実現されるための戦略として「3つの O（three Os）」が提唱されている[29]。

① **開かれた科学**（Open Science）：研究全体のプロセスをより開かれたものにし，再現可能で，繰り返し実施することができるものへと変えていくことを目的として，研究においてデジタル／ウェブベース技術の可能性を最大限に生かす。
② **開かれたイノベーション**（Open Innovation）：イノベーションのプロセスを明確かつ戦略的に公開する。このことによって研究開発に携わる者と研究資金提供者や，（潜在的な）利用者などが，組織や部門，学問領域などの壁を越えて新たな製品・サービスの開発のために協力できるようにする。
③ **世界へと扉を開く**（Open to the World）：欧州と他の国の研究者との共同研究の機会を創出する。

　他方，長年にわたる人間活動，とりわけ技術の開発・イノベーション活動が「第6の大量絶滅時代」とも言われるほどに生物多様性に対する深刻な影響を及ぼしつつある今日[30]，各国の科学技術政策に影響力を及ぼすようになってきているのが，2015年9月に国連で採択された「持続可能な開発のための2030アジェンダ」の中核に位置づけられる SDGs（Sustainable Development Goals：持続可能な開発目標）である。これは17の大きな目標とそれぞれの目標に対して具体的に設定された合計169のターゲットから構成されている。さらに，これらのター

ゲットについて詳細に記述した合計226の指標（2019年 5 月22日現在）が，その
概念の明確さ，方法論や標準の確立の程度，実際のデータの存在の有無に応じ
て 3 層構造で設定されている。(31)

　大きな目標だけを見ても，SDGs には貧困や飢餓の撲滅，安全な水と衛生と
いった人間生活にとって基本的なものから，ジェンダー平等，適正な労働環境
と経済成長，質の高い教育，不平等の撲滅といった社会的目標，さらには生活
環境保全，海陸の生態系保護，気候変動対応といった広い意味での環境保護ま
でがカバーされており，先進国であるか発展途上国であるかを問わず，多くの
国の政府，企業，市民がこれらの実現に向けたパートナーシップに参加すべき
ことが主張されている。こうした点で，SDGs はグローバルな RRI の実現のた
めの共通分母になるべきであるという認識が存在している。

　現代情報社会を「責任ある社会」にするためには，今後，RRI や SDGs，ま
たこれらと同様の趣旨を持つ議論の場に積極的に参加し，将来世代にわたって
好適な技術の開発と実装・利用が行われるための「あるべき態度」をさまざま
なステイクホルダーが身につけていくことができるような取組みを，公的部
門・民間部門を問わず，実施していくべきであろう。もちろん，RRI や SDGs
における主張を鵜呑みにしてよいわけではない。責任主体として行動するため
には，健全な批判精神を常に持ち続けることが重要なのである。

注
（1）今道友信（1990）『エコエティカ』講談社。
　　Imamichi, T.（1998）, Technology and Collective Identity : Issues of an Eco-eth-
　　ica. In Imamichi, T, Wang, M. and Liu, F.（eds.）, *The Humanization of Thech-
　　nology and Chinese Culture*. Washington, D. C. : The Council for Research in
　　Values and Philosophy. pp. 13-20.
（2）村田潔（2003）「統合とパワー」,『オフィス・オートメーション』, 23（4）26-31
　　頁。
（3）Davis, K.（1975）. Five Propositions for Social Responsibility. *Business Horizons*,
　　18（3）, pp. 19-24.
（4）本節における情報化の進展の歴史に関する記述については，経営情報学会情報

システム発展史特設研究部会編（2010）『明日のIT経営のための情報システム発展史　総合編』専修大学出版局を参考にしている。

（5）Marchant, J. (2008). *Decoding the Heavens : Solving the Mystery of the World's First Computer*. London : William Heinemann（木村博江訳（2009）『アンティキテラ　古代ギリシアのコンピュータ』文藝春秋）.

（6）具体的には，暗号解読や射表の作成を目的としていた。

（7）Gray, G. (2001). Univac I : The First Mass-produced Computer. *Unisys History Newsletter*, 5(1).

（8）Forester, T. and Morrison, P. (1993). *Computer Ethics : Cautionary Tales and Ethical Dilemmas in Computing*. Cambridge, MA : MIT Press.

（9）Bynum, T. W. (2008). Milestones in the History of Information and Computer Ethics. In Himma, K. E. and Tavani, H. T. (eds.), *The Handbook of Information and Computer Ethics*, Hoboken, NJ : Wiley, pp. 25–48.

（10）これについては第7章で詳しく解説する。

（11）Bynum（2008），前掲論文。

（12）セラック25のケースには次の明治大学ビジネス情報倫理研究所ウェブサイトからアクセスできる：http://www.isc.meiji.ac.jp/~ethicj/（情報倫理ケースベース，事例10）

（13）Westin, A. (1967). *Privacy and Freedom*. New York : Atheneum（p. 5）.

（14）Moor, J. H. (1985). What Is Computer Ethics? *Metaphilosophy*, 16(4), pp. 266–275.

（15）Mason, R. O. (1986). Four Ethical Issues of the Information Age. *MIS Quarterly*, 10 (1), pp. 5–12.

（16）Rule, J. B., McAdam, D., Stearns, L. and Uglow. D. (1980). *The Politics of Privacy*. New York : New American Library.

（17）「データによる監視（surveillance）」を意味する造語：Clarke, R. (1988). Information Technology and Dataveillance. *Communications of the ACM*, 31(5), pp. 498–512.

（18）Gandy, O. H. Jr. (1993). *The Panoptic Sort : A Political Economy of Personal Information*. Boulder, CO : Westview.

（19）Lyon, D. (2001). *Surveillance Society : Monitoring Everyday Life*. Buckingham : Open University Press.

（20）情報倫理の課題としての監視については，第6章で議論される。

（21）Zuboff, S. (2019). *The Age of Surveillance Capitalism : The Fight for a Human Future at the New Frontier of Power*. London : Profile Books.

（22）Brod, C. (1984). *Technostress : The Human Cost of the Computer Revolution*. Reading, MA : Addison-Wesley.

(23) Forester and Morrison（1993），前掲書。知的財産権については第 8 章で議論する。

(24) このことについては第 6 章 4 で論じられる。

(25) Nussenbaum, H.（1991）. Computer Monitoring : A Threat to the Right to Privacy? In Dejoir, R., G. Fowler and D. Paradice（eds.）, *Ethical Issues in Information Systems*, Boston, MA : Boyd & Fraser, pp. 134–139.

(26) https://www.ntia.doc.gov/legacy/ntiahome/fttn99/contents.html（2020年 9 月 7 日閲覧）

(27) http://ec.europa.eu/research/swafs/pdf/pub_rri/rri_indicators_final_version.pdf（2020年 9 月 7 日閲覧）

(28) http://ec.europa.eu/research/swafs/index.cfm（2020年 9 月 7 日閲覧）

(29) http://ec.europa.eu/programmes/horizon2020/sites/horizon2020/files/h2020-swafs-2018-2020_prepublication_2.pdf ; https://ec.europa.eu/digital-single-market/en/news/open-innovation-open-science-open-world-vision-europe（2020年 9 月 7 日閲覧）

(30) Carrington, D.（2017）. Earth's sixth mass extinction event under way, scientists warn. *The Guardian*, 10 July, https://www.theguardian.com/environment/2017/jul/10/earths-sixth-mass-extinction-event-already-underway-scientists-warn（2020年 9 月 7 日閲覧）

(31) https://unstats.un.org/sdgs/iaeg-sdgs/tier-classification/（2020年 9 月 7 日閲覧）

推薦図書

今道友信『エコエティカ』講談社（講談社学術文庫），1990年.

経営情報学会情報システム発展史特設研究部会編『明日の IT 経営のための情報システム発展史総合編』専修大学出版局，2010年.

ユヴァル・ノア・ハラリ（柴田裕之訳）『ホモ・デウス―テクノロジーとサピエンスの未来（上）・（下）』河出書房新社，2018年.

練習問題

① ICT の汎用性あるいは多目的性をもたらしている技術的特性にはどのようなものがあるのかについて説明しなさい。

② コンピュータの濫用とは，具体的にどのような主体がどのような行為を行うことを指すのかについて説明しなさい。

③ 情報社会には脆弱性があるといわれている。それはどのような事実を指しているのかについて述べなさい。

④ 情報倫理問題としての PAPA とは何を示しているのか，またそれが情報倫理問題として指摘された当時の技術的・社会的背景がどのようなものであったのかに

　　ついて述べなさい。
⑤　RRI とは何か，またそれが現代情報社会において重視されてきているのはなぜか
　　について論じなさい。

第3章
情報倫理の目的

　本章では，情報倫理が，情報通信技術（ICT：Information and Communication Technology）の開発と利用，ならびにその社会・経済への浸透に関わる倫理問題・社会問題を考察の対象とする，独立した学際的な研究と実践の場として展開・確立されてきた経緯を概観し，その中で何が目指されてきたのか，そして現在，何を意図して情報倫理の研究と実践に参加する人々の間での活発な議論が行われているのかについて解説する。そしてそうした議論の中で，情報倫理の主たる目的として，①ポリシーリコメンデーション，②プロフェッショナリズムの確立，ならびに③生態系における情報体としてのあらゆる存在物の繁栄が提案されてきていることを提示する。

キーワード：人間的価値，ポリシーリコメンデーション，コンピュータプロフェッショ
　　　　　　ナリズム，生態系，情報体，繁栄

1　なぜ情報倫理が問題になるのか

(1)倫理問題とは

　1980年代半ばから本格的な研究がスタートした情報倫理は，情報通信技術（ICT：Information and Communication Technology）の開発や利用，すなわちコンピューティングの実践，ならびにICTベースの情報システムと情報サービスの社会・経済への普及・浸透に伴って発生する倫理問題をその考察の対象とする学際的な研究と実践の取組みである。そこでは，人間的価値を損なうことなく，むしろ増進・保護するように，ICTと人間的価値の統合を図ることが全体の目的として掲げられている。それでは，情報倫理の文脈において対応が求められる倫理問題とはどのようなものであろうか。

　倫理問題は典型的には，価値の対立状況，あるいは価値の喪失状況として現れる。幸福，個人の尊厳，機会均等，言論・行動の自由，プライバシーの保護，物質的・精神的豊かさといった，これまで社会において大切にされてきた「人

間的価値」を尊重することは，人の判断や行為が倫理的であるための必要条件である。しかし，判断や行為にあたって，そうした価値同士が対立していたり，依拠すべき適切な価値を見つけることができない場合，人は倫理問題に直面することになる。たとえば監視カメラをめぐる議論では，社会やコミュニティの安全・安心と，プライバシーや言論・行動の自由との間での価値の対立が問題となる。また携帯電話の普及がもたらした社会空間の変化⁽²⁾に対処するための適切な価値あるいは判断基準は，いまだに確立されていない。

　価値の対立は個人と個人の間でも，また一個人の内面でも発生しうる。一個人の内面で価値の対立が発生する一因となっているのは，個人が同時に複数の社会的役割を担っていることである。たとえば，企業の一員としての個人は，同時に家族の一員であり，地域コミュニティの一員でもある。それぞれの立場にはそれぞれの義務や責任が伴い，それらの間で対立関係が発生することは決して珍しいことではない。

　また，拠るべき確固たる価値や基準が存在しない時に，倫理問題は「線引きの問題」としての姿を現す。たとえば，脳の損傷による記憶障がいに対応するために，マイクロチップを脳に埋め込む治療を行うことは，社会的に受け容れ可能であるかもしれない。しかしこうした治療が，脳損傷のない人間の記憶能力をはるかに超える形で，障がいを負った人の記憶能力を増大させる可能性がある場合，どこまで増大させることが認められるべきか——「越えてはならない一線」をどこに引くべきか——が問題になるであろう⁽³⁾。

(2) 現代情報社会における情報倫理の重要性

　倫理とは，人が「善く／良く生きること」あるいは「善き人間存在」を実現することに深く関わっている。社会的動物として他の人々との多様なインタラクションの中で生きる人間にとって，善き生き方を実現するためには，善き社会を構築することが不可欠であり，それゆえ，善き社会のあり方と，その実現に向けた方策，さらには個人ならびに人々が構成する組織が社会に対して負うべき責任が倫理的な考察と討議における主要なテーマとなる。

　他方，人間が自然環境あるいは生態系の中で「生かされている」ことを考えれば，また現在，自然と科学技術とが織りなす生態・社会環境に人が置かれていることを前提とすれば，人間および人間を中心とする社会のみを倫理的考察および実践の対象とすることの正当性を見出すことはもはや難しいかもしれない。人間以外の動物，植物，非生物を含む自然環境の存在物，さらにはソフトウェアやロボットのような人工物を倫理的論議領域の構成要素と考え，倫理的考察の対象とすべき状況が生み出されてきているといえる。

　科学技術の発展と普及が現代における倫理についての思考ならびに実践の新展開をもたらしたことは疑う余地がない。それではなぜ，さまざまな技術の中でも，とりわけICTの開発と利用に関わる倫理問題を考察対象とする情報倫理が，現代社会における重要な課題として取り上げられなければならないのであろうか。それはICTが，他の技術には見られないほどの社会・経済への浸透性を持ち，人間存在と社会のあり方に対する看過することのできない影響力を有するからであり，そしてそれゆえに，ICTの開発と利用，ならびにその社会・経済への浸透に伴って発生する倫理問題への対応のあり方が，人間と社会にとって，時にはその意味を問い直すことを迫るほどに，重大な意味を持つからである。

　人と人との関係，人と組織との関係，組織と組織との関係，さらには人と機械との関係がICTの開発と利用・普及を1つの要因として大きく変化してきたことは周知の事実である。その影響力はICTのグローバル性（global reach）を反映して広い範囲にわたっている。またICTの利用に伴って発生する社会変容は，既存の価値の見直しを迫ることが多く，しかも不可逆性を有している。したがって，ICTの適用にあたっては，プロアクティブに，すなわち事前にあるいはその初期段階において，それが持つ倫理的・社会的含意について注意深く検討する必要がある。こうした情報倫理への取組みは，ユビキタス社会という言葉が象徴的に指し示す，ICTの社会への広く深い浸透を考えれば，今日の人間や組織が行うほとんどすべての情報行動をカバーするものであると考えてよく，十全な情報行動をその生存（viability）と繁栄（flourishing）の必須要

件とする人と組織にとって不可欠のものである。

2　情報倫理の研究ならびに実践における目的

⑴情報倫理の萌芽

　情報倫理という学問領域を創始したのは米国の数学者でサイバネティクスの
提唱者であるノーバート・ウィーナーであるといわれている。[4]1940年代後半か
ら彼は，社会が情報と通信に依存する「自動化時代」における情報体（informa-
tion object）としての人間の善き生き方について考えをめぐらせ，コンピュー
タ技術が生命，健康，幸福，自由といった人間的価値に与える影響を検討し，
今日の情報社会においても有用な数々の提言と警句を残している。たとえば，
人間の持つ能力を十全に発揮させないような人間の扱い方が，人間に対する冒
瀆であると主張し，人間の自由な能力の発揮と自律性を圧殺するような自動化
のあり方を厳しく批判している。[5]また，自動化技術を自分勝手でさもしい目的
のために使おうとすることを強く非難し，技術の功罪両面性を指摘するととも
に，人には人にふさわしい事柄をやらせ，コンピュータにはコンピュータにふ
さわしい仕事を割り当てることが必要であることを指摘している。[6]

　1960年代半ばになると，コンピュータの普及によって増加しつつあったコン
ピュータプロフェッショナルによる非倫理的行為ならびに違法行為に関する研
究が，米国のコンピュータ科学者ドン・パーカーによって行われるように
なった。[7]そして1970年代には米国MIT（マサチューセッツ工科大学）のコンピュー
タ科学者ジョセフ・ワイゼンバウムが，自らの開発した単純な自然言語処理プ
ログラムELIZAに対する人々の過大な期待と，感情移入や私的な思いの告白
などの過剰ともいえる反応を踏まえて，人間の情報処理モデルが人間を単なる
機械とみなす風潮を生み出していることに警鐘を鳴らし，同時にコンピュータ
技術の倫理的・社会的影響について考える必要性を説いた。[8]

(2)ポリシーリコメンデーション

　応用倫理学の一分野として「コンピュータ倫理」を確立させることの必要性
を主張したのは米国の哲学者ウォルター・メイナーである。彼は1976年にこの
用語の使用を提案し、78年には大学生向けの教材「コンピュータ倫理教育スター
ターキット(9)」を開発して、コンピュータ倫理の教育・研究の実践と普及に努め
た。彼の努力によって、哲学者とコンピュータ科学者を中心とする多くの研究
者がコンピュータ倫理研究に参加するようになった(10)。そして1980年代半ば以降、
コンピュータ倫理は必ずしも応用倫理学という枠組みにはとらわれない、学際
的で多様な視点と論点を含む研究領域として、本格的かつ活発な研究が行われ
ていくことになる。

　1985年に発表されたエポックメイキングな論文(11)において、米国の哲学者
ジェームス・ムーアはコンピュータ倫理を、コンピュータ技術の本質とその社
会的影響を分析し、それに対応してこの技術の倫理的利用のためのポリシーの
形成と正当化を行うことと定義した。ポリシーとは、われわれの行動のあり方
を規定する、あるいは導く原則ないしは指針であり、ルールあるいはコードを
含む概念である。

　ムーアによれば、コンピュータの革命的特徴はその論理的順応性(logical mal-
leability)、すなわち論理処理を設定できる限りにおいてどのような目的にも利
用できるという点にある。論理処理が設定できる活動はあらゆるところに存在
しているといってよく、コンピュータ技術の潜在的な適用可能性に制約はない。
したがってコンピュータはユニバーサルツールであり、社会のさまざまな制度
に適用することができる。コンピュータ技術が適用された活動や制度には、情
報エンリッチメント(12)が発生する。すなわち、人間の活動や社会の諸制度を、コ
ンピュータが可能にする情報処理が不可欠あるいは最重要な要素であるように
変容させ、さらにコンピュータの適用対象をいかに効率化するかを問うに止ま
らず、時には対象が本質的に何であるのかを問い直させるほどに、その基本的
な性質や目的をも変化させる。このことがどのようにコンピュータを利用すべ
きなのかということに関する、概念の混乱(conceptual muddle)を伴うポリシー

の空白（policy vacuum），すなわち適切なポリシーが存在せず，しかもポリシーを新たに考える上で考慮に入れる必要があるさまざまな事柄や物の概念あるいは定義を見直さなければならない状況を生み出すのである。

　ポリシーの空白を生み出すもう1つの要因は，コンピュータ処理に関わる不可視性（invisibility）である。コンピュータ処理については，そのインプットとアウトプットを認識することが比較的簡単であるのに対し，どのような内部処理が行われているのかははっきりと分からない。ムーアは，コンピュータ処理に関する倫理的に重要な不可視性として，次の3つを指摘した。

① コンピュータ濫用の不可視性：他人が見ても特定の行為が行われているとは分からないようなコンピュータ処理を利用して，非倫理的行為を行うことができる。
② プログラムに埋め込まれている価値判断の不可視性：プログラムを実行するユーザは，プログラムの開発プロセスにおいてプログラムコードに埋め込まれたプログラマの価値判断を認識できない。
③ 複雑な計算プロセスの不可視性：コンピュータの計算処理は人間の検証と理解を不可能にするほど複雑であり，このため，われわれがどれほど不可視な計算処理を信じることができるのかという問題が生み出される。

　こうしたムーアの見解は，現在でもICTの開発と利用に関わる倫理問題への取組みを考える際の基調となっており，新たなICTの開発・導入に伴って生じる倫理問題の本質を解明し，そこに発生しているポリシーの空白状態を打破するための，倫理的・社会的に正当化できる新たなポリシーの提言，すなわちポリシーリコメンデーション（policy recommendation）を行うことが情報倫理の1つの大きな目的となっている。この点で情報倫理とは，絶え間なく進行するICTの開発と利用とともに立ち現れてくるポリシーの空白を埋め続ける実践なのである。

(3)コンピュータプロフェッショナリズム

　コンピュータ倫理あるいは情報倫理という研究分野において取り上げられて
きた題材やテーマには，実に多様なものがある。しかし，米国の哲学者ドナル
ド（ドン）・ゴターバーン[13]は，以下のような主張を展開している[14]。

　コンピュータ倫理の研究において，コンピュータ技術が新奇で特有の状況を
生み出すことが強調されるあまり，コンピュータ倫理が特有のものとして取り
扱われてしまい，コンピュータの利用が存在している非倫理的行為をほとんど
含むような広い範囲の問題領域が設定されてしまっている。その結果として生
み出されたコンピュータ倫理のドメインの不明確さが，この分野の明瞭な議論
の妨げになっている。コンピュータ倫理で取り扱われている問題は，一般的な
倫理の問題としてか，あるいはある種の職業倫理として扱うことができる。そ
こで，コンピュータ倫理研究の焦点を，個々の道徳的なコンピュータプロフェッ
ショナルがコントロール可能な行為に絞り込むべきである。ここでプロフェッ
ショナルであるということは，自分たちの提供するサービスが他者に与えるイ
ンパクトについて，一連の倫理原則に導かれながら常に注意深く考えなければ
ならないような，特別なスキルを使うことである。

　彼の主張は多くの賛同者を得ることとなり，コンピューティングにおけるプ
ロフェッショナリズムの確立は，今日の情報倫理の研究と実践においても，そ
の中心的な目的となっている。この目的を追求する一環として，コンピュータ
エンジニアのための倫理行動綱領が整備され[15]，また責任あるソフトウェア開発
のための Java ベースのステイクホルダー分析システムである SoDIS（Software
Development Impact Statement）[16]が開発されている。

　一方，米国の哲学者デボラ・ジョンソンは，コンピュータプロフェッショナ
ルのほとんどが組織に勤務していることを踏まえ，その責任のあり方を理解す
ることやプロフェッショナルとしての責任を果たすことが一筋縄ではいかない
ことを，次のように説明している。

　プロフェッショナルとしての役割を果たす者には権利，パワーと責任が付随
するので，彼／彼女は常にモラルエージェント（道徳的行動主体）として行動し

なければならない。コンピュータエキスパートはその多くが企業その他の組織に勤めることになる。このことは，彼ら／彼女らに，法律だけではなく，競争環境の中で組織の一員，あるいはチームの一員として働くという制約が与えられる一方で，さまざまな社会的制度によってその活動がサポートされることを意味している。そうした中で，コンピュータエキスパートは，知識とスキルにプラスして，プロフェッション（専門職）の一員であるということよりもむしろ，組織の一員であるということによってパワーを持つことになり，自らの行為が個人そして社会あるいは世界に対する影響力（efficacy）を持つこととなる。この影響力の存在ゆえにコンピュータエキスパートは特別な責任を負うことになる。コンピュータエキスパートに関わる倫理的ジレンマを分析するにあたっては，彼ら／彼女らが置かれている複雑な状況と，コンピュータエキスパートの持つ影響力について認識しなければならない。[17]

(4)すべての存在物の繁栄：コンピュータ倫理から情報倫理へ

　コンピュータ倫理の理論をより統合的・包括的な情報倫理のそれへと展開させたのは英国オックスフォード大学の哲学者ルチアーノ・フロリディである。[18]彼は情報環境あるいは情報圏（infosphere）における生命体・非生命体，さらには現在だけではなく過去・未来のものを含めたあらゆる存在物（entity）を情報体として抽象化し，情報倫理とはあらゆる存在物とその大域的環境の存在と繁栄に本質的な価値を認め，情報体としての存在物に対する貧困化の源泉であるエントロピーに本質的な負の価値を見出すものであるとする。そして，行為の主体（agent）であり，また受け手（patient）でもある情報体としての存在物に，自己保存権と，その存在をより良く，より豊かにする権利を認め，このことの裏返しとして，いかなる道徳的行為主体も情報圏の成長に貢献する義務を負うと主張している。

　米国の哲学者であるテレル・バイナムは，[19]アリストテレスの倫理学と，ウィーナーからフロリディへと続くコンピュータ倫理ならびに情報倫理の理論的枠組みに関する研究，さらには現代物理学や生物学の知見を踏まえて，包括的繁栄

倫理（general flourishing ethics）を提唱している[20]。それはあらゆるものを情報体として理解できることを前提として，人間とその社会を繁栄の中心に据えるものではなく，人間以外の動物，植物，生態系，機械をも視野に入れる。そして人間は，本質的害悪であるエントロピーに対抗する，あらゆる存在物の繁栄を援助する保護者（care taker）であり，情報の流れによって転変する宇宙を他の存在物と共に旅する存在（fellow traveler）であると位置づけている。

　人間の繁栄を考察対象とするものから，すべての存在物の繁栄を視野に入れるという情報倫理における議論の展開は，現代の人間が自然と人工物とが織り成す生態・社会環境の中で生かされているのと同時に，人工物の開発と配置を通じて常に新たな生態・社会環境の創造を働きかけていることを反映している。ただし，バイナムが主張するような人間の役割への認識が「素朴な人間中心主義」に結びつかないよう注意することが必要である。人間の知的能力と生まれながらにして共有すると想定される人間性への過度の信頼，そしてそこから生み出される地上における特別な存在としての人間という認識に基づく素朴な人間中心主義は，往々にして現在を生きる，しかも自分が認識できる狭い範囲に存在している人々の利益に偏重した思考をもたらし，ナショナリズムや自民族中心主義，そしてエゴイズムへと容易に結びつく。またそれは歴史の教訓を忘却，そして時には歪曲させ，未来の世代への責任を放棄させる。人間の叡智の限界に対する正しい認識に基づき，素朴な人間中心主義から脱却することができなければ，情報倫理問題に限らず，今日の社会における倫理問題・社会問題を解決することは困難であろう。むしろここでとるべき立ち位置は，限定された知的能力を持ち，「関係」として存在する人間のあり方[21]を真正面から見据え，個人やコミュニティ，社会，自然環境さらには生態系の，そして人工物そのものの「善きありかた（well-being）」の実現を目指すという，より広い視野を持つものであると同時に，そこで人間が果たすことのできる役割がごく限られたものであることを素直に認める必要がある[22]。人間の能力と役割が限られたものであることは，人間が責任を放棄してよいということを意味するものではなく，生態系の一員として，その繁栄のために自らの限界を明確に認識しつつ最善を

尽くさなければならないことを意味している。

　これまで見てきたように，学術的にはコンピュータ倫理から情報倫理へと議論が展開してきた。しかし今日では，情報の収集，蓄積，処理，利用，発信といった，コミュニケーションを含む情報行動や，情報に関わる事象・現象の多くは ICT の利用を前提としたものになっており，また倫理問題としての検討を要する情報行動のほとんどは ICT の利用を伴うものになっている。そのため，「情報の」倫理と「コンピュータの」あるいは「ICT の」倫理とを異なるものとして考える必要性はほとんどなくなってきている。こうした事情から，現在では「情報倫理」と「コンピュータ倫理」は，ほぼ同義語として扱われている。本書でも，以下の記述においては，情報倫理とコンピュータ倫理とを特に区別して論じることはしない。

注
（ 1 ）Rogerson, S. (1997). Advances in Information Ethics. *Business Ethics : A European Review*, 6(2), pp. 73-75.
（ 2 ）たとえば「通話」という私的行為は，自宅やオフィスだけではなく公共の空間でも行われるようになっている。
（ 3 ）村田潔 (2016)「企業における情報倫理─情報経営時代の企業の社会責任─」，『商学論纂（中央大学）』，57(5 ・ 6)，303-335頁。
（ 4 ）Bynum, T. W. (2004). Ethical Challenges to Citizens of 'the Automatic Age' : Norbert Wiener on the Information Society. *Journal of Information, Communication and Ethics in Society*, 2(2), pp. 65-74.
Bynum, T. W. (2008). Milestones in the History of Information and Computer Ethics. In Himma, K. E. and H. Tavani(eds.), *The Handbook of Information and Computer Ethics*, Hoboken, NJ : Wiley, pp. 25-48.
（ 5 ）Wiener, N. (1950 ; 1954). *The Human Use of Human Beings : Cybernetics and Society*. Boston, MA : Houghton Mifflin.
（ 6 ）Wiener, N. (1964). *God & Golem, Inc. : A Comment on Certain Points Where Cybernetics Impinges on Religion*. Cambridge, MA : MIT Press.
（ 7 ）Parker, D. B. (1968). Rules of Ethics in Information Processing. *Communications of the ACM*, 11(3), pp. 198-201.
Parker, D. B. (1976). *Crime by Computer*. New York : Scribner.
Parker, D. B. (1979). *Ethical Conflicts in Computer Science and Technology*.

Arlington, VA : AFIPS Press.

（ 8 ）　Weizenbaum, J.（1976）. *Computer Power and Human Resource : From Judgment to Calculation.* San Francisco, CA : W. H. Freeman.

（ 9 ）　Maner, W.（1980）. *Starter Kit on Teaching Computer Ethics.* Hyde Park, NY : Helvetia Press and the National Information and Resource Center for Teaching Philosophy.［Originally self-published by Maner in 1978.］

（10）　Bynum（2008），前掲論文。

（11）　Moor, J. H.（1985）. What Is Computer Ethics? *Metaphilosophy,* 16（ 4 ）, pp. 266-275.

（12）　Moor, J. H.（1998）. Reason, Relativity, and Responsibility in Computer Ethics. *Computers and Society,* 28（ 1 ）, pp. 14-21.

（13）　ゴターバーンは第11章にショートエッセイを寄稿している。

（14）　Gotterbarn, D.（1991）. Computer Ethics : Responsibility Regained. *National Forum : The Phi Beta Kappa Journal,* 71（ 3 ）, pp. 26-31.

（15）　これについては第 7 章で詳しく解説する。

（16）　Gotterbarn, D. and Rogerson, S.（2005）. Responsible Risk Assessment with Software Development : Creating the Software Development Impact Statement. *Communications of the Association for Information System*s, 15, pp. 730-750.

（17）　Johnson, D.（2001）. *Computer Ethics* （3rd ed.）. Upper Saddle River, NJ : Prentice Hall.

（18）　Floridi, L.（2006）. Information Ethics, Its Nature and Scope. *Computers and Society,* 36（ 3 ）, pp. 21-36.

（19）　バイナムは第11章にショートエッセイを寄稿している。

（20）　Bynum, T. W.（2006）. Flourishing Ethics. *Ethics and Information Technology,* 8, pp. 157-173.

（21）　和辻哲郎（2007）『人間の学としての倫理学』岩波書店。
　　　　木村敏（2006）『自己・あいだ・時間──現象学的精神病理学』筑摩書房。

（22）　村田潔（2020）「先端的情報通信技術の安心・安全な活用：経営情報倫理アプローチ」，『明治大学社会科学研究所紀要』，58（ 2 ），31-45頁。

推薦図書

ノーバート・ウィーナー（鎮目恭夫・池原止戈夫訳）『人間機械論──人間の人間的な利用』（第 2 版新装版）みすず書房，2014年.

Norbert Wiener（1964）. *God & Golem, Inc. : A Comment on Certain Points Where Cybernetics Impinges on Religion.* Cambridge, MA : MIT Press（鎮目恭夫訳『科学と神──サイバネティクスと宗教』みすず書房，1965年：訳書は絶版）.

ルチアーノ・フロリディ（春木良且・犬束敦史訳）『第四の革命　情報圏が現実をつくりかえる』新曜社，2017年.

木村敏『自己・あいだ・時間――現象学的精神病理学』筑摩書房（ちくま学芸文庫），2006年.

ハンナ・アレント（志水速雄訳）『人間の条件』筑摩書房（ちくま学芸文庫），1994年.

練習問題

① 情報倫理が取り扱う倫理問題は，どのような特徴を持っているのか，具体例をあげつつ説明しなさい。

② 情報倫理におけるポリシーリコメンデーションとはどのような活動を指しているのかについて，論理的順応性，情報エンリッチメント，ならびにコンピュータ処理に関わる不可視性に言及しつつ述べなさい。

③ コンピュータプロフェッショナルが社会に対して持つ影響力はどのようにして発生するのかについて説明しなさい。

④ 人間を含む生態系のあらゆる存在物の繁栄を実現するためには，どのようなことに留意する必要があるのかについて述べなさい。

第4章
情報倫理の特質

　本章では，情報倫理という学術的かつ実践的取組みが，どのような特質をもつもので
あるのかについて解説する。情報通信技術（ICT : Information and Communication
Technology）の急速な発展と社会・経済への浸透は，ICT の開発と利用に伴う倫理問
題・社会問題へのプロアクティブな対応を目指す情報倫理への取組みにおいて学際的ア
プローチを採ることを必然的なものとし，またさまざまな立場の人々のコミットメント
を要求するものとなっている。さらに ICT のグローバル性は，グローバル情報倫理に取
り組むことの重要性を示唆しており，そこでは倫理問題に対する，文化多元主義に基づ
く異文化摩擦を超える合意形成の実現が期待されている。

キーワード：学際性，コミットメント，合意形成，情報倫理リテラシー，技術決定論／
　　　　　　技術中立論，世代間倫理，プロアクティブ，グローバル情報倫理，文化多
　　　　　　元主義

1　情報倫理への取組み

(1)情報倫理の学際性

　情報倫理は学際的な研究と実践の試みである。哲学，倫理学，コンピュータ
科学・工学はもちろんのこと，心理学，社会学，法学，政治学，経済学，経営
学，文化人類学など，多様な学問的バックグラウンドを持つ研究者や実務家，
ポリシーメーカー（政策立案者）が情報通信技術（ICT : Information and Communi-
cation Technology）の開発と利用に関わる倫理問題についての議論に参加して
いる。ICT の急速な発展と普及を反映して，情報倫理が扱うテーマは多岐に
わたり，AI 倫理やロボット倫理，サイボーグ倫理などの新たなサブ領域が生
み出されるに至っている。社会・経済の情報化の進展とともに，情報倫理も進
化を続けているのである。

　ICT は社会的影響力の強い技術であり，社会変容要因である。ICT が現在

の情報社会における人間行動や組織行動，さらには人間存在や社会のあり方を規定しているといっても，あながち誇張ではない。社会・経済の隅々にまで入り込んできている ICT ベースの情報システムのアーキテクチャが人々の思考や行動のあり方を規定しているのである。(1)たとえば，何かを知りたいと思えば，多くの人々は迷うことなくネット検索を行い，その検索結果上位のウェブサイトから得られる情報を「正しいもの」として認識する。

　その一方で，ICT の社会・経済への浸透がなければ発生しなかったであろうさまざまな問題が顕在化してきている。ICT の開発と導入のスピードは人間がそれ以前に経験してきた機械化のスピードをはるかに上回るものである。またその影響は人間存在と社会のあり方を変えるほどに深く，影響が及ぶ範囲もまさに「グローバル」や「ボーダーレス」という表現がぴったりとくるほど(2)の広さを持っている。こうした中で，ICT の開発と利用，普及に伴って，多様な立場の人々の，さまざまな権利，責任，利害関係が絡まり合う複雑で新奇な価値の対立状況や，価値の喪失状況が引き起こされてくることになる。このようにして発生する倫理問題への対処は，その複雑性と新奇性に由来する的確な問題認識ならびに問題の本質解明の困難さ，適用可能な法律やルールが存在しないこと，適切で迅速な法律やルールの制定のための手続きの不備，問題の発生と技術的対応とのスピードギャップといった，さまざまな要因のために難しいものとなる。とりわけ適切に問題を認識し，認識された問題の本質を正しく理解するためには，情報倫理問題が有する複雑性と新奇性に対抗できるだけの，多様な分野の知識と知恵が必要とされる。このため，情報倫理においては学際的なアプローチを採ることが必然的なものとなる。

⑵現代人の課題としての情報倫理実践

　情報化の進展とともに複雑で新奇な倫理問題・社会問題が発生してきていることは，「できることと，やってよいこととは違う」，すなわち技術的に実行可能なことが，社会的に見たときに必ずしも容認できるものはないということを示唆している。しかし，ICT の開発と利用に伴って，どのような影響が社会

に及ぶのかについては，短期的なインパクト（immediate impact）を正しく予測することですら誰にとっても容易ではなく，ましてや長期的帰結（long-term consequence）を正確に言い当てることは至難の業である。そのため，ICT の開発と利用に関連する社会的リスクの評価や倫理問題の認知とその本質の解明，そして問題解決のためのポリシーリコメンデーション，すなわち方策あるいは対応策の提案・提示が，社会にとって真に有用であることを確保するためには，これらのプロセスに学識経験者やコンピューティングのエキスパートだけではなく，多様な視点を持つさまざまな立場の人々が積極的にコミットすることが必要とされる。

　ICT がビジネスや日常生活に深く広く浸透している結果，今日の情報社会におけるほとんどの個人や組織は，少なくとも先進国における平均的な生活水準やサービス，利便性の水準を保とうとする限り，情報社会から抜け出すことはできなくなっており，いわば「情報社会の虜」となっている。したがって，情報社会のあり方に不満や異議・疑問を持つときに，人々にとってそこから「退出」することは非現実的であり，不満や異議・疑問の解消に向けて積極的に「発言」することが実質的に唯一選択可能な行動オプションである。

　こうした点で，ICT の開発と利用に関わる倫理問題に対処するためのポリシーリコメンデーションをその目的の1つとする情報倫理の実践は，現代情報社会に生きるあらゆる人々にとっての課題となっており，多くの善意の人々が正当な発言をすることを通じてそこに参加することが，情報社会の繁栄のために有効であり，必要なのである。そして，さまざまな視点を持つ人々の発言がより善い情報社会の構築のための建設的なポリシーメイキングに結びつくためには，対処すべき問題の所在と内容を精査し，問題解決に向けた合意形成を実現するための，広く開かれた討議の「場」と「作法」を確立する必要がある。

　また，情報化という社会の機械化・自動化に伴って発生する社会変容は不可逆であるため，ICT の開発と利用に関わる倫理問題の潜在的なものも含めた存在が認知された場合，できる限り早く，人々が発言オプションを行使できなければならない。このため，ICT ベースの情報システムの開発と利用・運用

の主たる担い手である組織は，その社会責任の一環として，自らが行っている ICT の開発と利用の実態について積極的に情報開示し，情報化に関する人々の「知る権利」の確保を図らなければならない。

(3)情報倫理リテラシー

　ICT の開発と利用ならびに社会・経済への普及・浸透に関わる倫理問題・社会問題の解決にコミットする人々に求められるのは，ただ単に ICT に関する確立された法律やルール，マナー，エチケットを学び，それを遵守するという態度ではない。言うまでもなく，法律を遵守することは法治国家に住む者の当然の責務であり，また他者とのインタラクションの中で生きなければならない人間にとってルールやマナー，エチケットを知り，それを守ることは社会生活を送る上での必要条件である。しかし，これらの遵守と情報倫理への取組みとを同一視することは，「倫理的に考え，倫理的に行動すること」や「責任ある行動」，「善い判断」の意味を見失わせるリスクを伴う[4]。具体的には，以下のような状況が生み出されうる。

①　情報倫理の対象として取り上げられる問題が，すでに確立されている法律，ルール，マナー，エチケットに反するのか，反しないのかを判断するものに限定される。
②　情報倫理に関わる問題をとらえる視点が，日常の個人行動レベルで，他者とのトラブルをいかに避けるかというものに矮小化される。
③　倫理問題に対する認識，考察，判断が，既存の法律，ルール，マナー，エチケットに従いさえすればよいという形で思考停止される。
④　倫理問題がマニュアルあるいはアルゴリズムに従うことによって解決されるという誤解が生じる[5]。

　情報倫理がその考察の対象とする問題には，多くの場合，複雑さと新奇性とがまとわりついている。したがって，既存の規範が適用できないばかりか，ルー

ルやマナーを定めることそのものが困難であったり，それらの設定と遵守に還元できない問題も存在する可能性がある。

情報倫理への取組みに向けて人々が身につけるべきものは，ICT や倫理問題の本質を理解できるための必要かつ十分な知識に加え，理性的な議論を行う能力，真に豊かな社会を構想できる創造性，常識を疑うことのできる健全な批判精神，権威におもねらない自立の精神などからなる情報倫理リテラシーである。こうしたリテラシーを十分に涵養することで，人は情報倫理の諸問題の解決に向けた建設的な議論に主体的・積極的に参加することができる。ただし，情報倫理リテラシーを1人の人間が持つと想定することは必ずしも現実的ではないであろう。むしろ，多くの人々の多様な知識と知恵を融合させた集合知として情報倫理リテラシーが形成される仕組みを整えたほうがよいと考えられる。この点においても，情報倫理に関わる問題を討議するための，開かれた場と作法の確立が社会的重要性を持つことになる。

ICT はドッグイヤーと形容されるほどの目まぐるしいスピードでその開発や利用が進められており，それによって常に新しい倫理問題状況が生み出される可能性がある。そのため，ICT の開発と利用に関する明確で安定的な倫理基準を設定することは今後とも困難であり，情報倫理への取組みは終わることのない営為であると理解されなければならない。情報倫理への取組みにコミットする人々には，情報倫理リテラシーの涵養に加えて，より善い社会の実現をあきらめることなく目指す意志と，海図のない長い航海に乗り出す覚悟を持つことが必要とされるのである。

⑷技術決定論と技術中立論

情報倫理への取組みを行う上で，特に留意あるいは認識しなければならないのは，単純な技術決定論と技術中立論のいずれに与することも，無意味であり，有害であるということである。

技術決定論のように技術そのものが社会や経済のあり方を決めると考えることは，人間が技術を道具化するという意味で，技術が解釈の対象であり，した

がって技術の開発，導入，利用に当たってその影響が組織や社会・経済に及ぶ
とき，判断主体あるいは行為主体としての人間や組織の責任が問題とされなけ
ればならなくなるという点を見失わせるばかりでなく，倫理問題の解決に向け
ての努力を無用なものとして軽視する傾向を生み出す。

　逆に，技術それ自体は中立であり，倫理問題を引き起こすのはそれを利用す
る人間であると主張することは，技術にはその開発者の価値が埋め込まれてい
ることを無視し，また，人間の思考が目の前に存在している具体的なものに即
して行われる傾向があることから目をそむけることにつながる。このことは，
ICT や ICT ベースの情報システムの開発に当たってのエンジニアの倫理責任
を過小評価する結果を招くであろう。ICT や ICT ベースの情報システムが組
織や社会に対してどのような影響を及ぼしうるのかについて，ある程度までの
予測を持ち，その予測の範囲内で，短期的・長期的に問題が発生しないよう影
響力を行使することができるのは，それらを開発するエンジニアに他ならない
のである。したがってエンジニアには，その職業上の責任として，こうした影
響力の行使について社会的に正当化可能な配慮をすることが求められることと
なる。[6]

(5)世代間倫理

　ICT が社会や経済の諸機能の基幹部分に存在している今日，ICT の開発と
利用に関わる個人や組織の意思決定は，現在の，そして将来の社会と経済のあ
り方を決める要因となりうる。社会や経済のコンテクストは所与のものでも，
固定されたものでもなく，社会・経済における行動主体が言動を通じて作り上
げていくものである。したがって，情報倫理への取組みにおいては，ICT が
これからの社会の構築にとって不可欠な要素であることを認識した上で，ICT
の開発と利用に関わる適切な社会的コンテクストを将来にわたってどのように
作り上げていくかを考えていくことが，歴史的存在として現在を生きる人間に
とっての責務となる。この点で，情報倫理は世代間倫理の様相を帯びる。すな
わち情報倫理の実践は，社会の構成メンバーとしての，また同時に歴史的存在

としての人間の役割に関わるものであり，前世代が築いた社会を正しく受け継ぎ，同時代の人々のために健全な社会の維持と発展を図り，よりよい社会を次世代へと受け渡す責任を果たすための取組みである。したがって，第3章で指摘したように，情報倫理の実践に参加する人々は「素朴な人間中心主義」に陥らないよう留意しなければならない。

　また，合意形成あるいは集団的意思決定を行う際の制度化された方法として広く採用されている民主主義の限界を理解する必要がある。民主主義は，現時点では他に代わるものがないという意味で，多数主体が参加する合意形成のための最善の意思決定方式である。しかし，これはいわば「共時的」な決定方式であり，たとえ将来世代の生活・社会環境や生態系のあり方に多大な影響を与える意思決定であっても，そのプロセスには現在の世代しか参加することができない。このことは，そうした意思決定に参加する者に課される世代を超えた社会責任の重大性を意味するものであり，したがって情報倫理の実践的取組みに参加する人々が「無知の知」という言葉で典型的に表される知的謙虚さを持ちつつ将来世代への責任を果たすことの重要性を示唆している。

2　倫理的対応の利点と限界

　技術は人々と社会に多くの利便性を与えてくれる。しかし，技術の導入，利用にはしばしば影の部分がつきまとう。それに対処するためには，技術の導入，利用に伴って発生する新しい現象や問題状況を的確に認識し，問題をどのように解決するのかということに関する決定ないしは合意形成を，技術の開発・利用の前か，少なくともその早い段階で，プロアクティブに行うことが必要とされる。そのような形での問題解決がなされなければ，現状を追認するしかなくなるか，あるいは問題解決のために多大な費用が必要とされるというのが技術の導入，利用，そして普及に伴って発生する問題の顕著な特徴だからである。しかし，現実問題として，技術の開発と導入に関わる倫理問題・社会問題にプロアクティブに対応することは，必ずしも容易なことではない。

　ICT の開発と利用に関連するさまざまな問題については，技術的対応と法的対応が講じられてきている。たとえば，暗号技術をはじめとするセキュリティ技術は以前に比べ，格段と強力なものになっている。しかし，情報システムを，また情報社会を守るにあたっては，全面的に技術的対応に頼るわけにはいかない。なぜなら，セキュリティ技術は悪意の行為や事故の発生をうけてリアクティブな対応として開発・実装されるものであり，その意味では，常に新たな技術的アタックや予想のつかない事故の脅威にさらされており，その効力がいつ失われるのかを正確に予測することができないからである。また，セキュリティシステムの開発に携わった者や運用担当者，データや情報システムの管理者がセキュリティ破りを行おうとした場合，セキュリティシステムは容易に無力化させられてしまうであろう。

　他方，社会ならびに経済における ICT の浸透を背景に，プライバシーや知的財産権，情報システムへの不正アクセスなどに関する法整備が進み，今日の情報社会にふさわしい法のあり方の実現が図られてきている。しかしながら，セキュリティ技術と同様に，法律は現実の出来事を追いかけていくリアクティブなしくみである。また法文の記述もジェネリックなものにならざるをえない。現状での ICT の発展・普及のスピードと多様性を考えれば，法が十分に対応することのできない新奇な情報倫理問題の発生に直面することは避けられないであろう。また，法律の成立や，訴訟から結審に至るまでのプロセスに時間がかかることは，ICT が急速な発展を続けていることや，情報が短時間のうちに拡散する可能性があるなどといったネット社会の情報特性によって，人々の権利保護に関して法的規制が有効性を持たない状況を生じさせうる。さらに，ICT のグローバル性（global reach）と，法律が持つローカル性とのコンフリクトが生じる可能性についても考慮に入れなければならないこともあろう。

　こうした技術的・法的対応の限界を考えたときに，それらを補完するものとして，また，技術や法律にはないプロアクティブな性質を持つ対応手段として倫理の重要性が説かれることが多い。すなわち，技術や法律による対応は問題が認知されてから初めて検討されるという意味でリアクティブである一方で，

伝統的な倫理理論や倫理概念を使って人間や社会の「善きあり方」を考える倫理的対応であれば，技術の導入に関してもプロアクティブな，すなわち技術の開発と利用に伴って発生しうる問題に対して，先を見越した取組みが可能であるということが，しばしば指摘されてきている。また，倫理的検討に基づくポリシーリコメンデーションは，セキュリティ技術の開発と実装や，法律の制定・施行に比べれば，はるかに短い時間で行うことができる。しかしその一方で，倫理的対応が必ずしもそのプロアクティブネスを期待通りに発揮できるわけではないことには注意が必要である。このことには 2 つの要因があると考えられる。

　第 1 に，ICT やバイオテクノロジーのような物質文化としての技術は，倫理・哲学・法・価値といった非物質文化よりも速く発達する[7]。そのため，技術や法律に基づくものに比較してよりプロアクティブに機能するとはいえ，伝統的な道徳的問題の範囲から外れる，既存の価値や倫理概念ではカバーしきれない問題状況が発生した場合は，倫理的対応といえどもリアクティブな性質を持たざるをえない。

　第 2 に，ICT ならびに情報システムの開発・運用の多くが企業という営利組織によって行われている事実も，倫理のプロアクティブネスを減じる原因であるといえる。競争環境の中で活動する企業が，その競争力に直接・間接に結びつく ICT ならびに ICT ベースの情報システムの開発の事実やその内容，システム運用のあり方についての情報を開示せず，またそれらが人間や社会に対してもたらす影響について，とりわけ開発の初期段階で広く意見を求めることはしないというのが，企業の論理としては当然のことである。同時に，企業内で ICT ならびに情報システムの開発・運用に主体的に関わるエンジニアがプロフェッショナルとしてどれほどまで自らが手掛ける技術の社会的影響を理解でき，的確に対応策をとることができるのかについては，エンジニアに対するプロフェッショナリズム教育の質や，エンジニアのほとんどが企業従業員という立場を有していることがネックとなる[8]。この点で，ICT プロフェッショナリズム確立の社会的重要性を改めて認識することができる。

3　グローバル情報倫理

　情報倫理は，ICT というグローバル性を持つ技術の開発と利用に伴う倫理問題・社会問題を扱うものであり，考察の対象とする問題によっては，必然的にグローバルな視点を持つことが要求されることになる。とりわけインターネットの普及とユビキタスコンピューティング環境の出現はグローバル情報倫理への取組みの重要性を多くの人々に認識させるに至っている。それでは，グローバルコンテクストにおける情報倫理問題に対処する際に，どのような態度をとることが適切なのであろうか。

　2006年7月にアムネスティインターナショナルは，ヤフー，マイクロソフト，グーグルの3社が中国において，政府によるネット検閲に協力しているという非難文書を公表した。3社はこれについて，中国でのビジネス活動を行うに当たって中国の国内法に従うことの重要性を主張した。しかしこの3社に対しては，米国を本拠にする企業でありながら，人権侵害に協力し，民主主義に反する行為に加担したという非難が後を絶たなかった。

　米国の哲学者テレル・バイナムと英国の情報倫理学者サイモン・ロジャーソンは，グローバル情報倫理の考察とその実践への適用は，何よりも民主的で人々の権利や地位を向上させる技術の実現に役立つものでなければならないと述べている。この見解に従えば，上の3社の行動は，非難されてしかるべきものである。

　しかしその一方で，現在の世界秩序の枠組みは，相互に独立した国や地域の存在を前提としている。通常，それぞれの国の政治体制や国内法は尊重されなければならない。したがって民主的，すなわち民主主義に適っているという価値を議論の前提とすることには注意が必要である。

　また，世界にはさまざまな文化があり，ある文化の中に育った者が，他の文化を理解することは必ずしも簡単なことではない。とりわけ，善悪や正邪のような価値観は人生のきわめて早い時期に形成され，そのため，人は意識しない

ままに多くの価値観を内面化しており，そうした価値観は議論の対象にされることも，他の文化圏の人々から直接観察されることもない。このため，異文化間にわたる倫理問題の解決や，それに関する合意形成は実に難しい作業となる。これを実行するためには，その作業に関わる主体間での濃密なコミュニケーションが必要となろう。しかし，言語と文化の違いは，コミュニケーションにとっての大きな障害であり，内面化され，表面に現れない価値観の相違は，コミュニケーションによる相互理解ならぬ相互誤解を引き起こす可能性をもたらしうる。安易にグローバルスタンダードを謳うことの不毛さをわれわれは理解しなければならない。

　言語と文化の相違によるコミュニケーション不全が存在するときに，民主主義の精神を貫徹しようとするならば，何事も決定できない可能性がある。しかも，情報倫理問題の多くは時間と費用の制約下に置かれている。このことは，合意形成に参加する主体間のパワー分布に基づいて問題解決を図るという行為を発生させる契機となるかもしれない。民主主義的手続きに則って導かれたということが，ある決定に関する正当化の根拠となるならば，多数決の暴力がまかり通る可能性が生み出されるのである。合意形成の制度としての民主主義の限界をわれわれははっきりと認識すべきである。

　他方，米国の哲学者ジェームス・ムーアはグローバル化するコミュニケーション環境の中で文化相対主義の立場をとることを厳しくいましめている。文化相対主義とは，何が正しく，何が間違っているのかは，ローカルな慣習と法によって決定されるという考え方であり，これに基づけば文化横断的な情報倫理問題は手に負えないものであるということになる。そして彼は，人類として大多数の人々が共通に持つ一連のコアバリューの存在を主張する。彼によれば，生命や幸福はその代表的なものであり，また能力，自由，知識，資源，安全は重点の置き方は異なるにせよ，すべての文化がこれらの価値をある程度まで重視している。こうしたコアバリューがわれわれの行動やポリシーの合理性を評価するための基準を与えるというのである(14)。

　確かに，単純な文化相対主義に陥ることは不毛である。それは価値の対立状

況の中で合意形成の方向性を見出そうとする情報倫理の試みを無駄なものとして排除する。このことは，ICT の開発と利用が社会やわれわれの生活に与える負の影響を放置し，現代を生きる人々が未来世代にわたって負うべき責任を放棄することを意味する。

　しかし，明確で公正な方法論なしにコアバリューが行動ならびにポリシーの合理性評価の基準を与えると主張することは，政治的，経済的あるいは軍事的パワーを持つ者が自らの価値を他者に強制したり押しつけたりする，文化絶対主義的態度をとる危険性あるいは契機をもたらす。また，コアバリューを構成する要素の候補としてムーアがあげたものに対する認識のずれが言語と文化の違いから生じている場合，理性的な対話を心がけても合意形成への道のりは決して平坦なものではないであろう。特に宗教上の問題がそこに関わってくると，事態は一層深刻になる。

　グローバル化する現代情報社会において情報倫理への取組みを行う際にわれわれが認識すべきなのは，現時点では異文化摩擦を解決する明確で公正な方法論を人類が持っていないということである。しかし，このことは文化相対主義的な態度を正当化するものではもちろんない。よりよい情報社会の構築を目指すとき，ここから導き出されるのは，さまざまな，そして時には対立する文化・価値が存在していることを明確に認識した上で，理性的な議論を通じて文化と価値の違いを乗り超えた合意形成が可能であると考える文化多元主義的な信念に裏付けられた，あくなき対話の必要性であり，人と人との全人格的な交流の必要性である。そしてそこで作り上げられるポリシーは，決して何らかの形で押しつけられるものであってはならず，少なくともグローバルに受容可能で，かつローカルに有効性を持つもの（Globally Acceptable, and Locally Effective）である必要があろう。

　人は自らの文化からフリーになることはありえない。グローバル情報社会においてわれわれは，このことを自覚しつつ，人間的価値を手がかりとした情報倫理へのいわば表層的な取組みを通じて，それを超えた，既存の価値への懐疑と価値そのものの理解に対する合意形成という，より深層の問題へと視点を移

していかなければならない。この活動を支えるのは，決してあきらめることなく，よりよい社会の構築を目指しつづけ，全人格的な対話を継続する人間の意志に他ならないのである。[15]

注

（ 1 ）Lessig, L. (1999). *Code and Other Laws of Cyberspace*. New York : Basic Books.

（ 2 ）ここでいうボーダーとは，必ずしも国境のみを意味するものではない。リアルスペースとサイバースペースの境界線，公的領域と私的領域の境界線など，さまざまな意味での境界線を意味するものである。

（ 3 ）Hirschman, A. O. (1970). *Exit, Voice and Loyalty : Responses to Decline in Firms, Organizations, and States*. Cambridge, MA : Harvard University Press（矢野修一訳 (2005)『離脱・発言・忠誠――企業・組織・国家における衰退への反応』ミネルヴァ書房）.

（ 4 ）Maner, W. (1996). Unique Ethical Problems in Information Technology. *Science and Engineering Ethics*, 2(2), pp. 137–154.

（ 5 ）村田潔 (2004)「情報倫理という問題意識」，村田潔編『情報倫理：インターネット時代の人と組織』有斐閣，1 –17頁。

（ 6 ）村田潔 (2004)，前掲論文。

（ 7 ）Marshall, K. P. (1999). Has Technology Introduced New Ethical Problems? *Journal of Business Ethics*, 19, pp. 81–90.

（ 8 ）村田潔 (2016)「企業における情報倫理――情報経営時代の企業の社会責任」，『商学論纂（中央大学）』，57(5 ・ 6)，303–335頁。

（ 9 ）世界電気通信連合の推定では，世界のインターネット普及率は2019年時点で53.6％であり，真のグローバル情報環境が出現しているとは必ずしもいえない状況である（https://www.itu.int/en/ITU-D/Statistics/Pages/stat/default.aspx（2020年 9 月18日閲覧））。

（10）Amnesty International (2006). *Undermining Freedom of Expression in China : The Role of Yahoo!, Microsoft and Google*. London : Amnesty International. https://www.business-humanrights.org/sites/default/files/reports-and-materials/Amnesty-UK-report-Internet-cos-China-Jul-2006.pdf（2020年 9 月18日閲覧）

（11）バイナムならびにロジャーソンは第11章にショートエッセイを寄稿している。

（12）Bynum, T. W. and Rogerson, S. (1996). Introduction and Overview : Global Information Ethics. *Science and Engineering Ethics*, 2(2), pp. 131–136.

（13）Hofsted, G. (1991). *Cultures and Organizations : Software of the Mind*. New York : McGraw-Hill.

(14) Moor, J. (1998). Reason, Relativity, and Responsibility in Computer Ethics. *Computers and Society*, 28(1), pp. 14–21.
(15) 村田潔（2004）「情報技術の社会的インパクト」，村田潔編『情報倫理：インターネット時代の人と組織』有斐閣，24–61頁。

推薦図書

Johnson, D. G. (2009). *Computer Ethics : Analyzing Information Technology* (4th ed.). Upper Saddle River, NJ : Prentice Hall（水谷雅彦・江口聡監訳『コンピュータ倫理学』オーム社，2002年：原書第 3 版の訳書（絶版））.
村田潔編『情報倫理――インターネット時代の人と組織』有斐閣，2004年（絶版）.
プラトン（納富信留訳）『ソクラテスの弁明』光文社（光文社古典新訳文庫），2012年.
アルバート・ハーシュマン（矢野修一訳）『離脱・発言・忠誠――企業・組織・国家における衰退への反応』ミネルヴァ書房，2005年.
ヘールト・ホフステード，ヘルト・ヤン・ホフステード，マイケル・ミンコフ（岩井八郎・岩井紀子訳）『多文化世界――違いを学び未来への道を探る［原書第 3 版］』有斐閣，2013年.

練習問題

① 情報倫理に関連する問題を解決するための取組みにおいて，学際的アプローチが有効である理由を述べなさい。

② 情報倫理リテラシーとはどのようなものであり，どのような立場の人々がそれを涵養すべきかについて論じなさい。

③ 情報倫理に関連する問題を解決することを困難にする要因にはどのようなものがあるのか，説明しなさい。

④ ICT の開発と利用に伴う倫理問題・社会問題への倫理的対応が技術的対応や法的対応に対して持つ優位性と，その限界について論じなさい。

⑤ コアバリューおよび文化相対主義とは何かについて説明し，グローバル状況における情報倫理問題への対応にあたって留意すべき点について述べなさい。

第Ⅱ部

情報倫理の諸問題

第5章
プライバシー

　情報倫理という研究分野において，プライバシーは常に主要なテーマとして取り上げられてきた。プライバシーの保護は，社会における個人の自由と自律の基礎であり，そのため，民主主義社会にとって非常に重要な意味を持っていると考えられている。しかしその一方で，プライバシーには確立された定義はなく，その概念は，とりわけ技術環境の変化の中で進化・発展していくという特徴を持っており，このことがプライバシー概念と，その保護のあるべき姿を分かりにくいものにしている。本章ではプライバシーに関する基本的な理解と，その分類を示すとともに，なぜプライバシー保護が重要なのかについて説明する。また個人情報保護を中心とする現在の法的なプライバシー保護の取組みについて解説し，あわせてセンシティブデータと，プライバシーをめぐるパラドキシカルな現象について考察する。

キーワード：プライバシー，物理的プライバシー，決定プライバシー，心理的プライバ
　　　　　　シー，情報プライバシー，個人情報保護法，GDPR，センシティブデータ，
　　　　　　プライバシーパラドクス

1　プライバシーとは何か

(1)プライバシーの概念と分類

　一般にプライバシーの保護は，個人にとっても社会にとっても重要であると考えられている。しかし，プライバシーには文化的・社会的差異を超えて万人に受け容れられる確立された概念あるいは定義が存在していない。[1]また，プライバシー概念は理解しにくいということがしばしば指摘されている。それは，プライバシーが社会や経済，技術環境の変化とともに進化・発展していくべきものだからである。[2]こうしたプライバシーの発展的特質を考えれば，プライバシーの定義の確立は望むべきものではない。むしろ，その時々の社会・経済・技術環境を踏まえて，「守るべきプライバシー」を設定し，それに対する実効的な保護政策を立案・運用すべきであり，また環境の変化に応じてそれらを継

続的に見直していくことが必要となる。

　守るべきプライバシーは，為政者や政策立案者が独善的に決められるもので
はなく，また個人が勝手に決めることができるものでもない。社会的コンセン
サスの下で定められるべきものである。したがってプライバシーに対するある
程度までの社会的な共通理解が必要とされる。

　人は1人では生きていけない。社会的動物としての人間は，さまざまな人々
との多様な関係性とインタラクションの中で日々の生活を送っている。こうし
た「多数性」は人間という存在の本来的な条件であるといわれている⁽³⁾。しかし
その一方で，時と場合に応じて人々は，多数性の欠如あるいは限定を要求する。
多数性の欠如を要求する場は，比喩的あるいは仮想的なものも含めた，人間が
活動を行うさまざまな空間である。たとえば，物理空間，情報空間，サイバー
空間，意思決定空間，心理空間など，人間活動が行われるいろいろな空間をわ
れわれは想定することができる。こうした諸空間において，他者の侵入・介入・
干渉を許さない領域を個人が正当に設定・主張できる場合（通常，特定のコンテ
クスト（状況）と関連づけられて設定される），その領域がプライバシーとして特
徴づけられることになる。そしてプライバシー侵害とは，この領域に対する凝
視あるいは監視，調査，計測，データ収集を含むあらゆるタイプの侵入・介入・
干渉を指すことになる。

　プライバシーが保証されるべき領域として誰もが思い浮かべるのは，自宅で
ある。たとえば犯罪捜査のような，社会的に正当化される理由がない限り，家
族以外の他人が許可なく自宅に踏み入ることは許されない。一方，レストラン
は誰もが利用できる物理空間である。しかし，そこで友人や知り合いと会食を
している状況においては，他人から見られることを完全に遮断することはでき
ないものの，サービスを提供するレストランの店員以外の者が会食の場に割り
込むことを拒否できるのが普通である。したがってそこには，ある意味でプラ
イベートな領域が一時的に設定されることになる。特定の相手と結婚をするか
しないかという判断は，一般的には，当事者以外の者が勝手に干渉をすること
の許されない個人的な事柄であり，プライベートな決定事項である。しかし，

かつてのように親同士が子供の結婚相手を決めることが当たり前であった時代には，これは必ずしもそうではなかったといえる。路上で警察官が通行人を呼び止め，口を開けさせて DNA サンプルを採取するという，一部の国では合法化されている行為は，身体という個人的・私的な空間への不当な侵入，すなわち身体プライバシーの侵害とみなされる可能性がある。

　プライバシー概念の進化に特に強い影響を与えてきているのは，技術の開発と普及である。新たな技術の展開が，新しい「守るべきプライバシー」を設定することの必要性を認識させ，それが新種のプライバシー権として概念化され，提唱されるという作業が行われてきている。言うまでもなく，この点で現在，最も影響力のある技術は情報通信技術（ICT：Information and Communication Technology）であり，このことがプライバシーを情報倫理の 1 つの主要な論題とする理由となっている。たとえば，ICT を生産性向上のためにオフィスに導入し，従業員の通話や電子メールでのやり取り，ICT 機器の利用，同僚との対面コミュニケーションなどについて，その頻度，所要時間，内容などを記録し，従業員の行動やコミュニケーションを分析可能にすることが，職場において従業員が当然期待しうるプライバシー（従業員プライバシーあるいは職場プライバシー）を侵害しているのではないかという議論が行われている。また，スマートフォンに備え付けられている GPS（Global Positioning System：全地球測位システム）や RFID（Radio Frequency Identification：無線 IC タグ）の利用拡大は，個人の位置情報をリアルタイムに把握し，追跡すること（real-time tracking）を可能にし，これによってプライバシー侵害がもたらされるのではないかという，位置プライバシーに関する危惧を引き起こしている。

　このように，プライバシーは，現在でもその概念の見直しが進められてきている。その一方で，現時点で確立されたプライバシー概念の分類には，以下の 4 つのものがある。[4]

① **物理的／アクセスプライバシー**（physical/accessibility privacy）：個人に対する，あるいは個人の物理的所有物に対する，他者の物理的アクセス

による不当な侵入が存在しない状態でいること。19世紀末に概念化された「独りにして（構わずに放って）おいてもらう（to be let alone）」こと[5]としてのプライバシーに端を発するものである。

② **決定プライバシー**（decisional privacy）：個人の私的な選択，計画，決定への干渉が存在しない状態でいること。ここでの私的決定には，教育，健康管理，職業選択，結婚，信仰などに関わるものが含まれる。最近では，「性と生殖に関する権利（reproductive rights）」に関連する決定（たとえば，子供を産むかどうか）が典型的にプライベートなものであるという理解が広がっている。

③ **心理的プライバシー**（psychological/mental privacy）：私的な思い，思考を守ることに関わるものであり，個人の心への，意図的なあるいは意図せざるアクセスや操作を行う他者の能力を制限することによって，個人に対する心理的干渉が存在しない状態でいること。個人の人格の統合性を守るために不可欠なプライバシーである。

④ **情報プライバシー**（informational privacy）：個人に関する未知の事実に対する制約あるいは規制を課すことで，他者による認識的な干渉が存在しない状態でいること。個人が，自分の個人データに対する他人のアクセスを制限し，またその流通をコントロールする能力を有することに関連する。

ICT が発展・普及した現代社会において，もっとも注目を集め，重視されているプライバシー概念は情報プライバシーであり，それに対する権利は自己情報コントロール権，すなわち「個人，グループあるいは機関が主張することのできる，自己に関する情報が，いつ，どのように，またどの程度まで他者に伝えられるのかを自分が決定する権利[6]」として知られている。大量の個人データをリアルタイムに収集し，蓄積して，長期にわたって保持することと，さらに蓄積された個人データをさまざまな形で柔軟に処理・分析することが技術的に可能になっており，そうした個人データの利用が，多くの人々の日常生活や

社会生活，そして組織活動に，ひいては社会に多大な影響を及ぼすようになってきていることが，情報プライバシーの保護が重視されることの背景にある。次節に示すように，情報プライバシーに対する法律に基づく保護制度も整備されてきている。

　その一方で，ICT の進展のスピードは速く，その利用のあり方も多様化しているため，情報プライバシー保護の実効性を確保するには，家庭，病院，友人宅，銀行など人々の生活におけるさまざまなコンテクスト（状況）あるいは場に存在している個人データに関する規範を尊重すべきだという，コンテクスチュアルインテグリティ[(7)]と呼ばれる考え方も提案されてきている。そこでは，以下の２つの規範のいずれかが破られたときに，情報プライバシーの侵害が発生したとみなすべきだとされている。

① **妥当性規範**（norms of appropriateness）：特定のコンテクストの中である個人データを開示することが妥当か否かに関する規範。
② **流通規範**（norms of distribution）：特定のコンテクストの中で，あるいはコンテクスト間を横断して，ある個人データを流通させることが妥当か否かに関する規範。

(2)プライバシーの価値と重要性

「独りにしておいてもらう権利」としての物理的プライバシーを法的保護の対象とすべきだという提案の背景には，カメラという技術の普及と，それを使ったゴシップ記事の掲載という新聞社のビジネス活動が，私的な家庭生活の侵してはならない領域を侵害しているという認識があった。そして進展し続ける文明化の波の中で，複雑化し，息詰まる日々を送る人々にとって，世間から距離を置き，孤独とプライバシーの機会を確保することは不可欠であり，それを阻害する要因から法的に人々を守るべきだと主張された。また同時に，ゴシップ記事の氾濫が社会水準を低下させ，モラルの退廃を招くことも危惧された[(8)]。したがってここでのプライバシーの価値は，個人の生活空間への不当な物理的ア

クセスを排除することによって，私的生活を尊重し，それに基づく個人の尊厳
と人々の心の平穏，そして良識ある市民社会を実現することにある。

　他方，物理的プライバシーと情報プライバシーの保護は，個人の自律的な生
活と人生設計の根幹に関わると考えられている。すなわち，物理的存在として
の自分自身あるいは自分が存在する物理的空間ならびに自分に関する情報に対
する他者のアクセスをコントロールすることを通じて，個人は自己ならびに自
己の個人データを他者に対して選択的に開示することができるようになり，こ
のことがその個人の，家族関係や友人関係，仕事上の同僚としての関係，師弟
関係など，さまざまな他者との多様な人間関係を，自律的に構築し，維持する
ことを可能にする。[9]多様な人間関係を自律的に構築・維持できることは，とり
もなおさず，他者との関係性から構成される自己のアイデンティティを自律的
にコントロールできることに他ならない。個人が道徳的・社会的個性を有する
ことを可能にするための，尊敬，愛情，友情，信頼などに基づく人間関係を構
築することを可能にするものとしてのプライバシーの社会的価値は一般に高く[10]
評価されている。

　また，特定の社会におけるプライバシーのあり方は，そこに住まう人間の社
会関係を規定するものであり，その保護は，個人の「親密な人間関係の確立」
や「社会的役割の充足」，さらには「自由な行動主体としての自律性の確保」
を可能にする。このことは，プライバシーが個人の意思決定や言論，行動にお
ける自律性と自由の確保といった，自由社会の成立にとって根本的かつ重大な
価値を有するものであることを意味している。そして，産業や社会の情報化の
波の中で，ICT の発達が個人に対する情報システムによる管理を容易にし，
個人行動の透明性を過度に高めることによって，プライバシーを抑圧してしま
うことになれば，社会にとって最も重要な資産である「真の個人」が失われて
しまう結果になる危険性がある。[11]プライバシーとは，相互に依存し，相互に関
係し合いながらも，適切な範囲での自律性を保つことのできる市民としての個
人の存在をその前提とする民主主義社会の基礎に位置するものなのである。そ
して，ときにこのことは，社会とりわけ国家機関による市民に対する干渉から

の，政治的に認められた権利としての自由を正当化する根拠をプライバシーが
与えるという理解に結びつくことになる。(12)

(3)法的権利としてのプライバシー権

①プライバシーの権利の承認

　プライバシーの権利は，日本の憲法や法律では明文で規定されていない。しかし，伝統的に「独りにしておいてもらう権利」として理解されてきた。すなわち，個人の私生活を他からの干渉を受けず各人の支配下におく権利を内容としている。

　日本では，1964年に，東京地方裁判所が「宴のあと」事件において，「いわゆるプライバシー権は私生活をみだりに公開されないという法的保障ないし権利」であるという定義を示した。(13)この事件では，三島由紀夫による小説『宴のあと』において，寝室での行為や心理状態など夫婦の生活が描写されていることから，正当な理由なく他人の私事を公開することが許されてはならないとされた。判決ではプライバシー権の侵害に対して，法的救済が与えられるための3要件が表5-1のように示された。これらの3要件を満たした場合，民法709条に基づき，差止めや損害賠償請求権が認められることになる。

　法律論としては，プライバシー権の侵害について，私人間における侵害と，国家による私人への侵害とでは異なる法令が用いられる。すなわち，私人間における民事上のプライバシー侵害は民法709条の不法行為として処理される一方で，国家による私人のプライバシー侵害は憲法上の問題となる。憲法でもプライバシー権が明文で規定されていないものの，憲法13条の個人の尊重と幸福追求に関する権利の保障から，プライバシー権が保障されると解釈されてきた。

表5-1　プライバシー権侵害の3要件

(i)私事性＝私生活上の事実または私生活上の事実らしく受け取られるおそれのあることがらであること
(ii)非公開性＝一般人の感受性を基準にして当該私人の立場に立った場合公開を欲しないであろうと認められることがらであること
(iii)非公知性＝一般の人々に未だ知られていないことがらであること

「宴のあと」事件でも個人の尊厳の思想や幸福追求の保障への言及がなされている。その他に，投票の秘密を規定する憲法15条４項，通信の秘密を規定する憲法21条２項，そして令状なしに住居，書類及び所持品について侵入，捜索，押収を受けることのない権利を規定する憲法35条１項も広い意味でプライバシーを保障していると解されてきている。

　なお，日本の最高裁判所が，これまで正面から「プライバシー権」を認めてきていない点には留意しなければならない。最高裁は，私生活上の自由を保障している以上，実質的にはプライバシー権を認めているといって差し支えないものの，少なくとも「プライバシー権」という言葉を明示的に用いてきてはいないのである。

　②プライバシーに関する判例（表５-２）

　プライバシーに関する人格権侵害が争われた事案，たとえば京都府学連事件では，日本の最高裁判所は，本人の承諾なしにみだりにその容ぼうや姿態を撮影されない自由は憲法13条が保障する個人の私生活上の自由の１つとして保障されていることを明らかにしている。[14]ここで重要なことは，人は自らの容ぼう等は公道に出れば他者から見られることもあるものの，「みだりに」撮影されない自由が保障されており，その一方で，人の容ぼう等のあらゆる撮影を禁止しているわけではないという点である。これについて最高裁は，人の容ぼう等の撮影が正当な取材行為として許されるべき場合もあるとして，ある者の容ぼう等をその承諾なく撮影することが不法行為法上違法となるかどうかは，被撮影者の社会的地位，撮影された被撮影者の活動内容，撮影の場所，撮影の目的，撮影の態様，撮影の必要性等を総合考慮して，被撮影者の上記人格的利益の侵害が社会生活上受忍の限度を超えるものといえるかどうかを判断して決定するべきであるとしている。[15]

　これに関連して，防犯カメラとプライバシー侵害がしばしば問題となる。最高裁は，犯人特定のため「必要な限度において」防犯カメラによる撮影が許容される場合があることを認めている。[16]もっとも，私生活に関連する場所を「みだりに」撮影することとなれば，プライバシー侵害となりうると整理すること

表5-2　プライバシーに関する最高裁判所の判例

事件名	概　要
京都府学連事件 (1969)	個人の私生活上の自由の1つとして，何人も，その承諾なしに，みだりにその容ぼう・姿態を撮影されない自由を有する
京都市前科照会事件 (1981)	前科及び犯罪経歴は人の名誉，信用に直接に関わる事項であり，前科等のある者もこれをみだりに公開されないという法律上の保護に値する利益を有する
電車内商業宣伝放送事件 (1988)	人は，法律の規定をまつまでもなく，日常生活において見たくないものを見ず，聞きたくないものを聞かない自由を本来有している，広い意味でのプライバシーと呼ぶことができる（伊藤正己裁判官補足意見）
「逆転」事件 (1994)	前科等に関わる事実の公表によって，新しく形成している社会生活の平穏を害されその更生を妨げられない利益を有する
関西電力事件(1995)	職場のロッカーを無断で開けて私物を写真に撮影するなど行為は，労働者の職場における自由な人間関係を形成する自由を不当に侵害するとともに，プライバシーを侵害するものである
外国人指紋押なつ事件 (1995)	個人の私生活上の自由の1つとして，何人もみだりに指紋の押なつを強制されない自由を有する
「石に泳ぐ魚」事件 (2002)	人格権に基づき，加害者に対し，現に行われている侵害行為を排除し，又は将来生ずべき侵害を予防するため，侵害行為の差止めを求めることができる
長良川殺人報道事件 (2003)	記事に記載された犯人情報及び履歴情報は，他人にみだりに知られたくないプライバシーに属する情報である
早稲田大学江沢民国家主席講演会事件 (2003)	個人情報（学籍番号，氏名，住所及び電話番号）についても，本人が，自己が欲しない他者にはみだりにこれを開示されたくないと考えることは自然なことであり，そのことへの期待は保護されるべきものである
住基ネット訴訟 (2008)	個人の私生活上の自由の1つとして，何人も，個人に関する情報をみだりに第三者に開示又は公表されない自由を有する
検索結果削除請求訴訟 (2017)	プライバシーに属する事実を公表されない法的利益が優越することが明らかな場合には，検索事業者に対し，当該URL等情報を検索結果から削除することを求めることができる
GPS捜査事件(2017)	憲法35条の規定の保障対象には，「住居，書類及び所持品」に限らずこれらに準ずる私的領域に「侵入」されることのない権利が含まれ，私的領域に侵入するGPS捜査は，令状がなければ行うことのできない処分である
ベネッセ漏えい事件 (2017)	会員の氏名，性別，生年月日，郵便番号，住所及び電話番号並びにその保護者としての氏名といった本人に係る個人情報の漏えいによって，個人はそのプライバシーを侵害された
財産相続の個人情報 (2019)	相続財産についての情報（銀行印の印影）は財産を相続取得した相続人等の個人情報には該当しない
家裁調査官論文公表事件 (2020)	家裁調査官による少年保護事件の調査内容はプライバシーに属する情報を含んでいるため，原則として対外的に公表することを予定していない

ができそうである。また，インターネット上で公道から自宅を撮影したストリートビューのサービスによって自宅の洗濯物が撮影され公開された事案では，被撮影者の私生活上の平穏の利益の侵害が，社会生活上受忍の限度を超えるものといえるかどうかが判断基準であるとされた。⁽¹⁷⁾

　このほかのプライバシーに関する判例についてみると，前科等がみだりに公表されないという法律上の利益⁽¹⁸⁾や指紋の押なつを強制されない自由⁽¹⁹⁾も広い意味でプライバシーとして保障されてきている。

　さらに最高裁は，GPS捜査について注目すべき判決を下している。⁽²⁰⁾問題となったのは，裁判官の令状なしにGPS端末を車両に取り付けて位置情報を検索し把握する捜査手法であり，最高裁は，これはカメラで撮影する捜査手法とは異なるとして，「個人の行動を継続的，網羅的に把握することを必然的に伴うから，個人のプライバシーを侵害し得る」ことを認めた。そして，憲法35条に基づき，「住居，書類及び所持品」に限らずこれらに準ずる私的領域に「侵入」されることのない権利が保障され，このような私的領域に侵入する捜査手法については，令状がなければ行うことのできない強制処分であると判断した。本判決は，全員一致の結論で，新たな技術がもたらす監視への一定の歯止めをかけ，プライバシーを保護する重要性を示したものと位置付けることができる。

③表現の自由との調整

　プライバシーに関する裁判には，「宴のあと」事件にみられるように，表現の自由とのバランスをいかに図るか，という命題が含まれることがある。プライバシー権も表現の自由も自我の形成という点において目的を共有しており，個々の事例ごとの精緻な比較衡量が求められる。

　たとえば，柳美里の小説『石に泳ぐ魚』に登場する人物のモデルとなった個人の私的な事柄がこの小説の描写によって公表されたという理由で，小説の出版差止め請求が認容された。最高裁は，被害者側の不利益と出版社側の不利益とを比較衡量し，侵害行為が明らかに予想され，被害者が重大な損失を受けるおそれがあり，かつその回復を事後に図るのが不可能ないし著しく困難になると認められるときには侵害行為の差止めを認めるべきであるとした。⁽²¹⁾

　また，インターネットの検索エンジンの検索結果における過去のプライバ
シーに属する情報の削除請求に関する事案においては，プライバシーに属する
事実を公表されない法的利益と検索結果を提供する理由に関する諸事情を比較
衡量するという手続きが示された。[22]　その上で，個人のプライバシーに属する事
実を公表されない法的利益が優越することが明らかな場合には，当該個人は検
索事業者に対して検索結果の削除を求めることができるとした。この判決で最
高裁は，検索結果が検索事業者による表現行為であるという側面を認め，検索
エンジンが情報流通の基盤としての大きな役割を果たしていることを重視した
と理解することができる。なお，過去の犯罪報道が問題となったこの事案にお
ける第 1 審のさいたま地裁の決定では，「犯罪の性質等にもよるが，ある程度
の期間が経過した後は過去の犯罪を社会から『忘れられる権利』を有する[23]」と
いう指摘があった一方で，最高裁では「忘れられる権利」についての言及はな
されなかった。

　プライバシー権の法的性格についてみると，これは一般に人格権の一類型と
して位置づけられている。もっとも，個人情報の価値に基づいて，個人情報を
取引可能な財とみなし，財産的構成からプライバシー権を説明することが可能
な場合もある。たとえば，ポイントカードで自らの購入履歴等の個人情報と引
き換えにポイントを受ける例は，個人情報を財産として扱っているとみなすこ
とができる。このように，プライバシー権が人格的利益としての側面のみなら
ず，財産的性格をも有する場合があるとする見解もある。

2　個人情報保護

(1)プライバシーと個人情報保護

　人格権としてのプライバシー権の保護には，個人情報の保護に関する事案も
ある。たとえば，早稲田大学江沢民国家主席講演会事件において最高裁は，大
学生の学籍番号，氏名，住所，電話番号といった単純な個人データであっても，
プライバシーに係る情報として法的保護の対象となると判断している。[24]　そして，

これらの個人データを本人の同意なしに無断で警察に開示した大学の行為は，プライバシーの侵害としての不法行為を構成するとした。

　個人情報保護においては，個人データの管理者が漏えい等の事故を防止するため安全管理措置を講ずることが求められている。最高裁は住基ネット（住民基本台帳ネットワークシステム）訴訟において，憲法13条を根拠として「個人に関する情報をみだりに第三者に開示又は公表されない自由」を認めた上で，「システム技術上又は法制度上の不備」があるためにこの自由を侵害する具体的な危険があるわけではないとした。すなわち，個人情報の保護は，システム技術や法制度の欠陥によって大規模漏えい等が発生する具体的な危険がないことを要求していると理解することができる。

　なお，個人情報の漏えい等に関する事案では，慰謝料の請求が認められている。これまで一件あたり概ね数千円から１万円程度の金額が裁判所によって認められてきた。たとえば，2014年に明らかになったベネッセコーポレーションの顧客データ漏えい事件では，500円相当の金券を被害者に配布したことを考慮しても１人当たり数千円の慰謝料が命じられた。⁽²⁵⁾

　このように，プライバシー権は，自らの情報を誰にいつどのように開示するか否かを保障しているとも考えられ，これを自己情報コントロール権と呼ぶ。自己情報コントロール権は，私生活の保護の権利として理解することもできる一方で，それとは独立した性格も有している。たとえば，個人情報を自ら管理する例として，SNS（Social Networking Service）に投稿した写真を，公開と設定するのか，友人に限定して公開するのか，あるいは非公開にするのか，という選択ができる。単純な公開個人情報であっても他の情報と突合され，その利用の仕方によっては，個人に対する差別，偏見，あるいは排除といった不利益を与えることがある。私生活に関するものであるかどうかにかかわらず，自らの情報の管理をできることは，自己の人格発展の基礎をなすものである。

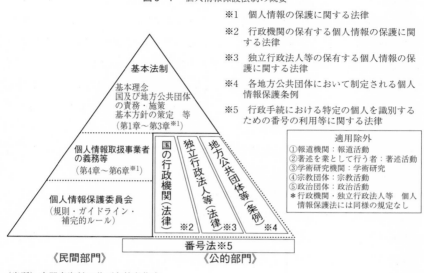

図5-1　個人情報保護法制の概要

※1　個人情報の保護に関する法律

※2　行政機関の保有する個人情報の保護に関する法律

※3　独立行政法人等の保有する個人情報の保護に関する法律

※4　各地方公共団体において制定される個人情報保護条例

※5　行政手続における特定の個人を識別するための番号の利用等に関する法律

適用除外
①報道機関：報道活動
②著述を業として行う者：著述活動
③学術研究機関：学術研究
④宗教団体：宗教活動
⑤政治団体：政治活動
＊行政機関・独立行政法人等　個人情報保護法には同様の規定なし

基本法制
基本理念
国及び地方公共団体の責務・施策
基本方針の策定　等
（第1章～第3章※1）

個人情報取扱事業者の義務等
（第4章～第6章※1）

個人情報保護委員会
（規則・ガイドライン・補完的ルール）

国の行政機関（法律）※2

独立行政法人等（法律）※3

地方公共団体等（条例）※4

番号法※5

《民間部門》　《公的部門》

（出所）内閣府資料に基づき筆者作成

(2)個人情報保護法

①個人情報保護法の概要

　日本では，憲法等においてプライバシー権が明文化されていないものの，2003年に官民の分野をカバーする個人情報保護法制が整備された。図5-1に示すように，民間部門の義務等を規定する個人情報の保護に関する法律のほか，公的部門である行政機関と独立行政法人等を規律するそれぞれの立法が存在している。EU（European Union：欧州連合）諸国では，官民のいずれも共通した個人データ保護法制が整備されているのに対し，日本の法制度は公的部門と民間部門にそれぞれ別の法律がある点が特徴となっている。また，個人情報保護法は当初は内閣府が，その後に消費者庁が所管し，2016年1月からは新たに設置された個人情報保護委員会が民間部門の立法を，そして総務省が公的部門の立法をそれぞれ所管するようになっている。

　個人情報保護法の目的は，「個人情報の有用性に配慮しつつ，個人の権利利

益を保護すること」(第1条) とされており，ここでもプライバシー権ではなく，「個人の権利利益」が保護の対象となっている。また，この法律は個人情報の保護を自己目的化しているのではなく，むしろデータビジネス等にみられるように，個人情報の有用性に配慮しつつ，個人の権利利益を保護するという有用性と保護のバランスを図ることを目的として掲げていることに留意する必要がある。

　なお，日本の個人情報保護法制に先立ち，1970年代以降に各地方公共団体において個人情報保護条例が整備されてきた。つまり，1,718の自治体 (2020年12月時点) にそれぞれ個人情報保護条例があり，その内容は概ね同一である一方で，それぞれの自治体ごとにさまざまな規定が設けられている。

②個人情報保護法の保護の対象と義務等

　個人情報保護法では，まず保護の対象としての個人情報を「生存する個人に関する情報」であり，「当該情報に含まれる氏名，生年月日その他の記述等により特定の個人を識別することができるもの」または「個人識別符号が含まれるもの」と定義している (第2条1項)。個人に関する情報は，氏名，住所，性別，生年月日，顔画像といった個人識別のための情報に限定されず，個人の属性に関して事実，判断，評価 (たとえば，Xは情報倫理をしっかりと勉強してきたといった評価) に関する情報も保護の対象となる。さらに，公にされている情報も保護の対象となるため，SNSで公に投稿した個人が含まれる写真等も個人に関する情報に該当する。また，法律では「他の情報と容易に照合することができ，それにより特定の個人を識別することができることとなるものを含む」(第2条1項) とされている。つまり，交通ICカードの乗降履歴，住所の地区，生まれ年といったそれ単独では特定の個人を識別することができない情報であっても，他の情報やオリジナルの情報と容易に照合することで特定の個人を識別することができれば，個人に関する情報となる。

　また，ビッグデータ時代への対応の観点から，この法律には特定の個人を識別することができないように個人情報を加工し，当該個人情報を復元できないようにした匿名加工情報が規定された。匿名化 (anonymization) と仮名化 (pseudonymisation) とは異なる概念であり，一般に匿名化は個人情報を復元できな

い状態に置くことを意味し，仮名化は識別情報を他の記述で一時的に置き換えること（たとえば，氏名を X とする）である。そのため，仮名化された情報は個人に関する情報とみなされる。

　個人情報保護法では，**表 5 - 3** に示すように，個人情報取扱事業者に対してさまざまな義務が課されている。

　この中でもしばしば問題となるのが利用目的による制限の特則としての個人データの第三者提供である。個人データを第三者に提供する場合，あらかじめ本人の同意を得ることが想定されているものの，あらゆる場面で本人の同意を得ることが困難であることから，**表 5 - 4** に掲げられているケースについては，同意を得ない場合であっても個人データの第三者提供が認められている。

　上記の他にも，同意を得ないで個人データの第三者提供ができる場合としては，たとえばオプトアウト方式がある。個人情報保護法上のオプトアウトは，①第三者提供を行う事業者名と住所，②個人データを第三者提供すること，③提供する個人データの項目，④取得方法，提供方法，⑤本人の求めに応じて提供を停止すること，⑥本人の求めを受け付ける方法等を，本人に通知するか，本人が容易に知り得る状態に置くことであり，個人情報保護委員会への届出が必要となる（第23条 2 項）。同窓会の名簿等はこのオプトアウトを用いれば作成することが可能である。このほかに，実務的には，本人の同意なしに個人データの第三者提供が認められる場合として，データ入力等の業務を委託することや，合併，分社化，事業譲渡等による事業を継承すること，また異なる企業で個人データを共同利用することがそれぞれ認められている（第23条 5 項 1 号〜 3 号）。

　また，日本の個人情報保護法制には，第三国への個人データの移転に関する規制がある（第24条）。個人情報取扱事業者は，「我が国と同等の水準」にある外国にある事業者等に個人データの移転を行うことができる。ここで同等性の水準の指針となるのが1980年 OECD プライバシーガイドラインのほか，EU の GDPR（EU 一般データ保護規則）であると考えられており，実際，個人情報保護委員会では EU 加盟国等がこれに該当するとしている。同等の水準を確保

表5-3　個人情報保護法における主な義務規定

利用目的をできる限り特定しなければならない（第15条） 利用目的の達成に必要な範囲を超えて取り扱ってはならない（第16条） 本人の同意を得ずに第三者に提供してはならない（第23条）	目的明確化の原則 利用制限の原則
偽りその他不正の手段により取得してはならない（第17条）	収集制限の原則
正確かつ最新の内容に保つよう努めなければならない（第19条）	データ内容の原則
安全管理のために必要な措置を講じなければならない（第20条） 従業者・委託先に対し必要な監督を行わなければならない（第21条，第22条）	安全保護の原則
取得したときは利用目的を通知または公表しなければならない（第27条） 利用目的等を本人の知り得る状態に置かなければならない（第27条） 本人の請求に応じて保有個人データを開示しなければならない（第28条） 本人の請求に応じて訂正等を行わなければならない（第29条） 本人の請求に応じて利用停止等を行わなければならない（第30条）	公開の原則 個人参加の原則
苦情の適切かつ迅速な処理に努めなければならない（第35条）	責任の原則

（出所）内閣府資料に基づき筆者作成

表5-4　本人の同意を得ずに個人データの第三者提供が認められる
　　　　ケース

①法令に基づく場合（例：裁判所の文書提出命令に応じる場合，児童虐待に係る通告，捜査関係事項照会書への回答）
②人の生命，身体または財産の保護のために必要で，本人の同意を得ることが困難なとき（例：意識不明となった本人の血液型等の情報を医療機関に提供する場合）
③公衆衛生の向上または児童の健全な育成推進のために特に必要で，本人の同意を得ることが困難なとき（例：がん検診等から得られた情報を疫学調査研究のために健康保険組合が研究機関に提供する場合）
④国の機関等が法令の定める事務を遂行することに協力するために必要で，本人の同意を得ることにより当該事務の遂行に支障を及ぼすおそれがあるとき（例：地方公共団体が行うがん登録事業）

（出所）筆者作成

していない場合は，個人情報保護委員会規則で定める適切かつ合理的な方法(た
とえば，データ取扱いの委託に関する委託，確認書，覚書等）によって措置を講じて
いる外国にある第三者に対して個人データを移転することが認められている。

　民間部門における個人データの漏えい等については，令和元年度で4,520件
が個人情報保護委員会へ報告されている。[(27)] 民間部門では，独立した行政機関で
ある個人情報保護委員会に監視監督の権限が与えられており，指導・助言や報
告徴収・立入検査を行い，法令違反があった場合には勧告・命令等を行うこと
とされている。罰則として，国からの命令に違反した場合は，6カ月以下の懲
役または30万円以下の罰金の規定がある。また，2014年のベネッセコーポレー
ションによる顧客データの名簿業者への売却事件を受け，個人情報データベー
ス等提供罪が新設され，1年以下の懲役または50万円以下の罰金が規定された。
これまでのところ罰則を科された事業者は存在していない。なお，ベネッセコー
ポレーションの顧客データ漏えい事件は，不正競争防止法における営業秘密の
複製による罪状に問われた。[(28)]

　公的部門についてみると，行政機関等においてなされた開示，訂正，利用停
止等の決定について行政機関の長からの諮問に応じ，情報公開・個人情報保護
審査会という第三者的立場から公正かつ中立な調査審議を行い，開示請求等の
不服申立について答申することとされている。[(29)]

(3)GDPR（EU 一般データ保護規則）

①GDPR の背景

　かつてナチスは，ユダヤ人を見つけ出し，迫害するために，国勢調査の名目
で IBM のパンチカードシステムを利用していた。パンチカードの各列には，
居住地，性別，年齢，母語の他，身体的特徴といった個人情報が入力されてお
り，このパンチカードがユダヤ人を選別するためのしくみとして機能し，ユダ
ヤ人を死に導く計数作業の基礎となったのである。[(30)]

　このような個人情報の濫用の歴史の反省に立ち，ヨーロッパでは，私生活尊
重の権利とは別に，独立した権利として個人データ保護の権利が保障されてき

た。EU 基本権憲章（2009年）においては，個人データ保護は基本権として，そして独立した権利として保障されている（第8条）。基本権としての個人データ保護の権利を受け，1995年に EU データ保護指令が整備され，その後，この指令を全面改正する形で，2018年5月25日に GDPR（General Data Protection Regulation：EU 一般データ保護規則）が適用開始となった。[(31)]

②域外適用

GDPR が注目を集める理由の1つに，域外適用の規定がある（第3条）。すなわち，たとえ EU 域内に事業所がなくても，EU 市民に商品やサービスを提供している場合（電子商取引やホテル予約等），または EU 市民の活動を監視している場合（ターゲティング広告等）には GDPR が適用される。

③基本原則

日本の個人情報保護法とは異なり，GDPR では，個人データの処理をするには，適法性の根拠がなければならない。すなわち，個人データの処理には，データ主体からの同意が存在するとともに，契約履行に必要な場合，法的義務の遂行に必要な場合，人の重要な利益保護に必要な場合，そして管理者の正当な利益にとって必要な場合にしか，個人データの処理が認められていない（第6条）。

中でも問題となるのが同意である。GDPR では，同意が「自由になされ，特定され，通知を受け，かつ明確であるデータ主体の意思表示」とされている。さらに，データ主体はいつでも同意を撤回する権利を有している（第7条3項）。データ主体と管理者との間の力の不均衡がある場合（雇用関係等）は，同意は無効とされることがある。また，EU 司法裁判所は，同意にはデータ主体の積極的な行為（オプトイン）が必要であり，たとえばウェブサイトのクッキーの選択についてあらかじめチェックボックスにチェックが入ったような場合は同意として無効となることを示している。[(32)]

④データ主体の権利

データ主体には様々な権利が認められている。どのような個人データが処理されているかに関する情報提供を受ける権利（第13条〜第14条），アクセス権（第15条），訂正権（第16条），削除権（忘れられる権利）（第17条）などが規定されて

いる。

　たとえば，忘れられる権利について，EU 司法裁判所は，GDPR が適用開始
される前の2014年5月13日の先決判決において，スペイン人の16年前の社会保
障費滞納に伴う不動産競売に関する新聞記事の検索結果の削除を求めた事案で，
「不適切で，無関係もしくはもはや関連性がなく，または過度な」情報につい
て検索結果の削除を認めた。この先決判決では，公人などの場合を除いて，検
索事業者の経済的利益や利用者の情報アクセスの利益よりも，プライバシー権
が優越することが認められた。

　その後，EU では，検索結果の多くの削除請求が行われてきた。たとえば，
グーグルの透明性レポートによれば，2020年12月時点で約99万件の削除請求が
あり，そのうち約46％にあたる約386万件の URL サイトがリストから除外さ
れた。フランスでは，検索結果の削除の範囲をフランス（.fr）のドメイン以外
にも広げ，たとえばアメリカ（.com）や日本（.jp）のドメインにおいても同様
の削除が行われることを検索事業者に命じた。これについては，検索事業者が，
忘れられる権利の効果は EU 域内のみにとどまると不服申立を行い，EU 司法
裁判所は，忘れられる権利の効果は，全世界でのドメインにおける検索結果削
除を禁止するものではないものの，基本的に EU 域内にとどまるとの判断を示
した。

　GDPR は，上記の権利のほか，新たな権利としてデータポータビリティ権を
認めている（第20条）。データポータビリティ権は，第1に，自らの個人データ
を管理者から受け取る権利であり，第2に，ある管理者から別の管理者に自ら
のデータを送信する権利である。たとえば，個人はウェブメールサービスにお
いて，管理者 A の下でこれまで送受信した電子メールを一括で，管理者 B へ
送信してもらい，自らのデータを持ち運ぶことを権利として行使できるのであ
る。

　このほかに，GDPR では，ダイレクトマーケティングやプロファイリングに
対する異議申立権，プロファイリングを含む自動処理に人間の介入を求める権
利などが規定されている（第21条〜第22条）。ここでプロファイリングとは，自

然人に関する一定の個人特性を評価することを意味し，具体的にはその人の仕事の成績，経済状況，健康，個人的選好，興味，信頼度，行動，位置や移動に関する特性の分析や予測のための個人データの自動処理を指す。たとえば，購入履歴からある個人の妊娠や疾患（たとえば将来の乳がんになる確率），さらに投票行動（どの政党に投票するか）を予測することや，クレジットカード会社が顧客の返済履歴を，他の顧客のデータと照合して分析することで，カードの利用限度額を減らすことなどが想定されている。EU では，2019年 4 月に AI 倫理ガイドラインが公表され，データ分析と機械学習に伴うプロファイリングへの警戒が示されてきた。GDPR では人間の介入の権利を明文化するとともに，ア⁽³⁵⁾ルゴリズムの透明性を確保するために，関連するロジックを本人に提供することが規定されている。

⑤データ管理者等の義務

GDPR ではデータ管理者等に様々な義務が課されている。たとえば，個人データの漏えいが生じた場合，管理者は事案が発覚してから72時間以内に監督機関に通知しなければならない（第33条）。また，高度のリスクがある個人データ処理には，処理業務の概要やリスク評価等を含むデータ保護影響評価の実施が義務付けられている（第35条）。さらに，各企業等には独立した立場のデータ保護責任者の配置が原則として義務付けられた（第37条）。新たな製品の開発などに伴って個人データ処理の方法を決定する場合には，データ保護バイデザインの原則に基づいて，個人データを必要最低限しか収集しないことや，仮名化などの措置を講ずるなど，適切な技術的・組織的措置が初期設定として行われることが求められている（第25条）。

⑥個人データの国際移転

GDPR の特徴の 1 つとして，個人データの国際移転の制限がある。すなわち，個人データを EU 域内から第三国へ移転する場合には，当該第三国が十分な水準の保護（十分性の要件）を確保していない限り，個人データを移転することが原則として禁止されるのである（第45条）。これは EU から個人情報保護法がない第三国へ個人データが移転されれば，その第三国で EU 市民の個人データ

が濫用されるリスクが発生するためである。GDPR 適用開始前までに欧州委員会は，11カ国・地域のみを十分性の要件を満たした第三国として指定してきた。[(36)]この十分性の要件を満たしていない第三国の企業等は，欧州委員会が作成したデータ保護契約を締結するか，加盟国の監督機関から承認を受けた拘束的企業準則に基づくことで，個人データの移転が認められることになる。

　これに対して米国は，連邦レベルでの包括的な個人情報保護法制がないことから EU の十分性の要件を満たすことができないため，2000年にセーフハーバー協定という政治的決着を行った。これは，米国の行政機関や企業は保護が十分な水準に達していないものの，米国商務省が特別に認定したセーフハーバーのリストに掲載した企業のみは個人データを EU から移転できるとした協定である。しかし，2013年 6 月にエドワード・スノーデンが，米国国家安全保障局が EU 市民を含めた全世界の市民の個人データを対象として無差別に監視していた実態を告発したことを受け，EU 司法裁判所は，2015年10月に欧州委員会のセーフハーバー決定を無効とする判決を下した。[(37)]判決の中で，十分性とは，EU 法と同一であることを求めるものではないものの，「EU で保障される基本権と自由の保護と本質的に同等である保護水準」が要求されることを明らかにした。そして，アメリカとのセーフハーバー協定についてみると，米国ではプライバシー原則よりも国土の安全や公共の利益が制限なく優先されているために，大量かつ無差別な監視に対する効果的な法的保護がないことなどを理由として，セーフハーバー決定は EU 法で保障された基本権の保護と本質的に同等の保護を提供していないため，これを無効としたのである。

　この判決により，米国では EU 域内に進出している企業からの個人データの移転が原則として禁止され，またドイツのハンブルクデータ保護監督機関が個人データの国際移転を継続していた米国企業に制裁金を科し始め，ビジネスにも大きな影響が生じかねない状態となった。そこで，当時のオバマ大統領は，司法救済法に署名し，EU 市民を含む外国人に対するプライバシー侵害の民事救済の道を開いた上で，2016年 7 月に EU との間で個人データの移転を認めるプライバシーシールドという新たな協定を締結した。これにより，米国の国土

の安全を理由にした大量無差別の監視に対するオンブズパーソンによるチェックと救済措置が設けられた。プライバシーシールドの恩恵により，米国の5,000社以上の企業が商務省からの認定を受け，EUからの個人データの移転が認められるようになった。ところが，2020年7月，EU司法裁判所はEU市民への裁判所による効果的な救済方途がないことなどを理由にプライバシーシールドを無効とする判断を下した。[38]アメリカとEUとの間では，個人データをめぐる緊張関係が継続している。このように，個人データの国際移転の制限の存在は，GDPRの国際的影響力を無視できないものにしている。

⑦監督機関

EU基本権憲章では，基本権としての個人データ保護の権利を保障するために，独立した監督機関の設置が義務付けられている（第8条3項）。GDPRは，独立した監督機関が調査権限，是正権限，助言・認可の権限を有していることを規定し（第58条），また国境を越える事案において協力し，一貫性を維持する体制を整備している（第60条～第67条）。

⑧制裁金

GDPRが規定する権利や国際移転の制限に企業が違反した場合は，2,000万ユーロ以下またはその企業の全世界総売上の4％以内の制裁金が科されるおそれがある。また，管理者等の義務の規定に違反した場合は，1,000万ユーロ以下または全世界総売上の2％以内の制裁金が科されうることになる。

実際，2019年に，英国ではブリティッシュエアウェイズへのサイバー攻撃によって，約50万人の氏名・住所のほか支払いカード情報，予約情報を含む顧客データが漏えいした。プライバシーの基本権への適切な保護措置を講じていなかったことを理由に英国情報コミッショナーは，1億8,339万ポンドの制裁金（2017年の全世界総売上1.5％の相当額）をブリティッシュエアウェイズに命じたが，新型コロナウイルスの影響に伴う航空業界の状況を考慮し，2,000万ポンドに減額された。[39]また，フランスデータ保護監督機関は，情報提供の権利等に違反するとして，Googleに対する5,000万ユーロの制裁金を命じた。[40]Googleには「プライバシーポリシーとサービス規約」があるものの，個別広告に関する情報に

アクセスするには5回，位置情報については6回のクリックを必要としているために情報が見つけにくくなっており，アクセス可能性を欠いていることを指摘した。さらに，プライバシーポリシー等の情報に同意をすることを条件として利用者にアカウントを作らせることは，有効な同意とはならないとも判断している。

⑨日 EU 相互認証（十分性決定）

　個人データの移転をめぐり，日本と欧州委員会は，2019年1月23日，双方が十分性・同等性の要件を満たしているとの相互認定を行った。これにより，民間部門については個人情報保護委員会が用意した EU 市民の個人データ保護権を保障するための補完的ルールを遵守することを条件として，EU と日本との間で個人データの自由な流通が認められることとなった。

　もっとも，この決定に対し，加盟国のデータ保護監督機関等の会議体である欧州データ保護評議会と欧州議会は日本の法制度にいくつもの懸念を示している。たとえば，同意の撤回，ダイレクトマーケティングの規制，プロファイリングを含む自動処理のそれぞれの規定が日本の個人情報保護法には存在しないことや，個人の権利制限が必要性と比例原則を満たしているかが不明確であること，日本の法制度における制裁と救済が効果的であるかどうかの確認が必要であること，また，捜査機関から企業への捜査事項照会による個人データへのアクセスの実態とその監督が明らかにされていないことなどが問題視されている（表5-5）。これらの具体的指摘事項は，今後の日本の法制度への課題であるとも受け止めることができる。

(4)センシティブ情報

　法的に保護されている個人情報の中には，他の個人情報に比べてその取扱いに特段の配慮を要するような個人情報のカテゴリーが存在している。こうしたカテゴリーに属する情報はセンシティブ情報（あるいはセンシティブデータ）と呼ばれている。日本では，機微情報などと呼ばれることも多く，さまざまな規格や基準においてより注意深い取扱いが推奨されてきた。そして2015年9月に

表5-5　日本の個人情報保護法とGDPRとの比較

日本（個人情報保護法）		EU（GDPR）
生存する個人で特定の個人を識別できるもの，個人識別符号	保護の範囲	識別された，または識別できる自然人に関する情報（仮名化を含む）
物品・役務の提供が対象	域外適用	商品・サービスの提供，行動の監視が対象
要配慮個人情報，不正取得・不正利用の禁止	基本原則	処理の適法性，同意の条件，特別の類型
開示，訂正，利用停止等（事業者の義務の章に規定）	権利	開示，訂正，削除（忘れられる権利），データポータビリティ権，プロファイリングされない権利
利用目的の制限，適切な取得，安全管理措置，第三者提供，オプトアウト通知，記録保存，匿名加工情報の利用公表	義務	データ保護バイデザイン，代理人配置，記録保存，データ侵害通知義務，影響評価，データ保護責任者配置，行動規範
同等の水準（OECD,APEC等）	国際移転	十分な保護の水準，データ保護契約条項，拘束的な企業準則
独立機関，命令・勧告等，立入検査，主務大臣への権限委任	監督機関	独立機関，調査・是正・助言権限，欧州データ保護評議会
委員会による命令等，50万円以下1年以下の懲役（データベース提供罪）	救済・制裁	苦情申立，補償，最大年間総売上4％・2000万ユーロ以下の制裁金

　改正された個人情報保護法において「要配慮個人情報」という名称で初めて法的にその存在が規定され，事業者による取扱いについてより厳格な方法を採用することが義務付けられるようになった。

　①背景：センシティブ情報というカテゴリーがなぜ必要なのか

　個人情報のデジタル化やICTの発達を受け，個人情報のセンシティビティに対する関心は近年急速に高まりつつある。しかし，センシティブ情報に関する議論はインターネット社会が本格化するはるか前から行われていた。[41]そこでは，システムやネットワークといった技術的発想が広く受け入れられるようになると，そうしたものからより多くの便益を得るためには高い情報リスクにさらされる必要がある一方で，逆に情報リスクを下げるためには不便さを甘受しなければならないというトレードオフ関係が想定されるようになっていった。

そしてこうした想定の下で，より多くの便益を獲得しつつも情報リスクを適切にコントロールするためには，便益の獲得を優先し，積極的に活用されるべき個人情報と，得られる便益を犠牲にしてでも厳しく管理されるべき個人情報とを明確に区分けする必要があることが認識され，後者の区分としてセンシティブ情報が議論されるようになったのである。⁽⁴²⁾このように，センシティブ情報という概念が登場してきた背景には，単に個人情報だから保護されなければならないという発想ではなく，個人情報の積極的な活用を実現するためにこそ，優先的に保護すべき個人情報をはっきりさせておかなければならないという考え方が存在しているのである。

　こうした背景状況は，センシティブ情報を日本で初めて法的に定義した，要配慮個人情報の導入時にも見受けられる。第2次安倍内閣の成長戦略の柱の1つとして，当時，個人情報の広範な利活用が推進されていた。内閣府に設置された高度情報通信ネットワーク社会推進戦略本部は「世界最先端 IT 国家創造宣言（2013年6月）」を表明し，総務省は「ICT 成長戦略（2013年6月）」やそれを発展させた「スマート・ジャパン ICT 戦略（2014年6月）」などを立て続けに発表している。一方で，こうした個人情報の活用推進には漏洩や悪用のリスクも伴うため，プライバシー侵害や犯罪被害などから人々を守る仕組みも必要とされた。特に日本は，個人情報の保護について厳しい規則を置いていた EU との関係の中で，ヨーロッパ基準での法環境の整備を行う必要があった。⁽⁴³⁾個人情報保護法が改正され，そこで要配慮個人情報としてセンシティブ情報が初めて法的に定義された背景には，このように，個人情報のより積極的な活用を目指しつつヨーロッパの基準に合致するようなより厳格な個人情報保護の実現を目指すという政治経済的な要請があったと考えられる。⁽⁴⁴⁾

②定義：センシティブ情報とはどのような個人情報なのか

　これまで，取扱いに特段の配慮を有する個人情報や便益を犠牲にしてでも厳格に管理されるべき個人情報などとしてセンシティブ情報を特徴づけてきた。ではどのような内容の個人情報がこうした配慮や管理を要するセンシティブな情報とみなされているのか。

　そもそも，センシティブ情報，あるいはその尺度となる個人情報のセンシティビティとは何かということについて明確な規定はなく，これまでさまざまな観点から検討がなされてきた。たとえば，個人情報がセンシティブであるかどうかを，情報主体のプライバシー侵害につながるリスクの程度で論じている研究[45]や，個人情報が漏洩した場合にその情報主体が感じる不快な気持ちの程度で論じている研究[47]などを挙げることができる。このように，情報のセンシティビティ[46]を明確に定める上でのコンセンサスは存在していない。しかし一般的には，個人情報の提供により情報主体に生じる，あるいは生じる可能性のある，ネガティブな結果の大きさに比例する形で規定されることが多い。

　センシティブ情報は，こうした研究上の概念から基準や法律に関わる概念へと変換されるプロセスを通じて，より具体的な事柄との結びつきが明示されてくることになる。日本では，金融や電気通信など個人情報を扱うさまざまな分野の実情や実態を考慮しながら，各分野を統括する府省によって条例やガイドラインという形でセンシティブ情報を規定することが多かった[48]。改正個人情報保護法では，要配慮個人情報という名称で次のように法的定義がなされている[49]：「本人の人種，信条，社会的身分，病歴，犯罪の経歴，犯罪により害を被った事実その他本人に対する不当な差別，偏見その他の不利益が生じないようにその取扱いに特に配慮を要するものとして政令で定める記述等が含まれる個人情報」（同法第2条第3項）。

　このように，日本の法律では，センシティブ情報を個人の人種や思想信念，出自や病歴，犯罪歴など，不当な差別や偏見に結びつきやすい内容の含まれる個人情報として定義づけている。また，同法のガイドライン（通則編）では，具体的に以下に示すような11項目に関する記述が含まれている個人情報を要配慮個人情報としている[50]：①人種，②信条，③社会的身分，④病歴，⑤犯罪の経歴，⑥犯罪により害を被った事実，⑦心身の機能の障害があること，⑧医師・医療機関による診断や検査の結果，⑨医師等による心身状態改善のための指導，診療，調剤が行われたこと，⑩刑事事件に関わる手続きの有無，⑪少年法の保護事件に関わる手続きの有無。なお，たとえば，宗教に関する書籍の購入・貸

出履歴や病気に関する Web 上の検索履歴など，要配慮個人情報に関わっては
いるものの，それを推測させるに過ぎない情報は要配慮個人情報には含まれな
い点もこのガイドラインに明示されている。

　③取扱い上の規則：センシティブ情報はどう扱われなければならないのか

　最後に，センシティブ情報の取扱いに要求される特段の配慮や厳格な管理と
はどのようなものかについて要配慮個人情報を例に説明する。要配慮個人情報
とそれ以外の個人情報では，その取扱いに関する法的な規定が２つの点で異
なっている。１つは，個人情報取扱事業者が情報を取得する際の規定であり，
あらかじめ情報主体本人の同意が得られていない場合は，原則として，[51]要配慮
個人情報は取得してはならないとしている点である（第17条２項）。一般の個人
情報を取得する場合，利用目的の通知または公表の義務が果たされていれば，
事前に同意を得る必要はない。しかし，差別や偏見などにつながる可能性のあ
るセンシティブな個人情報の取得は，原則として取得されることを本人が認め
る場合のみに限定されている。もう１つは，個人情報の第三者提供に関する規
定の部分である。要配慮個人情報であろうとなかろうと，個人情報は原則とし
て本人の同意がなければ第三者に提供することは禁止されている。しかし，要
配慮個人情報ではない個人情報の場合はオプトアウト方式による第三者提供が
認められており，情報主体による能動的な拒否がない間はある種の同意状態に
あると解釈されている。一方，要配慮個人情報についてはこうした方式での第
三者提供が認められていない（第23条２項）。重大な結果につながりうる情報の
ため，第三者提供がなされる前に明示的な同意が示されることを取得の条件と
しており，オプトアウト方式のように暗に同意しているという状況や，オプト
アウトがなされるまで第三者提供が繰り返されるといった状況を回避すること
がその狙いである。

　どのような個人情報が差別や偏見に結びつきやすいセンシティブ情報である
のかの判断は非常に難しい。多くの研究が情報のセンシティビティの文脈依存
性や文化依存性を指摘しており，[52]グローバルな指標の開発を疑問視する研究も
見られる。[53]実際，たとえば，先述した日本の要配慮個人情報に含まれる内容と

EU一般データ保護規則に定められているセンシティブデータ（special categories of personal data）の内容（第9条）とは一致していない部分もみられる。一方で，情報のやり取りはますますボーダレス化してきている。センシティブ情報に関するこうしたローカルとグローバルの議論は今後さらに重要になってくると思われる。

3　プライバシーパラドクス

(1)プライバシー保護とは個人データ保護なのか

　ICTの社会・経済への浸透とともに，プライバシー保護は，常に重要な社会的課題として認識されてきた。現在でもその状況に変わりはない。GAFAM（Google, Amazon, Facebook, Apple, Microsoft）などと総称される巨大ICT企業をはじめとする多くの現代組織のビジネスモデルは，さまざまなICT機器を利用して24時間365日休むことなく，膨大な量の個人データを収集・蓄積し，それを人工知能（AI : Artificial Intelligence）ベースの情報システムによって解析することを前提とするようになってきており，プライバシー侵害のリスクと背中合わせにあるといわれている。また現在，日本が実現を目指しているIoT（Internet of Things : もののインターネット），ロボット，AI，ビッグデータなどの先端的ICTを活用して構築される人間中心の社会であるSociety 5.0への取組みや，官民一体となって社会・経済の変革を目指すデジタルトランスフォーメーション（DX : Digital Transformation）の構想においても，プライバシー保護に配慮することの必要性が常に主張されている。

　しかし，こうしたプライバシー保護に関する議論において，プライバシーの定義が示されることはめったにない。そこではプライバシーとは情報プライバシーのことであり，プライバシー保護とは個人データ保護であるという，暗黙の前提が置かれているようにも見受けられる。

　言うまでもなく，今日の情報社会において個人データ保護はプライバシー保護の中心に位置する課題であり，個人データを保護するための法的な取組みや，

暗号化技術や匿名化技術をはじめとする個人データ保護技術の開発と利用，さらには，個人データ保護政策を遂行する独立した行政機関としての個人データ保護委員会の設立のような制度的取組みが，プライバシー保護のための重要な方策であることは確かである。

　しかしその一方で，多くの組織が採用しているプライバシーポリシーあるいは個人データ保護ポリシーは，個人データの法的保護を実質的に骨抜きにしている。これに対する批判と対策の検討は最近始まったばかりである。さらに，より深刻なことに，「プライバシー保護＝個人データ保護」という，プライバシーに対する狭いあるいは矮小化された理解がプライバシーに関わる新たな問題を引き起こしつつある。すなわち，ルールに則ったプライバシー保護のための取組みが，逆に深刻なプライバシー侵害を正当化するという，パラドキシカルな現象が生じてきているのである。

(2)個人データ保護の有名無実化

　現在施行されている個人データ保護に関連する法律，そしてそれに基づいて策定された組織のプライバシーポリシーには，いずれも収集制限の原則，目的明確化の原則，利用制限の原則が盛り込まれている。すなわち，個人データの収集は，適法で公正な手段によって，かつデータ主体への通知または同意のもと，その目的を明らかにしたうえで実施し，明確にされた目的に矛盾しない範囲内でデータ利用が行われ，データ主体の同意があるか，法の定めによらない限りは，収集の際に示された目的以外のために開示，利用，その他がなされてはならないとされている。

　しかし残念ながら，この原則は，そしてこの原則を維持するための方策としての「告知による同意（インフォームドコンセント：informed consent）」に基づく個人データ保護への取組みは，すでに有名無実化し，実効性を失っている。特にオンラインサービスを利用する際には，サービス提供者によって公開されているプライバシーポリシーを個人ユーザが事前に読むという「フィクション」が告知による同意の前提とされており，また非常に包括的な，すなわち「何で

もあり」の個人データの収集，処理，共有に関するポリシーに対して，それに同意しなければサービスを一切利用できないため，個人ユーザは実質的に同意を強制させられている。またサービス提供者は，自社のプライバシーポリシーを個人ユーザにオンラインで事前に通知しさえすれば，思い通りに変更することができる。

　この有名無実性は，その動作に予測困難性と制御不能性を伴う AI の進展と普及によってさらに加速化される可能性がある。このことは，法律や規則によるプライバシー保護が，それをたとえ個人データ保護という狭い範囲に絞り込んだとしても，ドッグイヤーとも形容されるスピードで進む ICT ならびに ICT ベースの情報システムの発展を十分にキャッチアップできないことを示している。

(3)プライバシーパラドクスという現象

　プライバシーをめぐるパラドキシカルな現象については，これまでさまざまなものが指摘されてきた。たとえば，MySpace や Facebook などの SNS をはじめとするソシアルメディアが若者層を中心に普及し始めた2000年代半ばには，「賢い大人と愚かな若者」のパラドクスの存在が指摘された。これは，政府や企業が市民および消費者の個人データを収集・蓄積することによってプライバシー侵害の脅威となっていることに対して大人たちが不安や懸念を抱いている一方で，十代の若者たちは個人的な，またプライベートな情報を，インターネットの「公開性という特質」を理解していないがために，気ままにソシアルメディア上にさらけ出しているというものである。[54]

　他方，デジタルネイティブとして生まれ育ったカナダの10代の若者を対象にしたグループインタビュー調査の結果が2019年に公表され，そこでは「賢い若者の言行不一致」のパラドクスが見いだされた。すなわち，10代後半の若者たちが，SNS の利用を中心とするオンライン活動において「隠すものなど何もない」という，はなはだしく劣化したプライバシー保護感覚を口にしている一方で，SNS の利用にあたっては，それぞれの SNS の特徴に基づき，情報の開示内容と流通範囲をコントロールすることを通じて印象管理を行っており，プ

ライバシー保護に配慮しているというのである。[(55)]

　これまで最も多くの人々がその存在を指摘してきているのは，「認識と行動の乖離」のパラドクスである。それは，人々，とりわけ若者は，プライバシー保護の重要性を認識し，プライバシー侵害への懸念を感じつつも，プライバシーの概念や社会的重要性を理解しようとすることも，自分のプライバシーを保護するための積極的な行動や方策をとろうとすることもないというものである。実際，日本の大学生のオンライン行動の特徴について，以下のような調査結果が得られている[(56)]：

① 　プライバシーの保護は重要であると考えている一方で，プライバシーとは何か，なぜプライバシー保護が重要なのか，どのような主体や技術がプライバシーの脅威になるのかといったことについて明確に理解していない。

② 　オンラインサービスを利用するにあたり，利用規約やプライバシーポリシーに目を通すことはない。

③ 　自分たちがオンラインで提供した個人データが，公共・民間部門の組織によって，どのように，またどのような目的のために利用されているのかについて理解していない。

④ 　自分たちのプライバシーが侵害された際のダメージを過小評価しており，またプライバシー侵害について「自分だけは大丈夫」だと思っている。

⑤ 　スマートフォンやパソコンがプライバシーの脅威となる技術であることを認めていながら，それらを利用するにあたって，クッキーや検索・閲覧履歴の消去，パスワードの定期的変更など，一般的に推奨されているプライバシー保護対策を実施していない。

⑥ 　ソーシャルメディアを利用するにあたって，プライバシー侵害に対する漠然とした不安を抱いているものの，オンラインでの人との交流・つながりを優先してしまう。

⑦ 　社会的な理由からではなく，たとえば自分の身の安全や財産を守るとい

　う個人的な理由からプライバシー保護をすべきだと考えている。

⑷新しいプライバシーパラドクス

　これまでに行われてきているプライバシーパラドクスに関する研究は，ほとんどすべてが情報プライバシーに関わるものである。しかし，先端的ICTの普及は，プライバシーパラドクスに新たな局面を作り出してきている。

　2016年6月に行われた英国のEU離脱を問う国民投票と，同年11月実施の米大統領選挙においては，選挙コンサルティング会社のケンブリッジアナリティカが，AIベースの有権者向けキャンペーンシステムを利用して各有権者がどのような政治的メッセージに心を動かされやすいかを分析し，その結果に基づいてメッセージ（ダーク広告）を送りつけたとされている（第1章ケース⑻参照）。ダーク広告の送付が有権者の実際の投票行動に対してどれほどの実効的影響力を持つのかについては明確になってはいない。しかし，こうした行為は，個人の自由と民主主義への悪意ある挑戦であり，政治的意思決定における真実の価値を低下させる「ポスト真実の政治」と社会の分断化を現出させることへの先鞭をつけるものとなった。プライバシーとの関連では，ケンブリッジアナリティカがSNS企業から不正に個人データを入手したのではないかということが問題視された。しかしながら，ここで真に問題視すべきは，AIベースのシステムが投票という私的な，それでいて政治的・社会的に重要な意味を持つ事柄に介入したことである。しかも，個人データの入手が，同社が主張するように合法的であったとするならば，情報プライバシー保護の観点からは問題のない個人データ処理が，決定プライバシーや心理的プライバシーの侵害をもたらしたことになる。

　現在，企業や政府機関を含む多くの組織が「監視とコントロール（管理／制御）」を基調とするICTベースのシステムを運用している。監視とコントロールのシステムは，さまざまなコンピュータ機器やオンラインサービスを通じて合法的に収集され，大規模に蓄積された個人データを解析することによって，個人に対するパーソナライズされた，そして情報システムを運用する組織の意

図に沿う特定の行動や心理状態を引き起こすための情報サービスを，個人への
コントロール行為の一環として提供する（監視とコントロールに関する詳細な議論
は次章で行われる）。こうしたシステムの社会・経済への浸透が拡大しつつある
今日，個人データ保護への手厚い対応が進む中で，深刻なプライバシー侵害を
引き起こしうるのは，私的な決定事項や心理状態への情報システムによる自動
化された介入である。そしてこのことによって，「プライバシーを保護しつつ，
プライバシーを侵害する」あるいは「プライバシー保護＝個人データ保護の視
点から法的・技術的に正当化される個人データの利用が，決定プライバシーや
心理的プライバシーの侵害を引き起こす」という現代的プライバシーパラドク
スとも呼ぶべき状況が発生することになる。

　こうしたパラドキシカルな現象は，これまで研究者や政策立案者がプライバ
シー概念に真正面から立ち向かわずに，狭い範囲のプライバシーに限定した形
でその法的・技術的保護を論じ，「守るべきプライバシー」を定義することを，
ある意味で「賢明」に避けてきたことの「つけ」として発現しつつあるのだと
いえる。各国政府のポスト真実の政治への関与が顕著化し，また究極の個人デー
タとも言われる遺伝情報を個人に対するコントロールのために利用することも
視野に入れられつつある今日，この現代的プライバシーパラドクスの解消に向
けた方策をいかに立案・実施するのかは，個人の自律を保護し，自由な市民社
会を適切に維持するための，喫緊の社会的課題である。

注
（ 1 ）Introna, L. D.（1997）. Privacy and the Computer : Why We Need Privacy in the Information Society. *Metaphilosophy*, 28（ 3 ）, pp. 259-275.

（ 2 ）Solove, D. J.（2008）. Understanding Privacy. Cambridge, MA : Harvard University Press, 2008（大谷卓史訳（2013）『プライバシーの新理論——概念と法の再考』みすず書房）.

（ 3 ）Arendt, H.（1958）. *The Human Condition*（2nd ed.）. Chicago, IL : University of Chicago Press（志水速雄訳（1994）『人間の条件』筑摩書房）.

（ 4 ）Tavani, H. T.（2008）. Informational Privacy : Concepts, Theories, and Controversies. In Himma, K. E. and Tavani, H. T.（eds.）, *The Handbook of Informa-*

tion and Computer Ethics. Hoboken, NJ : Wiley, pp. 131-164. これらのプライバシー概念には，同時に異論や批判も存在している。

（5）Warren, S. D. and Brandeis, L. D.（1890）. The Right to Privacy. *Harvard Law Review,* 4(5), pp. 193-220.

（6）Westin, A.（1967）. *Privacy and Freedom.* New York : Atheneum（p. 5）.

（7）Nissenbaum, H.（2004）. Privacy as Contextual Integrity. *Washington Law Review,* 79(1), pp. 119-157.
　　Nissenbaum, H.（2010）. *Privacy in Context : Technology, Policy, and the Integrity of Social Life.* Stanford, CA : Stanford University Press.

（8）Warren and Brandeis 上掲論文。

（9）Rachels, J.（1975）. Why Privacy Is Important. *Philosophy and Public Affairs,* 4(4), pp. 323-333.

（10）Fried, C.（1968）. Privacy. *The Yale Law Journal,* 77(3), pp. 475-493.

（11）Introna 上掲論文。

（12）Lyon, D（1994）. *The Electronic Eye : The Risk of Surveillance Society.* Minneapolis, MN : University of Minnesota Press.

（13）東京地判昭和39年9月28日下民集15巻9号2317頁。

（14）最大判昭和44年12月24日刑集23巻12号1625頁。

（15）最判平成17年11月10日民集59巻9号2428頁。

（16）最判平成20年4月15日刑集62巻5号1398頁。

（17）福岡高判平成24年7月13日判時2234号44頁。

（18）最判昭和56年4月14日民集35巻3号620頁。

（19）最判平成7年12月15日刑集49巻10号842頁。

（20）最大判平成29年3月15日刑集71巻3号13頁。

（21）最判平成14年9月24日集民207号243頁。

（22）最決平成29年1月31日民集71巻1号63頁。

（23）さいたま地決平成27年12月22日判時2282号78頁。

（24）最判平成15年9月12日民集57巻8号973頁。

（25）大阪高判令和元年11月20日判時2448号28頁。

（26）2019年12月に内閣官房「個人情報保護制度の見直しに関するタスクフォース」が設置され，官民の法令の規定を一体化する検討が行われている。

（27）個人情報保護委員会「令和元年度年次報告」（令和2年6月公表）。

（28）東京高判平成29年3月21日判タ1443号80頁（被告人を懲役2年6月及び罰金300万円に処した）。

（29）平成30年度の行政機関への答申件数は224件（開示168件，訂正35件，利用停止21件），独立行政法人への答申件数は53件（開示42件，訂正7件，利用停止4件）となっている。総務省「平成30年度における行政機関等個人情報保護法の施行

の状況について」（令和 2 年 2 月）。

(30) エドウィン・ブラック（小川京子・宇京頼三訳）（2001）『IBM とホロコースト』柏書房参照。

(31) GDPR の解説書としては，宮下紘（2018）『EU 一般データ保護規則』勁草書房を参照のこと。

(32) Case　C‒673/17，Bundesverband　der　Verbraucherzentralen　und　Ver-braucherverbände　—　Verbraucherzentrale　Bundesverband　eV　v　Planet 49 GmbH, ECLI：EU：C：2019：801.

(33) Case C‒131/12, Google Spain SL and Google Inc. v Agencia Española de Pro-tección de Datos（AEPD）and Mario Costeja González, ECLI：EU：C：2014：317.

(34) Case C‒507/17, Google Inc. v Commission nationale de l'informatique et des lib-ertés（CNIL）, ECLI：EU：C：2019：772.

(35) European Commission, High-Level Expert Group, Ethics guidelines for trust-worthy AI, 8 April 2019.

(36) GDPR 適用開始前までに十分性の要件を満たしたと認定された国・地域は，アルゼンチン，アンドラ，イスラエル，ウルグアイ，ガンジー島，ジャージー島，マン島，カナダ（民間部門），スイス，フェロー諸島，ニュージーランドとなっている。

(37) Case C‒362/14, Maximillian Schrems v Data Protection Commissioner, ECLI：EU：C：2015：650.

(38) Case C‒311/18, Data Protection Commissioner v Facebook Ireland Limited and Maximillian Schrems, ECLI：EU：C2020：559.

(39) ICO, Penalty Notice, British Airways, COM0783542, 16 October 2020.

(40) CNIL, Deliberation of the Restricted Committee SAN‒2019‒001 of 21 January 2019 pronouncing a financial sanction against GOOGLE LLC., 21 January 2019.

(41) Turn, R.,（1976）. Classification of Personal Information for Privacy Protection Purposes. *AFIPS '76 Proceedings of the June 7‒10, National Computer Confer-ence and Exposition*, pp. 301‒307.

(42) Sapuppo, A.,（2012）. Privacy Analysis in Mobile Social Networks. *International Journal of Wireless and Mobile Computing*, 5（4）, pp. 315‒326.

(43) 板倉陽一郎（2016）「平成27年改正個人情報保護法と欧州委員会十分性認定の距離」，『情報ネットワーク・ローレビュー』, 14，156‒183頁；宇賀克也（2018）『個人情報保護法の逐条解説（第 6 版）』有斐閣。

(44) Fukuta, Y., Murata, K., Adams, A. A., Orito, Y. and Lara Palma, A. M.（2017）. Personal Data sensitivity in Japan：An Exploratory Study. *Orbit Journal*, 1（2）. pp. 1‒13.

(45) 情報主体（information subjects）とは，ここでは，個人情報が言及している個人のことを指している。たとえば，Aさんの通院履歴情報をXとすると，Xの情報主体はAとなる。

(46) Woodman, R. W., Ganster, D. C., Adams, J., McCuddy, M. K., Tolchinsky, P. D. and Fromkin, H. (1982). A Survey of Employee Perceptions of Information Privacy in Organizations. *The Academy of Management Journal*, 25(3), pp. 647-663.

(47) Ackerman, M. S., Cranor, L. F. and Reagle, J. (1999). Privacy in E-commerce. *Proceedings of the 1st ACM Conference on Electronic Commerce*, pp. 1-8.

(48) 日置巴美，板倉陽一郎（2017）『個人情報保護法のしくみ』商事法務。

(49) 個人情報保護委員会（https://www.ppc.go.jp/files/pdf/290530_personal_law.pdf）（2019年9月16日閲覧）

(50) 個人情報保護委員会（https://www.ppc.go.jp/files/pdf/190123_guidelines01.pdf）（2019年9月16日閲覧）

(51) 改正個人情報保護法では，本人の事前同意がなくとも要配慮個人情報を収集しうる例外的状況として，法令に基づく場合や生命・財産の保護に必要であるが本人の同意を得ることができない場合など6つの状況を規定している（第17条第2項）。

(52) たとえば，Lederer, S., Mankoff, J. and Dey, A. K. (2003). Who Wants to Know What When? *CHI'03 Extended Abstracts on Human Factors in Computing Systems*, pp. 724-725.

(53) Fule, P. and Roddick, J. F. (2004). Detecting Privacy and Ethical Sensitivity in Data Mining Results. *27th Australasian Computer Science Conference*. http://crpit.com/confpapers/CRPITV26Fule.pdf.

(54) Barnes, S. B. (2006). A Privacy Paradox: Social Networking in the United States. *First Monday*, 11(9). https://doi.org/10.5210/fm.v11i9.1394（2020年9月30日閲覧）.

(55) Adorjan, M. and Ricciardelli, R. (2019). A New Privacy Paradox? Youth Agentic Practices of Privacy Management Despite "Nothing to Hide" Online. *Canadian Review of Sociology*, 56(1), pp. 8-29.

(56) Murata, K. and Orito, Y. (2016). Communication Ethics in Japan: A Sociocultural Perspective on Privacy in the Networked World. In Collste, G. (ed.), *Ethics and Communication: Global Perspectives*, London: Rowman & Littlefield, pp. 163-180.

(57) 村田潔（2017）「参加型監視環境における人間疎外の構図：断片化される人間存在」，『日本情報経営学会誌』，37(2)，97-108頁。

推薦図書

宮下紘『事例で学ぶプライバシー』朝陽会，2016年．

宮下紘『EU 一般データ保護規則』勁草書房，2018年．

ダニエル・J・ソロブ（大島義則他訳）『プライバシーなんていらない⁉』勁草書房，
　2017年．

ダニエル・J・ソローヴ（大谷卓史訳）『プライバシーの新理論』みすず書房，2013年．

練習問題

① プライバシーとはどのような概念なのか，またそれにはどのような分類があるの
　かについて述べなさい．

② 日本における法的権利としてのプライバシーの侵害が発生するのはどのようなと
　きか，いくつかの判例に言及しつつ述べなさい．

③ 日本の個人情報保護法と GDPR の目的および特徴について，両者を比較しなが
　ら論じなさい．

④ センシティブデータとはどのようなもので，なぜその保護が必要になるのかにつ
　いて説明しなさい．

⑤ プライバシーパラドクスとはどのような現象なのか，説明しなさい．

第6章

監視社会

　情報化の進展は監視社会を生み出してきたといわれている。そこでは監視カメラによる，認識しやすい形での監視が行われているだけではない。個人データの収集に基づく「見えない監視」がリアルスペースとサイバースペースの双方で行われているのである。たとえばスマートフォンを利用する個人ユーザの位置情報やウェブサイトの閲覧履歴などの行動情報はリアルタイムに収集されており，こうした監視によって集められた個人データは統合化され，分析されて個人の行動のコントロールのために利用されている。本章では，現代的な監視の実態について学び，そこにどのような社会的リスクが潜んでいるのかについて理解する。

キーワード：監視，個人データ，データベイランス，ソシアルメディア，コントロール，
　　　　　　参加型監視環境，デジタルアイデンティティ

1　監視をめぐる論点

(1)現代的監視の実態

　現在，街中や建物の内部にまであふれる監視カメラは，そのめざましい技術革新の結果，小型化やPTZ（Pan/Tilt/Zoom）機能の充実，画質の向上を実現し，またネットワークカメラ（IPカメラ）としてIoT（Internet of Things：モノのインターネット）環境の一部となり，さらには顔認証機能を組み込むなど，技術的監視システムの中心的要素の1つとして機能と性能の拡大を続けている。監視カメラによって収集されたデータは，人工知能（AI：Artificial Intelligence），とりわけ機械学習技術を利用して詳細に分析され，たとえば事故や犯罪の予測と防止に役立てられるようになっている。個人の生活のかなりの部分は，何らかの形で監視カメラによって映像や画像として記録されており，監視カメラに録画されることなしに，日常生活における通勤・通学や仕事，買い物などを行うことは，とりわけ都市部においては困難になっている。それにも関わらず，

監視カメラによって収録された映像や画像が，どの組織によってどのように管理されているのか，またどのような場合にそれらが利用され，さらには第三者に提供されているのかについて，多くの人々は知らない，あるいは興味を持たないままである。

　監視（surveillance/monitoring）は両刃の剣である。犯罪の抑制や，生産性の高い，安全な職場の実現，規律ある教育の実践，機械システムや建物，公共インフラの予防的メンテナンスなどのためには，何らかの形で監視の仕組みを設定することが有効である。しかしその一方で，権力あるいは影響力（power）を持つ主体による監視が，人々の自由や人権を抑圧する，あるいはそれを可能にする状況を生み出してきたことは歴史的事実であり，したがって，監視のあり方に対しては，常に倫理的・社会的視点からの検討が必要となる。

　監視カメラを利用した監視は，カメラの存在を認識できる限りにおいて「目に見える」ものであるといえる。しかし情報通信技術（ICT：Information and Communication Technology）の発展・普及と共に現代社会に浸透しつつある監視のあり方は，より複雑かつ巧妙になり，その多くが「見えない監視」になっている。しかもそれは，個人の思考や行動，また組織行動に対して，より包括的に，かつ多大な影響を与えるようになってきている。

　実際のところ，現在，人間や組織のリアルスペースならびにサイバースペースにおける状態や行動の多くは，さまざまな ICT 機器と ICT ベースの情報システムとが連動して，24時間休むことなく監視され，何らかの事象や現象が発生した際には，その都度デジタルデータとしてほぼリアルタイムに記録され，データベースに蓄積されている。そして蓄積されたデータは，特定のタイミングで，個人行動や組織行動をコントロールするために解析され，利用されている。しかもこの「監視とコントロール（monitoring and control）」の自動化されたプロセスが実行されていることを，多くの人は明確には認知していないのである。

　たとえば，スマートフォンやスマートウォッチ，交通系・流通系 IC カード，各種のセンサー，商品に取りつけられた RFID（Radio Frequency Identification），

小売店舗に端末が設置されている POS（Point of Sale）システムなどによって，リアルスペースにおける人間の位置情報や移動情報，購買履歴などが収集され，そうした個人データはクラウドに設置されている企業のデータベースに蓄積される。そしてそれらを解析することで，企業はパーソナライズされたセールスプロモーションを行い，個人の購買行動をコントロールしようとする。

　サイバースペースでも同様に，クッキー（cookie）をはじめとするトラッキング（追跡）技術を利用することによって，情報主体が認識しないままにウェブサイトへのアクセス記録などの個人データが収集，蓄積されている。また，SNS（Social Networking Service）などのソシアルメディアを利用する個人は，個人識別情報（PII：Personally Identifiable Information）を含むさまざまな個人データを開示し，ユーザ間で相互にその情報を閲覧しあっている。しかしこのことは同時に，ソシアルメディアサービスを提供するプラットフォーム企業（たとえば Twitter や Facebook）に，ソシアルメディア上で発信された個人データと個人のオンライン行動履歴を収集・蓄積し，活用する機会を与えているのである。事実，個人データの分析に基づいてソシアルメディア上に表示されるパーソナライズされたオンライン広告は，高いマーケティング効果を持っていると広く認識されている。

　さらに現在では，O2O（Online to Offline/Offline to Online）アプローチに見られるように，オフライン（リアルスペース）とオンライン（サイバースペース）の行動情報を含む個人データが一括して管理されており，これら2つの空間における監視とコントロールは一体化されつつある。オンラインかオフラインかを問わずに収集される個人データは，さまざまなデータベースに蓄積され，共通のデータ項目をキーとして結合させるデータマッチングあるいはプロファイリング(1)によって統合され，それが特定のルールの下で分析されることによって，そのデータ主体の行動に影響を与えるための情報がフィードバックされる。すでに，AI スピーカーがキャッチした個人の発話データを分析し，それに基づいて，個人の好みに合わせた情報やサービスを，ロボットや人間の身体の一部となったサイボーグデバイスから提供するということも技術的には難しくなく

なっている。現代的な監視とコントロールのシステムは，こうした先端的な機能の実装を着々と実現してきているのである。

(2)現代社会に浸透する監視

　現代の監視は，多様なそして大量の個人データを継続的に収集することによって行われており，その主役は人の目ではなく，「電子の目」，すなわちさまざまな ICT 機器である。こうした監視の仕組みは，データベイランス(dataveillance) と呼ばれ（次節参照），その運用主体は企業をはじめとする組織である。

　他方，ソシアルメディアサイトでの活動に典型的に見られるように，組織だけではなく個人もまた，意識するかしないかに関わらず，監視主体として電子の目を通じた相互監視を行っている。個人はそうした監視環境に「参加」すると同時に，「快適な」コミュニケーション環境を提供するソシアルメディアプラットフォーム企業に，自らの，また他者の個人データを提供し続けている。このような状況から逃れることは，ソシアルメディアが人々のコミュニケーション活動に深く浸透した今日，他者との好ましい人間関係を維持しつつ，「現代的な」生活を十分な満足レベルで送ることを望む限りは困難である。もはや現代人は，自ら進んで監視すること，されることに参加し，その見返りとしてさまざまなサービスや日常生活ならびに社会生活に必要な情報の提供を受けることを選んでいるともいえる。

　また，エドワード・スノーデンの内部告発（第1章ケース(9)参照）が明らかにしたように，国家という，市民の自由と権利に対する最大の潜在的脅威主体が，ICT を駆使して個人に対する監視を行っている事実がある。国家による監視は，民間の巨大 ICT 企業（Big Tech/Tech Giants）や通信企業の協力によって，包括的に，かつ深く個人の日常に入り込んでいくことが十分に考えられる。それにもかかわらず，多くの個人にとって国による監視の実態は認識されにくく，個人の自由や自律を尊重する社会の根幹を揺るがす危険性もあまり意識されていない。

2　データベイランス

⑴データベイランスシステムとは何か

　現在，企業を中心とする多くの組織において，継続的かつ自動的に，個人に関するデータを収集・蓄積し，解析して，パーソナライズされた情報サービスやコンテンツの提供のために利用する情報システム，すなわちデータベイランスシステムが構築・運用されている。データベイランスという用語は，データ（data）とサーベイランス（surveillance）という2つの言葉からの造語であり，まさにデータ収集による監視を意味している。データベイランスシステムを構築する目的としては，業務の効率化，ビジネス活動の有効化，収益の向上，コスト削減，顧客満足の向上などがあり，こうした目的を，情報サービスならびにコンテンツの提供を通じて，監視の対象となる個人の状態や行動をコントロールする，すなわちそれらの変化を組織にとって好ましい形で引き起こすことで達成しようとする。その一方で，収集された，さらには分析された個人データそのものの売買も行われている。

　他方，個人顧客は，データベイランスシステムの運用によって提供されるサービスを利用し，利便性を享受したいと考えるのであれば，それと引き換えに，自分自身のデータがシステムを通じて収集され，組織の目的に沿って分析・利用されることに対して全面的に同意しなければならない。そうしなければ，多くの，あるいは一切のサービスを受け取れないのが一般的である。

　データベイランスシステムの本質的特徴として，以下の2点をあげることができる。1つ目は，データベイランスシステムにおける個人は，身体を消失した存在となり，データベースに蓄積されているデータとして，あるいはデータダブル（data double）として扱われるという点である。組織がデータベイランスシステムからもたらされる利点を最大限に生かすためには，個人を表すデータの正確性と最新性を常に維持しなければならず，そのため，データベイランスシステムを運用する組織は，個人に対する監視あるいはデータ収集を常時行

い，適宜データベースを更新することが必要となる。

　２点目は，データベイランスシステムを通じて個人に提供される情報サービスやコンテンツは，真に個別化（personalise）されたものではなく，多くの場合，統計処理によって導き出された一定の判定基準に基づいて決定され，提供されるという点である。すなわち，ある特性を持つ個人に対して，特定のサービスないしはコンテンツを与えることが統計的に見て有意に適切か否かは，個人データの解析のために設定されているアルゴリズムによって判定され，その結果に基づいて，どのようなサービスあるいはコンテンツがどの人々に提供されるのかが自動的に決定されることになる。このような，データベイランスシステムの運用によって可能となる，商品リコメンデーションをはじめとする情報サービスの提供は，特にイレギュラーなケースを除いては，すべて自動処理のみで完結し，したがって表層的には，個人データの処理に人間は一切介入しないことになる。実店舗における「お薦め」がさまざまな商品知識を持った店員による，しかし恣意的なもの以外ではありえない一方で，自動化された商品リコメンデーションという仕組みは個人データによって表現されるその個人の特性に依拠したものであり，(5)その個人像は，個人のデータダブルとして書き尽くされていることが前提とされている。

　このように，データベーラインスシステムとは，「常時監視に基づいて収集・蓄積された大量で多様な個人データを解析し，そこで設定されているアルゴリズムによって算出される判定基準値に基づいて，その都度自動的に決定された情報サービスならびにコンテンツを，データダブルとしての個人に継続的に提供することで，個人の状態や行動をコントロールする」システムと特徴づけられるのである。

(2)データベイランスシステムによるサイレントコントロール

　ICT の発展はデータベイランスシステムの高度化をもたらしている。現在，巨大 ICT 企業をはじめとする組織が構築・運用するデータベイランスシステムは，ビッグデータと AI を利用するものになっている。すなわち，さまざま

なデータソースから継続的に収集され，大量に蓄積される多様な個人データからビッグデータが構成され，それを機械学習ベースのアルゴリズムに基づいて処理することによって，個人のプロファイリングを実施する。そして，その結果を利用して人々を同じような嗜好を有する「似た者グループ」に細分化し，各グループに対してカスタマイズされた情報サービスやコンテンツを提供していくことが行われている。細分化の程度は，組織におけるデータベイランスの目的や経済的合理性に基づいて決定される。たとえば企業がデータベイランスシステムを運用する場合，粗いグループ分けでは，サービスをカスタマイズする意味が薄れる一方で，細かすぎるグループ分けは，カスタマイゼーションコストの高騰を招き，収益性を失わせる。

　こうしたデータベイランスシステムが多く使われている現状は，カスタマイズドサービスの提供による顧客満足の充足と，それに基づく組織パフォーマンスの向上を実現させている。しかしその背後で，このシステムの運用は，社会的リスクをもたらしている。それは，経済的価値や政治的価値に基づく個人の選別（sort）を正当化することであり，さらにその結果として，人々の知る権利を侵害し，思考・行動の自由や言論の自由を抑圧することである。

　個人データに基づいて個人を選別することについては，パノプティックソート[6]（panoptic sort：一望監視による選別）や，ソシアルソーティング[7]（social sorting：社会的選別）といった概念が提唱され，その社会的リスクが論じられてきた。人々は組織が運用するコンピュータシステムによって，自分自身に関する，人種や性別などの生得的データと，発言・行動履歴や病歴などの過去のデータに基づいてその価値が識別され，たとえば「非顧客」や「見込み顧客」，「優良顧客」，また「体制派」，「政治的無関心層」，「反体制派」などといった分類に落とし込まれる。そして，それぞれの分類の特性に合わせた組織の対応が行われる。こうしたことが，社会的差別や情報的差別へとつながることが危惧されたのである。

　現在のデータベイランスシステムのアーキテクチャは，自由に使うことのできる時間と認知能力に限界を有する個人にとっての「知りうる情報」あるいは

「アクセスしうる情報」を，たとえそこに悪意が存在していなくても，必然的に制約する。たとえばグーグルなどの検索エンジンの検索結果は，個人データの解析に基づき，各ユーザに対して「最適化」するよう表示される。そのため，ユーザは従来の見解や好みに反する情報から遮断されるようになり，実質的に文化的あるいはイデオロギー的なバブル（気泡）の中に隔離されてしまう「フィルターバブル」という現象が発生していると指摘されている。[8]こうしたことは，個人が「知ること」の延長線上で，何を考え，何を表現するか，またどのように行動するかという，個人の知的自由のあり方にまで影響を与えうるのである。加えて，パーソナルコンピュータ（PC：Personal Computer）やスマートフォンを媒体として個人へとダイレクトに，しかもカスタマイズされた形で提供される情報は，個人にとって情報収集の効率性や有効性の向上をもたらしてくれるものと暗黙の裡に想定されてしまうことが多いため，個人の情報処理や意思決定プロセスにも大きな影響をもたらすことが考えられる。このように，データベイランスシステムは，個人の意思決定に影響を与える多大なポテンシャルを持ち，それが結果として個人の行動や表現の自由を制約する危険性を有している。

　しかしながら，データベイランスシステムのアーキテクチャに基づく個人への情報提供のメカニズムには，以下に述べるような二重の不可視性が存在している。このため，個人の知的活動における自律性や自由の確保に関するリスクの存在を認識することは一般に困難である。

　1つにはデータダブルにおける不可視性がある。消費者あるいはサービスのユーザとしての個人は，日常生活や社会生活のさまざまな場面で自分に関する情報をデータベイランシステムによって収集される。そしてそれらが蓄積され，分析された結果として，個人のデータダブルが形成される。しかし，自分に関するどのようなデータが，どの組織によって収集され，蓄積されているのかについて，個人が正確に知ることは難しい。また，そもそもデータベースに蓄積される個人データは，個人の不完全な姿しか反映しないのではないか，さらには人間をデータダブルとして表現しつくすことが可能なのか，という疑念を払

拭することも困難である。

　第2に，データベイランスシステムにおいて用いられるアルゴリズムにも不可視性が存在する。たとえ採用されているアルゴリズムの基本的な考え方が明らかにされていたとしても，その詳細については，情報セキュリティの保護や組織目的の達成のために明らかにされない場合がほとんどである。また，機械学習アルゴリズムが使われている場合，その構造を理解することも，その動作を予測することも困難である。

　こうした二重の不可視性の存在は，個人が認知できないままに，いつの間にかデータベイランスシステムによってコントロールされているという状況をもたらしうる。この意味で，データベイランスシステムによるコントロールは，まさにサイレントコントロールなのである。

(3)アイデンティティクライシス

　データベイランスシステムによるサイレントコントロールの下で生じるリスクとして，個人のアイデンティティとそれに対する個人の認識に対するコントロールがあげられる。データベイランスシステムによってもたらされる利便性は，収集した個人データをシステムが解析し，算出した判定基準値に基づいて自動的に決定されたものであるにもかかわらず，個人はそれを「自分にとって真に適切である」と感じてしまうことが起こりうる。個人の行動や状態の履歴データによって表された「わたしらしさ」に，自らの存在を賭ける振る舞いが情報化の中で少しずつ浸透していくように，本来，自律的であるべき自己そのものとしての「わたしらしさ」が，「データダブルとしての『わたしらしさ』」にすり替えられていく(9)という本末転倒の現象が生じるのである。

　そもそも，自分と他者に関する過去のデータから自動的に導き出された情報サービスやコンテンツが，現在の「わたし」あるいは将来の長期にわたる「わたし」にとって適切であり，有用であるという保証はどこにもない。個人が人間的に成長していくプロセスにおいては，一見不合理で，無駄とも思える振る舞いをすることも必要であり，データベイランスシステムのアーキテクチャが

もたらす合理的な決定や選択に従うことのみで，人格の陶冶や充実した人生，そして幸福を実現することができるとは限らないのである。しかし，それにもかかわらず，多くの個人がシステムから与えられる情報を真実として，あるいは「本当の自分」のあり方に貢献するものとしてみなしてしまいかねない状況に置かれており，自らのアイデンティティ認識がシステムのアーキテクチャによって支配されているともいえるのである。

(4)データベイランスが民主主義に与える脅威

　データベイランスシステムによるサイレントコントロールが社会に浸透していく状況は，民主主義の維持にとっても脅威となる。民主主義の根幹を支える個人の権利として，表現の自由がある。これが機能するためには，２つの条件が満たされる必要があるといわれている。１つは「自分が最初から恣意的に選ばなかったものにも接すること」であり，これは自分自身が選択したものでない見解や話題にも触れる機会が確保されていることを意味する。もう１つは，「共有された経験」であり，特にマスメディアを通じての共通体験が社会の接着剤の役割を果たしており，それを急激に減らすような情報通信システムは社会的分裂を促す。インターネットが社会に浸透し，個人データを通じた監視が常態化する中で，個人に対するカスタマイズドサービスの提供が進んでいけば，人々が経験を共有する機会が減少し，人々の思考や意識が多様化することで，表現の自由を成り立たせるための上の２つの必要条件が満たされなくなり，健全な民主主義を機能させることが難しくなっていくことが危惧される。また，フィルターバブルの存在は，熟議民主主義の機能不全を引き起こし，市民社会の退廃や社会の分断化を招くことになるという警告もなされている。こうしたことは，自律的に判断し，意思決定を行うことのできる個人あるいは市民が，十分な討議に基づいて社会的なコンセンサスを形成することを，データベイランスシステムが阻害しうることを示している。

　また，運用する情報システムのアーキテクチャを通じた個人に対するコントロールは，組織が悪意に基づいてそれを行うか否かに関係なく生じうる。つま

127

り，多くの組織がそれぞれのアーキテクチャに基づいて適切と思われる情報を個人に提供することが積み重なっていくことで，個人のアイデンティティが歪められ，個人に対する不必要な，あるいは不適切なコントロールが行使されてしまうかもしれない。それぞれの組織による善意に基づく行動が，合成の誤謬とも呼ぶべき悪い結果をもたらしてしまう危険性が存在しているのである。

　さらに，情報の受信という個人の行動が制約されるということは，裏を返せば，個人の情報の発信も制約を受けることを意味する。たとえば，ある個人が何らかの有用な情報を発信していたとしても，どの程度の人々がその発言に耳を貸してくれるかは，検索エンジンによって決められてしまうという側面がある。したがって，このような環境を生み出すデータベイランスシステムのアーキテクチャは，多数の現代版「カッサンドラ」を生み出してしまうかもしれない。個人が真実を訴えても，まるでギリシャ神話における預言者カッサンドラのように，誰にも耳を傾けてもらえないという状況が生じうるのである。こうした状況は現代的な言論の自由の問題として認識されなければならないであろう。

3　参加型監視環境

(1)監視の形態

　監視については，これまでさまざまな形態の存在が指摘されてきた。また，ICTの発展と普及により，社会における新しい監視のあり方が生み出されることも論じられてきている。

　規律社会を特徴づける監視のあり方を表す言葉であるパノプティコン（pan（すべてを）-opticon（見る））は，（権力を持つ）少数の者が多数の者を監視する，あるいは権力者によって常時監視されているという自覚を，それが実際に起こっているか否かとは無関係に多数の者が持つ状態にし，自己を律するよう促すというタイプの監視である。これに対して，VIPやスターの動向を事細かに伝えるマスメディアの行動に代表される，多数が少数を監視する仕組みをシノ

プティコン（syn（共に，あるいは同時に）–opticon（見る））と呼ぶ。[^14]

　一方，ICT の社会への浸透によって，誰もが監視者となりうる状況が生み出され，ジョージ・オーウェルが小説『一九八四年』で描写したビッグブラザーによる監視に代わって，無数のリトルブラザーズによる分散的で，多くの場合非自覚的な監視が行われるようになっており，参加型パノプティコンが機能する監視社会が到来しているという指摘もなされている。[^15] また，組織が各々の目的に応じて作り上げ，ばらばらに存在していた電子的監視システムが結びつき，1 つの統合された機能体としての監視複合体（surveillant assemblage）が出現しているという主張もある。監視複合体の下では，監視の水平化が進み，どのような個人も組織も監視の対象となっていく。そしてこの監視複合体の働きによって，人間という物理的存在は離散的なデータの流れへと抽象化され，これらの流れが，何らかの形で再構成されて，その人間の全体像を表すと仮定されるデータダブルへと変換される。監視複合体の下での組織による個人への干渉は，このデータダブルを対象としたものとして実現される。[^16]

　さらに最近では，ネットビジネス企業やソシアルメディア企業のビジネスモデル，また国による安全保障のための活動を念頭に，現代的な監視のあり方としてクリプトプティコン（crypto（秘密のうちに）–(o)pticon（見る））の存在が指摘されている。ここではパノプティコンとは対照的に，個人に対する監視は非常に多くの（潜在的にはすべての）主体によって行われ，しかしその実態は明らかにされず，個人の行動にあからさまに立ち入ってもこない。そのスケールも遍在性も，そして存在すらも気づかれないままに監視は進行する。クリプトプティコンを可能にする技術には，クッキーや衛星写真，GPS，ロイヤリティカード，電子ブックリーダ，携帯アプリなどがあり，これらは個人の監視という「真の目的」を隠したまま利用されている。多様な監視技術によって膨大に集められた個人に関する情報は，関連する主体間で共有され，個人のプロファイリングとそれに基づく個人の選別化ならびに個人行動の操作を，個人に対する質の高い，心地よいサービスの提供という形で行う。パノプティコンが個人に規律を強いるのに対し，クリプトプティコンでは，個人が自分自身を正直にさらけ

出すことからもたらされる経済的なあるいは国家安全保障上の価値が重視される。そのため，監視する側の活動をなるべく不透明なまま維持することが意図される。(17)

　米国の社会心理学者ショシャナ・ズボフは，巨大ICT企業を中心とする多くの企業がデータベイランスシステムを開発し，利用してきたことによって，現在，監視資本主義が出現しつつあると主張している。(18)彼女によれば，ビッグデータは技術発展の必然的帰結ではなく，巨大ICT企業を中心とする「監視とコントロール」をそのビジネスモデルの特徴とする監視資本主義企業によって意図的に作り出されたものである。監視資本主義企業の特徴の1つは，それが提供する情報サービスを利用する個人ユーザに対する「組織的無関心」である。そうした企業にとって，個人ユーザからは収益の源泉となる個人データが収集できさえすればよいのであって，収集されたデータは，たとえそれが個人ユーザの主観的行動に関わるものであってもそのコンテクストを無視して集積され，商業化と収益獲得のために加工され，解析される。

　監視資本主義企業が提供するオンライン検索やソシアルメディアといったサービスは，あっという間に，多くの人々の社会参加にとって不可欠なツールとして普及した。その陰で，監視資本主義企業は，明確な抗議が発生しない限りは，一般ユーザにはその実態を知覚できない技術的方法とビジネスモデルとで，できる限りあらゆる個人データを収集し，それを十分に蓄積することに成功してきた。これまでの資本主義社会において社会と政治の基盤を形成してきた契約と，それを成り立たせるための法による統治や信頼は，すでに監視資本主義企業が運用する機械化されたプロセスにとって代わられ，今や個人の自由や民主主義は，監視資本主義企業という新たな権力によって大いに脅かされるに至っている。

　こうした彼女の議論は，現在の情報資本主義社会において，監視が重大な倫理問題となっており，人々の自由を守り，民主主義を健全に機能させるためには，監視のメカニズムをつぶさに検証し，さまざまな主体による監視活動を適切にコントロールすることが重要であることを示唆している。

(2)監視への参加

　データベイランスシステムの「監視とコントロール」という構造を反映して，現在，さまざまな主体を監視に参加させるツールと仕組み，あるいは参加型監視環境が整えられている。個人も組織も知らず知らずのうちに監視に参加させられていることも多い。

　今日，監視のための多様な機器やツールが使用されている。監視カメラは言うに及ばず，PC，スマートフォン，クレジットカード，ICカード，POS，RFID，センサー，ドローンなどは，どれもが監視や追跡のために利用できる。またネットショッピングやオンライン検索サービスの利用は，ユーザ自らが自分の興味や行為をネットショッピング企業と検索サービス企業に監視させる機会を与えている。さらにソシアルメディアは他者に監視される機会をそのユーザに与え，逆にユーザを監視する機会をソシアルメディア企業と他のユーザにもたらしている。したがって，スマートフォンやオンラインサービスを利用する個人は，見ようによっては，喜んで監視に参加しているともいえるのである。

　現状では，監視への参加には，互いに排他的ではない，以下の3つのタイプが存在している。

① **監視者**（surveillant/surveiller）**としての参加**：たとえば，監視カメラやセンサーを設置・運用する，無料オンラインサービスを提供する，ソシアルメディアで他者の投稿を見るなど

② **被監視者**（surveillee）**としての参加**：たとえば，スマートフォンやICカードを使用する，ソシアルメディアに自分自身に関する記事や写真等をアップロードする，ネットショッピングをする，オンライン検索をするなど

③ **監視のためのインフラ整備者**（infrastructure builder for surveillance）としての参加：他者に第三者に対する監視の機会を与える者も含み，たとえば，監視カメラやセンサーを開発する，スマートフォンやICカードの利用環境を整備する，ソシアルメディアサービスを提供する，他者に関

する記事や写真をソシアルメディアにアップロードするなど

　参加型監視環境は個人，組織，そしてICTベースの情報システムが複雑に絡み合ってできあがっているものであり，新たな技術やシステムの開発・導入に伴って刻々と変化しうるものである。しかしその一方で，そこにおける監視者と被監視者の間の透明性の非対称性，すなわち監視者の行為を被監視者が把握している度合いと被監視者の行為を監視者が把握している度合いの差（一般に前者のほうが後者よりも小さい）は，監視が「コントロール」のために行われており，しかも高度に自動化されてきているという事実と，コンピューティングの不可視性（第3章2（2）参照）から，法的措置などの対応策を講じない限りは，一貫して拡大していくことになるであろう。とりわけ，AIのような自律的ブラックボックス技術（第10章1参照）が監視とコントロールのためのシステムに導入された場合，この非対称性はますます大きくなり，また監視とコントロールのプロセスが引き起こす社会問題・倫理問題の存在を不明確にし，さらにそうした問題に対する責任の所在をまったくあいまいなものにしてしまうと考えられる。[19]

4　デジタルアイデンティティ

(1)デジタルアイデンティティとその歪み

　ネット上でアクセス可能になっている個人に関するデータに基づいてその個人がどのような人間であるのかということに関する他者の認識[20]，あるいは他者の心の中に形成されるその個人の像（image）またはペルソナは，デジタルアイデンティティと呼ばれる。[21]たとえば，ビジネスパーソンが初対面の人に会う前に，相手の氏名をキーワードにしてネット検索を行い，どのような人間なのかを確認するといったことは，現在，普通に行われている。このデジタルアイデンティティのあり方は，オンラインとオフラインが密接に連携する現代社会において，個人のリアルなコミュニケーションや社会生活全般に影響をもたら

しうるものである。

　しかしながら，このデジタルアイデンティティの管理は決して容易ではない。そもそも情報に対する解釈は人によってさまざまであり，自分としては適切であると判断して公開した情報であっても，他者がネガティブなコンテクストを設定したり，悪意をもってそれを解釈する場合もあり，また情報の一部分が切り取られ，別の文脈を付与されて公開されてしまい，より大きな解釈の違いあるいは歪みが生み出されてしまうこともある。加えて，近年では，意図せざる場合も含めて他者が自分に関する記事や写真などを公開することも珍しくなく，そうした情報もまた，その個人のデジタルアイデンティティに影響を与えてしまう。自分あるいは他者がネット上で行った個人データ発信行動が不用意なものであるかどうかをはっきりとは認識できないこともあろう。[22]このように，本人が思ってもいないような形でデジタルアイデンティティの歪みが発生する危険性がある。

　特に，参加型監視環境としてのソシアルメディアにおいては，自分に関するテキストや画像，動画，音声などの多様な情報のアップロードが，自分のみならず，他者によっても行われるために，自己に対するイメージが他律的にも形成されやすい。ソシアルメディアにおいて形成される個人のデジタルアイデンティティは，本人が認識している1人称的アイデンティティと大きく異なることや，そこに多かれ少なかれ何らかの歪みが生じている可能性を否定できないのである。

(2)参加型監視環境としてのソシアルメディアの自己同一性への影響

　参加型監視環境において，特にSNSをはじめとするソシアルメディアを利用して情報を発信する場合，個人ユーザが想定する読者や他者の目を意識して投稿内容を調整することは珍しいことではない。他者の価値観や視点を内面化させながら，自分が想定している他者の期待に応えるよう，いわば他律的に自らの行動を決定したり，判断したりすることが頻繁に繰り返されているともいえよう。実際，ソシアルメディアを利用し，他のユーザの情報を目にしたとき

に，即座に「いいね！」ボタンをクリックする，リツイートをする，あるいは返信をするといった何らかの反応をすることがソシアルメディアユーザの典型的行動として多く観察される。こうした反応は，他者のソシアルメディアへの投稿に共感したから行われると考えることが自然であるものの，実際には単にそうすることを他者から求められていると考えて，行動に移している場合もあろう。さらにメッセージ，記事，コメントなどを相手が閲覧したかどうかが明らかになる「既読」機能があることによって，何らかの反応が促されているように感じることや他者からの反応が得られない時には無視されたと感じる「既読ストレス」も発生している。そのような特性を持つソシアルメディアの利用によって，いつのまにか「自己と他者の境界線」が不明確になり，自分の感情や行動が他者に過剰に影響を受ける，あるいはコントロールされているような状態や感覚に個人ユーザは陥るかもしれない(23)。

　しかしながら，ソシアルメディア上での，過度に他者の目を内面化させた個人データの受発信や他者によって発信された情報に基づく自分自身のデジタルアイデンティティの形成は，青年期の発達課題である自己同一性の形成に影響を与えうる。自己同一性という概念には多くの解釈や定義が存在しているものの，ここでは他者と異なる連続した一貫性のある自己への認識，言い換えれば「自分が自分であること」という感覚を意味するものとして考えれば，オンライン空間上で形成されたデジタルアイデンティティが，個人のリアルな自己同一性の形成にかなりの影響を与えうることが理解できるであろう。

　人は，自己同一性が獲得されていく過程の中で，精神的な成熟や自立が促されることによって，いわゆる「大人」となっていくのに対して，それが未発達な段階に留まる場合，自己同一性「拡散」(24)の危機に陥る。自己同一性の拡散とは，自分が何者であるかのかがあいまいとなり，漠然とした不安定な自己意識となる状態を意味している。そのような状態では，種々の生活場面で不安感情が生じ，それから自我を守るためにさまざまな防衛機制が働く。この防衛機制には，成熟度に応じて多様な心理的メカニズムがあるものの，未熟な防衛機制にとらわれてしまえば，現実検討能力が損なわれ，「自分がこのような人間で

134

ある」という自己認識に歪みが生じ，自分と他者との関係の中での「自分」を適切に位置づけることも困難となる。そのため，変化し続ける現実環境に適応し，自分の意思や能力にあった選択あるいは判断を行うことや，自分とは異なる他者の要求や心情をくみ取った対応ならびにコミュニケーションをとることも容易ではなくなっていくことすら予想される。

そもそも自己同一性が未発達・未統合な状態にある青年・若年期において，早期の段階からソシアルメディアを利用し，デジタルアイデンティティの形成が他者によって過剰に影響されうる環境に身を置かれれば，デジタルアイデンティティの歪みによって，自らが主体的に情報を処理する能力やそれに基づいて情報を受発信する能力を超えて，過剰に多くの情報に接触し，それに過敏かつ短絡的に反応してしまうことも考えられる。そもそも自己同一性が未発達である若年者は，若いがゆえに「自分自身の考え方がまとまらない」，あるいは「自分自身が決まらない」という状況に陥ることが多くあり，そうしたことは社会的にも一般的に許容されている。しかし，大量の情報が頻繁に入り込んでくる現在の情報環境の中で，自らの考えや意見，心情をまとめたり，整理したりしながら，「自分がどのようにしたいのか」，「自分がどう思うのか」を熟考するよりも前に，「相手が何を望んでいるか」，あるいは自分が他者の行為に対して，できる限り即時に反応することを重視してしまえば，他者と異なる一貫したまとまりある自己を確立し，その感覚を成熟させていこうとする自己同一性の健全な発達プロセスが阻害されることが危惧される。

また，オンライン空間に蓄積された過去の自分に関する情報に自分自身が，さらには他の個人や組織が容易にアクセスできるという環境は，過去の自分から離れて自分を振り返るという自己同一性の獲得にとって重要な内省プロセスを簡略化させたり，歪曲させたりしてしまうかもしれない。

ソシアルメディアの利用に限らず，若者の人間関係においては，その場その場で使い分けられる，部分的で断片化した自己が演じられており，特にネットの世界では「直接的対人関係以上に部分的，一時的，選択的で，解消可能な対人関係が特徴的にみられる」との指摘もある。オンラインコミュニケーション

の場では，その場その場での自己の対応を，想定する相手（監視者としての他者）がどう評価するかについて意識しながら，すなわち「他者の目」を内面化させながら，常に「適切な」振舞い方を，瞬時に調整しようとする傾向が生じているといえよう。言い換えれば，自覚しているか否かに関わらず，参加型監視環境において，個人の中での「モード」や「キャラ」の使い分け／演じ分けがその時々の空間と相手によって迅速に行われているのである。

　言うまでもなく，ソシアルメディアの利用によって社会的な人間関係が構築され，人々の対人能力が向上したり，コミュニケーションが活発化したりするといった個人や組織，社会全体にとってのポジティブな影響があることも事実である。他方，若年ユーザの中に，これまで述べてきたようなソシアルメディアの利用傾向が多く示されるのであれば，自己同一性，すなわち「自分としてのまとまり」を獲得するという方向性とは逆に，自己が「拡散」し，希薄な自意識と，それに基づく希薄な他者との関係性を持つことが常態化し，健全な自己同一性の統合が阻害されてしまうことも懸念される。個人の中でさまざまな「モード」や「キャラ」，あるいは表層的な人格としての「ペルソナ」が乱立し，それらが適宜使い分けされながらも，場当たり的な反応や対応が繰り返され，それによって表面的には良好な人間関係が維持されているように見えたとしても，そうしたさまざまな自己像やペルソナを統合し，全体としてまとまりをもった，同一性を有する「自己」を発達させることが困難になることも考えられる。

　参加型監視環境としてのソシアルメディアを利用することを通じて，他者との過度のコミュニケーションが行われ，その結果としてデジタルアイデンティティに歪みが生じることは，特に若年ユーザにとって，思春期・青年期の発達課題である自己同一性の獲得という重要なプロセスに負の影響を及ぼす危険性を持つ。たとえば，デジタルアイデンティティをリアルな自己と混同してしまい，「自分はこのような人物である」という認識を持つ可能性もある。しかし，多くの場合，デジタルアイデンティティには何らかの歪みが含まれており，したがってそれは，本来的な意味でのリアルなアイデンティティとは一致しない。

　自己同一性が未成熟な段階では，人の自己意識は常に揺らぎ続け，自己同一

性の成熟化に不可欠な内省をしたり，他者への安定した信頼感情を育成したり
することが容易ではないことも考えられる。若年者にとって，青年期を経て，
以後の社会生活や複雑な現実環境に対応しうる確固とした自己を築き上げるこ
とは極めて重要な課題であるにもかかわらず，彼ら／彼女らが自己同一性のゆ
らぎばかりが増殖するような環境に置かれることは，長期的にみて個人，そし
て社会全体にとって大きなリスクとなりうることが考えられる。高度情報社会
の入口に立つ今日，こうしたことを踏まえた情報教育やメディアリテラシー教
育の確立が求められている。

注

（ 1 ）Shattuck, J. (1984). Computer Matching Is a Serious Threat to Individual Rights. *Communications of the ACM*, 27(6), pp. 538-541.

（ 2 ）Clarke, R. A. (1988). Information Technology and Dataveillance. *Communications of the ACM*, 31(5), pp. 498-512.

（ 3 ）Lyon, D. ed. (2003a). *Surveillance as Social Sorting : Privacy, Risk, and Digital Discrimination*. London : Routledge.

（ 4 ）「データ分身」とも訳され，データが構成する個人像を意味する。
Lyon, D. (2003b). *Surveillance after September 11*, Cambridge : Polity Press（清水知子訳（2004）『9.11以後の監視―〈監視社会〉と〈自由〉』明石書店）.

（ 5 ）鈴木謙介（2007）『ウェブ社会の思想〈遍在する私〉をどう生きるか』NHK 出版（92-93頁）。

（ 6 ）Gandy, O. H. Jr. (1993). *The Panoptic Sort : A Political Economy of Personal Information*. Boulder, CO : Westview（江夏健一監訳（1997）『個人情報と権力――統括選別の政治経済学』，同文舘）.

（ 7 ）Lyon, D. (2001). *Surveillance Society : Monitoring Everyday Life*. Buckingham : Open University Press（河村一郎訳（2002）『監視社会』青土社）.

（ 8 ）Pariser, E. (2011). *The Filter Bubble : What the Internet Is Hiding from You*. New York : Penguin Press（井口耕二訳（2016）『フィルターバブル――インターネットが隠していること』早川書房）.

（ 9 ）鈴木謙介（2007），同上書。

（10）Sunstein, C. (2001). *Republic. com*. Princeton, NJ : Princeton University Press（石川幸憲訳（2003）『インターネットは民主主義の敵か』毎日新聞社）.

（11）Sunstein, C. (2001)，同上書。

（12）Bozdag, E. and van den Hoven, J. (2015). Breaking the Filter Bubble : Democracy and Design. *Ethics and Information Technology*, 17, pp. 249–265.

(13) Foucault, M. (1975). *Surveiller et punir : Naissance de la prison*. Paris : Galli-mard（田村俶訳（1977）『監獄の誕生——監視と処罰』新潮社）.

(14) Mathiesen, T. (1997). The Viewer Society : Michel Foucault's 'Panopticon' Re-visited. *Theoretical Criminology*, 1(2), pp. 215–234.

(15) Whitaker, R. (1999). *The End of Privacy : How Total Surveillance Is Becoming a Reality*. New York : The New Press.

(16) Haggerty, K. D. and Ericson, R. V. (2000). The Surveillant Assemblage. *British Journal of Sociology*, 51(4), pp. 605–622.

(17) Vaidhyanathan, S. (2015). The Rise of the Cryptopticon. *The Hedgehog Review*, 17(1). https : //hedgehogreview.com/issues/too-much-information/articles/the-rise-of-the-cryptopticon-a-bibliographic-and-filmographic-guide（2020年9月26日閲覧）.

(18) Zuboff, S. (2015). Big Other : Surveillance Capitalism and the Prospects of an Information Civilization. *Journal of Information Technology*, 30, pp. 75–89.
Zuboff, S. (2019). *The Age of Surveillance Capitalism : The Fight for a Human Future at the New Frontier of Power*. London : Profile Books.

(19) 村田潔（2017）「参加型監視環境における人間疎外の構図：断片化される人間存在」,『日本情報経営学会誌』, 37(2), 97–108頁.

(20) Rannenberg, K., Royer, D. and Deuker, A. (2009). *The Future of Identity in the Information Society : Challenges and Opportunities*. Berlin : Springer.

(21) Odin Lab (2012). This is Me : RU Digitally Ready? Home of Digital Literacy and Digital Identity learning materials. http : //blogs.reading.ac.uk/this-is-me/（2020年9月26日閲覧）.

(22) 村田潔（2011）「汝のデジタルアイデンティティを知れ」,『日本情報経営学会第63回全国大会予稿集』88–91頁.

(23) 村田潔（2017）, 前掲論文.

(24) Erikson, E. H. (1959). *Identity and the Life Cycle*. New York : W. W. Norton（小此木啓吾訳編（1973）『自我同一性』誠信書房）.

(25) 柴山雅俊（2012）「現代社会と解離の病態」, 柴山雅俊編『解離の病理——自己・世界・時代』岩崎学術出版社, 163–192頁.

推薦図書

デイヴィッド・ライアン（田島泰彦・小笠原みどり訳）『監視スタディーズ——「見ること」「見られること」の社会理論』岩波書店, 2011年.

鈴木謙介『ウェブ社会の思想〈遍在する私〉をどう生きるか』NHK出版（NHKブックス）, 2007年.

キャス・サンスティーン（伊達尚美訳）『＃リパブリック：インターネットは民主主義になにをもたらすのか』勁草書房，2018年．

キャシー・オニール（久保尚子訳）『あなたを支配し，社会を破壊する，AI・ビッグデータの罠』インターシフト，2018年．

イーライ・パリサー（井口耕二訳）『フィルターバブル―インターネットが隠していること』早川書房（ハヤカワ文庫 NF），2016年．

練習問題

① 現代的な監視をもたらす ICT とはどのようなものであり，それらによってどのような情報が蓄積され，どのように活用されているのかについて説明しなさい。

② データベイランスシステムとは何かを説明した上でその実例を示し，それが社会，組織，個人のそれぞれにとってもたらす利便性とリスクについて述べなさい。

③ 参加型監視環境とはどのような状況を示すものなのか，またそれにはどのようなタイプがあり，そのタイプごとにどのような監視が行われているのかについて述べなさい。

④ デジタルアイデンティティとはどのような概念なのか，またそれはどのように形成されるのかについて述べなさい。

⑤ 参加型監視環境としてのソシアルメディアの利用が，特に若年者の自己同一性の形成においてどのような影響を与えうるのかについて説明しなさい。

第7章
ICT プロフェッショナリズム

　本章では情報倫理の重要な研究課題の1つである ICT プロフェッショナリズムについて解説する。ICT プロフェッショナリズムとは，ICT エンジニアをはじめとする，情報通信技術（ICT：Information and Communication Technology）の開発，運用，利用に関わるあらゆる主体にその確立が求められる態度である。現代の情報社会において，なぜ ICT プロフェッショナリズムが求められるのか，ICT プロフェッショナリズムを体現すべき ICT プロフェッショナルに求められることは何なのか，さらに ICT プロフェッショナリズムの阻害要因にはどのようなものが存在しているのかについて理解を深めることを本章の目的とする。

キーワード：プロフェッション，プロフェッショナル，ICT プロフェッショナリズム，ICT
　　　　　　 エンジニア，倫理綱領，説明責任，メニーハンズ

1　なぜ ICT プロフェッショナリズムが求められるのか

　ソフトウェアエンジニアをはじめとする ICT エンジニアのプロフェッショナリズム（コンピュータ／ICT プロフェッショナリズム）の確立，あるいは ICT エンジニアはプロフェッショナルとしてどのような態度と行動を一貫して示すべきかという問題は，情報倫理に関する議論の中でも長年にわたって中心的な地位を占め続けてきた。情報倫理で取り扱われる問題の多くは，ある種の職業倫理として扱うことができるので，情報倫理研究における考察の焦点を，個々の道徳的な ICT プロフェッショナルがコントロール可能な行為に絞り込むべきであるという主張もなされてきている。(1) 実際のところ，情報通信技術（ICT：Information and Communication Technology）はすでに社会・経済の隅々に浸透し，ICT ベースの情報システムの機能と挙動は広範囲の人々や組織に多大な影響を与えている。このため，情報システムの開発と運用に携わる ICT エンジニアは，自らの職業上の行為が他者に対してもたらす影響力に見合うだけの責任

を果たすことが求められ，一連の倫理原則に導かれながら，常に注意深く自分自身が持つ専門的な知識とスキルを使わなければならない立場に置かれているのである。

　以下，本章ではICT プロフェッショナリズムに関する議論を進めるうえで，「専門職」，「専門家」ではなく，それぞれ「プロフェッション」，「プロフェッショナル」という用語を使うことにする。その理由は，日本語の「専門職」，「専門家」とそれに対応すると考えられている英語の"profession","professional"とでは，意味が必ずしも一致していないからである。profession や professionalには「社会責任を負うべき存在」であるという意味が含まれており，類義語である trade や artisan とはこの点で明らかな違いを持っている。(2)したがって，たとえば料理人という職業は，ここでの議論ではプロフェッションではないことになる。他方，医師や法曹は典型的なプロフェッショナルであり，欧米では聖職者もそうであると考えられている。

　一般に，プロフェッションに就く者，すなわちプロフェッショナルは，自らの職務上の判断と行動がもたらした他者への影響に対して，作為・不作為に関わらず相応の責任（とりわけ説明責任）を負わなければならない。(3)たとえば，代表的なプロフェッショナルである医師が，職務上当然果たすべき注意義務を怠り，その結果，患者の生命に危害が及んだ場合や，科学的に見て明らかに不必要である検査や投薬を行うことによって，より高い収入を確保しようとする場合，そうした医師に対しては社会的な非難が向けられ，それに対する正当な反論ができない時には，医師個人としての資質に疑いの目が向けられることになる。また，こうしたことが頻繁に発生するのであれば，医師という職業そのものが社会からの尊敬を失い，プロフェッションとしての地位にも疑問符が打たれることになる。

　ある職業がプロフェッションとして成立するには次の4つの要件が求められると考えられている。(4)

①　高度に専門化された知識と技能の体系：特定のプロフェッションのメン

バーとしてのプロフェッショナルは，長年の教育と訓練で獲得された，高度で体系的かつそのプロフェッションのみで必要とされる一連の知識（BOK：Body of Knowledge）と技能を有しており，さらに，それらを科学研究と学習を通じて更新し続ける。

②　**責任を伴った自律性**：プロフェッショナルは，解決すべき問題に対して，自分が有する知識と技能を，自分自身の責任を十分に引き受けつつ，自由かつ自律的に適用する。プロフェッショナルが職業上何をすべきであり，すべきでないかは，すべて自らの裁量の下にある。

③　**プロフェッショナル組織**：プロフェッショナルの社会生活，ならびに個人生活は，自らの職業を中心として形成される。プロフェッショナルの組織あるいは団体は，明確かつ実践的な職業上の目標を定め，標準的な実務のやり方を定義し，職業に関わる資格や誰がその職業に就くのがふさわしいのかに関する認定を，その職業の目的と責任に基づいて統制する。

④　**公共サービス**：プロフェッションとは，公共サービスのため，あるいはプロフェッションの社会的機能を果たすために働くという目的を引き受ける，利他的な動機を前提とするものである。

ICTエンジニアという職業が，そもそもプロフェッションとして成り立つのかについては，疑問も呈されてきている。たとえば，コンピュータを使って行われる仕事は非常に多様であるため，それに携わる者の間で共通の「優秀さの基準」や「成功の概念」，「内的報酬」が成立しえないという指摘がある。(5)このことは，ICTエンジニアというプロフェッションに特有のBOKと技能の体系を定義することが困難であることを意味しており，同時にプロフェッショナルとしての義務を共通の価値観に基づいて定義することも困難にしている。したがって，同業者組織を形成することも難しい。また，ICTに関わる専門的な職業には，プロフェッショナルであると認証されるための標準手続きも，広く合意された標準的な教育プログラムも存在せず，プロフェッショナルとして

あるまじき行為をしたことに対する実効的な制裁のあり方も確立されていないため，ICTエンジニアはプロフェッションとして成立しないという見解もある。[6] 実際，そもそも同業者組織を形成することが難しいため，ICTエンジニアの資格認定をプロフェッショナル組織が独立的に行う制度を作ることには高いハードルがある。

　さらに，ICTエンジニアのほとんどが企業の従業員であるという事実は，企業の命令系統や利害関係から独立した立場のプロフェッショナルとしてICTエンジニアがふるまうことを困難にし，さらに所属する企業に対するサービスと公共サービスのどちらを優先すべきかというジレンマにICTエンジニアを陥らせる可能性をもたらす（コラム参照）。

　現在のコンピューティング環境においても，ICTエンジニアは上記4つの要件を満たす職業とはなっていない。しかも，ビッグデータや人工知能（AI：Artificial Intelligence）の普及を背景に，データアナリストやデータサイエンティストといった新しい職業区分が生まれてきており，コンピュータを使って行われる仕事の多様性は減少の兆しを見せていない。また急速なICTの進展は，ICTプロフェッショナルに修得が求められるBOKを流動的かつ拡大的なものにしている。ICTプロフェッショナルを認証するための標準的な手続きも確立されておらず，同業者組織もいまだに形成されていない。さらに，ユーザフレンドリなICT機器やアプリケーションの開発と普及によって，ICTプロフェッショナルとそうでない者との境界線があいまいになりつつある。

　しかし，だからといって，ICTプロフェッショナリズムを確立させるための努力を怠ってもよいということにはならない。ICTプロフェッショナルそのものの範囲が不明瞭であることは，ICTの開発，運用と利用に携わる者が社会に対して負うべき責任を何ら減ずるものではない。不可逆な進展を続ける情報社会において，ICTの開発と運用，利用は安全で快適な社会の構築・維持と，健全な経済の発展に重大な影響を及ぼすからである。人間的価値への配慮に欠けるICTや情報システムの存在は，ICTへの依存度をますます高めつつある今日の社会にとって，害悪に他ならない。したがって，とりわけICT

コラム◎従うべきは組織か，プロフェッションか？

　Aさんは，あるソフトウェア企業の開発部門に勤める優秀で責任感の強いエンジニアである。ある日，開発部長から「ソフトウェア開発のスピードを上げて売上を伸ばせ」という方針が開発部門に所属するエンジニア全員に伝えられた。しかし，この量優先の方針に従えば，ソフトウェアにバグが残る可能性が高くなり，同社のソフトウェアを使用する顧客企業の情報セキュリティにおいても大いに不安を残すことになる。

　こうしたとき，果たしてAさんは「何も考えず，ただ上司の言うことに従うべき」なのであろうか。それとも「プロフェッショナルとして，自分の反対意見を開発部長に伝えるべき」であろうか。開発部長が自分の意見に耳を貸さない場合には，「さらに上のポジションの人間に意見を具申すべき」なのか。企業内で意見が通らない場合は「内部告発するべき」なのであろうか。

　企業人として上司の命令に従うのか，それともプロフェッショナルとしての責任をまっとうすべきなのかは，企業に勤めるICTエンジニアが直面する可能性のあるジレンマである。人は通常，さまざまな社会的役割を有している。Aさんは企業人であり，プロフェッショナルであるばかりでなく，家族の一員でもある。自分の意見を上司に伝えることがトラブルに発展し，会社を辞することになれば，大切な家族と暮らすための収入も途絶えることになる。日本では，正当な内部告発をした者の企業内での立場を守るための公益通報者保護制度が存在してはいるものの，実質的に機能していないと言われており，内部告発をすれば「会社を裏切った者」として辞職に追い込まれるばかりか，同業他社への就職も難しくなることを覚悟しなければならない場合も多い。

ならびに情報システムの開発と運用の中心に立つICTエンジニアは，技術や自分が所属する組織と同等以上に，社会に対する興味を持ち続け，プロフェッショナルとしての態度を確立する努力を続けなければならないのである。またエンドユーザであっても，ICTの利用が社会に対する影響力を持ちうることを自覚しなければならない。なぜなら，あらゆる個人は社会の一員であることから生じる責任を逃れることができないからである。

2　ICT プロフェッショナルに求められること

(1)ソフトウェアエンジニア倫理・実務綱領

　現代の情報社会あるいは ICT 依存社会において，ICT エンジニアはプロフェッショナルとしてどのように考え，判断し，行動しなければならないのであろうか。これまでに公表されている ICT エンジニアのための２つの倫理綱領（code of ethics）に基づいて，ICT プロフェッショナルに何が求められているのかを確認していこう。

　ICT のめざましい進展と社会・経済への浸透は，営利・非営利を問わず多くの組織において，ICT ベースの情報システムが導入され，多様なタイプのコミュニケーションの支援や業務の自動化・効率化，顧客満足の向上など，さまざまな目的のためにそれが利用される状況を生み出した。こうした情報システムに組み込まれているソフトウェアの品質は，システムを活用する組織の行動の質を決定する要因となっており，したがって組織行動から影響を受ける広範囲の人々の生活の質や組織の行動の質，社会の豊かさの決定要因となっている。このような事実認識は，ICT エンジニアの中でも，とりわけ，情報システムの分析，仕様決定，設計，開発，保証，メンテナンス，テストに直接的な参加あるいは教育を通じて貢献しているソフトウェアエンジニアが，医師や法曹と同レベルのプロフェッショナルとしてふるまうことへの社会的必要性を認識させた。これを満たすための一助として作成されたのが「ソフトウェアエンジニアリングのための倫理ならびにプロフェッショナル実務綱領（Software Engineering Code of Ethics and Professional Practices）」（以下，実務綱領と記載）である。ともに米国に本拠地を置く学会である IEEE-CS（Institute of Electrical and Electronics Engineers-Computer Society）と ACM（Association for Computing Machinery）がジョイントタスクフォースを組織してこの実務綱領の作成と改訂にあたり，1999年に最終版（第5.2版）が承認され，公表された。[7]

　実務綱領は，「ソフトウェアエンジニアは，ソフトウェアエンジニアリング

を社会にとって有益で，かつ尊敬されるに値するプロフェッションとして確立するために，自らの職務に対して全身全霊で取り組まなければならない」とし，社会の人々の健康，安全，福利に対するその責務に従い，以下の8原則を遵守すべきであると明記している。

① 公共性——ソフトウェアエンジニアは公共の利益と調和するよう行動すべきである。

② 顧客ならびに雇用者——ソフトウェアエンジニアは，公共の利益と調和しながら，顧客と雇用者の最高の利益を実現するよう行動すべきである。

③ 製品——ソフトウェアエンジニアは，その製品と，製品に関する変更が，プロフェッショナルとして可能な限り最高の基準に合致していることを確保すべきである。

④ 判断——ソフトウェアエンジニアはプロフェッショナルとしての判断において誠実さと独立性を維持すべきである。

⑤ 管理——ソフトウェアエンジニアリングの管理者とリーダーは，ソフトウェア開発の管理ならびにソフトウェアメンテナンスの管理に対する倫理的アプローチに賛同し，それを推し進めるべきである。

⑥ プロフェッション——ソフトウェアエンジニアは公共の利益と調和するよう，そのプロフェッションの倫理性と評判を高めていくべきである。

⑦ 職業上の同僚——ソフトウェアエンジニアは他のソフトウェアエンジニアに対して公正で協力的であるべきである。

⑧ 自己の向上——ソフトウェアエンジニアは自己のプロフェッショナルとしての実務に関する生涯続く学習に参加し，かつそのプロフェッショナルの実務に対する倫理的アプローチを推し進めるべきである。

　8原則の第1として「公共性」が掲げられていることが示すように，ここでのプロフェッショナルに対する理解は，プロフェッショナルとは利他的な存在であって，その仕事は根本的に公共へのサービスであり，その判断や意思決定

は公共の利益によって導かれるものでなければならない，というものである。したがって，プロフェッショナルは必然的に自らの仕事に関する判断について自律性を維持し，それがもたらす結果に対して全面的に社会への責任を負うこととなる。利他性を維持しなければならない根拠は，プロフェッショナルが提供するサービスの他者に与える影響力の大きさに求められる。プロフェッショナルであるということは，自分たちの提供するサービスが他者に与えるインパクトについて，常に注意深く考えなければならない立場にいるということなのである。

　欧米諸国では，実務綱領が ICT プロフェッショナルの態度と行動のあるべき姿を記述したものであるとして高く評価されている。大学の情報系学部・学科の専門教育課程で，通常最終学年に設置されている「情報（コンピュータ）倫理」あるいは「ICT プロフェッショナリズム」といった講義において，この綱領の内容が解説され，さらにケーススタディを通じて学生が綱領に関するより深い理解を得られるよう教育プログラムが組まれていることも多い。IEEE-CS と ACM のコンピューティングカリキュラム合同タスクフォースによって制定されたソフトウェアエンジニアリングのカリキュラムガイドラインSE2004[8]には，ソフトウェアエンジニアリングを学ぶすべての学生の教育にソフトウェアエンジニアリングに関するプロフェッショナル実践を体験できる機会が含まれているべきであり，学生は倫理とプロフェッショナルの行動に関する理解と認識を得なければならないと明記されている。そしてこれを保証するために，プロフェッショナリズムに関する学習のための十分な時間を設定し，その中で，実務綱領を学生によく理解させ，さらにこの綱領に掲げられた 8 原則に精通させるための議論や活動に学生を参加させることが推奨されている。

⑵ACM 倫理・行動綱領

　ACM は1992年に「ACM 倫理ならびにプロフェッショナル行動綱領（ACM Code of Ethics and Professional Conduct)[9]」を制定し，2018年 6 月にこれを改訂した新綱領（以下，行動綱領と記載）を公表した[10]。改訂すべき理由は，旧綱領の構

造やそこに盛り込まれている項目，背後にある精神は適切であり続け，社会において一定の評価を得ている一方で，ICT関連の技術とプロフェッショナルの実務内容，さらに社会規範が劇的に変化しているため，綱領としての有用性を現在の技術環境においても維持するための見直しが必要となるというものであった。ICTエンジニアリングの実務者が，技術の急速な進展がもたらすコンピューティングの複雑性に目を奪われ，そのために倫理的実践の重要性を見失い，プロフェッショナルとして自らの責任を果たすことから心が離れてしまうことへの危惧も存在していた。(11)

　行動綱領の冒頭には次のような文章が書かれており，コンピュータプロフェッショナルが公共の利益を念頭に，その社会責任を果たすべきことが強調されている。

　　「コンピュータプロフェッショナルの行動は世界を変化させる。責任を持って行動するためには，コンピュータプロフェッショナルは，公共の利益を向上させることを一貫して念頭に置きつつ，自分たちの仕事のより広範囲にわたる影響について，常に熟考しなければならない。」

　またこの綱領においては，コンピュータプロフェッショナルの範囲を現役のエンジニアに限らず，これから実務に就こうとする者や，指導者，学生，インフルエンサー（影響力の強い情報発信者），そしてICTを影響力のある方法で利用するあらゆる者を含む非常に広いものに設定している。このことは，ICTプロフェッショナリズムの確立が期待される行為主体の範囲が，情報化の進展とともに拡大していったということを示している。さらには，コンピューティングに関わる倫理的意思決定プロセスが，あらゆるステイクホルダーに対して説明可能であり，透明性が確保されていることが，ICTの開発と利用に携わるすべてのプロフェッショナルにとって有益であることが指摘されている。

　コンピュータプロフェッショナルが守るべき基本的倫理原則としては，以下の項目が掲げられている。

① **あらゆる人がコンピューティングのステイクホルダーであることを認識しつつ，社会と人間の幸福に貢献する：**

・個人の人権，自律性，多様性を尊重する。

・できる限り多くの人々がコンピューティングサービスを享受できるようにする。

・社会的ニーズに応える。

・人々の健康，安全，プライバシーなどに関わるネガティブな社会的影響を最小化する。

② **危害を回避する：**

・不当で重大な身体的・精神的危害，情報の破壊や開示，財産や評判の毀損，環境の悪化などを回避する。

・善意の行為が意図せざる危害を招いた時には，責任ある者が危害状況を元に戻すか，できる限り軽減する義務を負う。

・情報システムの目的達成のために避けられない危害であって，倫理的に正当化できるものについては，それを最小化する。

・情報システムに関わるあらゆるリスクを明確に開示する。

③ **正直さと信頼性を維持する：**

・自分に関わりのあるすべての情報システムの機能，限界，潜在的問題について透明性を維持し，適切な人々に完全に情報開示する。

・故意に間違った情報や誤解を招く情報を与えることや，データの捏造・偽造，贈収賄などの不正直な行動をしない。

・利害の対立を招くような状況や，プロフェッショナルとしての独立性が損なわれる可能性のある状況については率直に申し出る。

・約束を守る。

④ **公正さを守り，差別をしない：**

・平等，寛容，他者の尊重，正義に常に配慮する。

・少数派も含めたあらゆる人々の公正な参加を促進する。

・年齢，肌の色，障害の有無，人種，国籍，宗教，性別など，不適切な要

因に基づく偏見から差別を行うことをしない。

・情報と技術の利用が新たな不平等を生んだり，既存の不平等を拡大したりすることに配慮し，人々の権利を奪い，抑圧するような，あるいは特定の人々のアクセスを排除するようなシステムや技術の開発を行わない。

⑤　**創造を生み出すために必要な自分や他人の成果物を尊重する**：

・他者による新規アイデアの創出，発明，創造，新たなコンピュータ製品の開発など成果物を，その者の功績であると認め，著作権，特許，企業秘密，使用許諾契約など，創造的仕事を行った者の権利を守る制度を尊重する。

・自らの知的創造物の他者による適切な使用を不当に妨害しない。

・公共の資源として公開・共有されている成果物に対する個人的所有権を主張しない。

⑥　**プライバシーを尊重する**：

・プライバシーのさまざまな定義や形式に精通し，個人情報の収集と保持，利用に伴って生じる権利や責任を理解する。

・個人情報は正当な目的のためのみに，また個人やグループの権利を侵害せずに利用する。

・自らが利用する個人情報の正確性を確保しつつ，それへの不正アクセスを防止する。

・個人情報の適正な収集と，保持，利用に関して，透明性の高いポリシーと手続きを確立する。

・情報の収集は必要最小限にとどめ，保持と利用の期間については明示し，それを順守する。

⑦　**秘密を守る**：

・職務上委託された秘密情報については，明確な法律違反や組織の規制との対立，綱領違反がない限りは，その秘密性を保護しなければならない。

そして，これらの基本原則に立脚して，コンピュータプロフェッショナルに

は，そのプロフェッショナルとしての責任を果たすために，次のように行動することを求めている。

① プロフェッショナルとしての仕事のプロセスと成果物の双方において，最高のクオリティが達成されるようにする。
② プロフェッショナルとしての能力，ふるまい，倫理的行為のいずれにおいても高い水準を維持する。
③ プロフェッショナルの仕事に関して現存するルールを理解し，尊重する。
④ 自分の仕事に対する職業上の同僚やステイクホルダーからの評価を受け入れ，また同業の他者の仕事に対する建設的で意味のある評価を行う。
⑤ コンピュータシステムとその影響に関する包括的かつ徹底的な評価を，起こりうるリスクの分析も含めて実施する。
⑥ 自分の能力の範囲内でのみ仕事を行う。
⑦ コンピューティング，とりわけその技術的側面と，コンピュータシステムが与える影響や機会，またシステムの限界と脆弱性に関する一般の人々の認知と理解を向上させる。
⑧ その権限を与えられているか，あるいは公共の利益のためにやむをえない場合にのみ，コンピューティングとコミュニケーションのための資源にアクセスする。
⑨ 確実で，しかも簡便な操作や設定が可能なセキュリティの確保されたシステムを設計し，実現する。

また，管理者や教育担当者のような指導的立場にいるコンピュータプロフェッショナルには，さらに以下のことを要求している。

① あらゆるコンピュータプロフェッショナルの仕事において，公共の利益が最も主要な問題であるという認識を徹底させる。
② 組織やグループのメンバーがその社会責任を果たすべきであることを明

言し，それを受け入れることを働きかけ，さらにいかに社会責任を果たしているかを評価する。

③　職業人生の質を向上させるために人材と資源をうまく管理し，活用する。

④　綱領に記載されている原則を反映するための方策と手続きを明示し，適用し，その運用をサポートする。

⑤　組織やグループのメンバーがプロフェッショナルとして成長する機会を与える。

⑥　ユーザが存在しているシステムの修正や利用を取りやめる際には，きちんとしたリスク評価を行うなど，注意を怠らない。

⑦　システムが社会のインフラに組み込まれていく際には，とりわけ細心の注意を払う。

　ICTエンジニアがプロフェッショナルとしての態度を確立することは，今後もますますICTへの依存度を高めていき，ICTベースの情報システムの脆弱性が，そのまま社会の脆弱性へと結びつく現代情報社会においては，まさに社会的課題になっているといえる。2つの綱領に明確に示されているように，ICTプロフェッショナルに求められるものは，ICTに関する高度な知識とスキルだけではなく，自らの仕事を通じて公共の利益に資することを第一義と考える態度と，それを具体的に実践できる能力である。また，そもそもプロフェッショナルには，自分自身が職務として行った行為やその成果物が，他の個人や組織，あるいは社会に対する負の影響をもたらした場合，その事実から目をそらさずに，責任をきちんと負うということが要求される。しかしながら，実務綱領や行動綱領のような良きガイドラインが整備されているものの，こうした態度と能力を身につけることは，必ずしも容易ではない。さらに，たとえICTエンジニアがプロフェッショナリズムを発揮する態度と能力を身につけることができたとしても，それを阻害する要因が存在していることもまた事実なのである。

3　ICT プロフェッショナリズムの阻害要因

(1)コンピューティングにおける説明責任

　プロフェッショナルとしての ICT エンジニアには，自らが開発と運用に携わる情報システムが他者や社会に対して負の影響や危害をもたらした場合，相応の責任を負うことが求められる。とりわけ説明責任（accountability）を果たすことが重要である。一般に説明責任がまっとうされることの社会的有用性は次のように説明される。[12]

①　自らの行為がもたらす危害やリスクの発生を阻止する，あるいは少なくともそれによる被害を最小化しようとする強いモチベーションを人々に与え，したがってよりよい行為へと導き，信頼性の高い社会の構築に寄与する。

②　不幸にして危害が発生した場合，誰がどの程度までそれに対する説明責任を負うのかが明確になっていれば，処罰の対象や賠償責任の所在も自ずと明らかになる。

　しかしながら，ICT あるいはコンピューティングの世界においては，ICT の利用によって発生する障害，リスク，危害に対する説明責任の所在，すなわち障害，リスク，危害について誰が，何を，どのステイクホルダーに対して，どこまできちんと説明すべきかをあいまいにする，次の 4 つの要因が存在するといわれている。[13]

①　メニーハンズ（many hands：多数の人々の関与）：情報システムは孤立して働く 1 人のプログラマによって開発されるのではなく，グループや組織によって開発される。そうしたグループや組織は，デザイナー，エンジニア，プログラマ，管理者などの，多様なスキルと専門知識を有する

さまざまな人々から構成されている。そのため，システムが何らかの危害を発生させた場合，誰が説明責任を負うべきなのかを特定することが難しくなる。

②　**バグの不可避的存在**：コンピュータシステムには，とりわけその規模が大きくなればなるほど，バグが不可避的に存在しているという「常識」がある。したがって，バグによって生じた危害や不都合は仕方のないものであり，プログラマやシステムエンジニア，デザイナーなどにその説明責任を負わせるのは合理的ではないと考えられている。

③　**コンピュータへの責任の押し付け**：何らかの問題や被害が発生した時に，人間が悪いのではなく，コンピュータシステムが悪いのだという主張がなされる。このことによって，問題や被害における人間の役割と責任は過小評価され，結局のところ誰も説明責任を負わないことになる。

④　**賠償責任なき所有権**：ソフトウェア産業は，製品に対する所有権を最大限に主張する一方で，ソフトウェアが引き起こす危害については，可能な限り説明責任も賠償責任も負わないようにしている。

これら4つの要因を取り巻く問題状況は，AI時代の到来を迎えつつある現在においても解消されるどころか，より深刻化する様相を示している。

(2)モジュール化設計とFLOSSの活用

規模の大きなソフトウェアを構築する際に標準的に採用されている設計思想がモジュール化設計である。これは，1つのソフトウェアを，機能的に相互に独立な部分（モジュール）から構成されるものとして設計するというものである。このことによって，デバッグの作業を効率化することができ，また品質の高いモジュールを他のソフトウェアのモジュールとして再利用することが可能となるため，ソフトウェア品質の維持と，開発時間ならびにコストの削減が可能になると期待されている。しかしモジュール化設計の採用は，メニーハンズの状況を複雑化する可能性を有している。たとえば，何年も前に開発されたモ

ジュールを，新規に開発される情報システムに再利用する場合，そのモジュールの開発者の所在が不明になっていることもあろう。このとき，長年にわたってモジュールに潜伏し，見つけ出されることのなかったバグが，新しいシステムに組み込まれたときに姿を現し，その結果として何らかの被害を発生させた場合，説明責任を果たすべき当事者が見当たらないことになる。

　また，モジュールとして FLOSS（Free/Libre and Open Source Software）が組み込まれた場合，メニーハンズをめぐる状況はさらに複雑となり，説明責任の空白が深刻化する可能性がある。FLOSS とはソースコードが公開され，誰もが自由に利用することができ，しかも改善提案をすることのできるソフトウェアモジュールであり，現在，さまざまなものが利用に供されている。FLOSSの品質は一般的に高いと考えられている。その根拠はリーナスの法則──「十分な目ん玉があれば，全てのバグは洗い出される」──に要約される。すなわち，多数の善意の共同開発者の参加が FLOSS のプログラムコード上の問題点を解消し，高品質を保証するというのである。しかしこのことは，2010年代半ばに，当時のウェブサーバの3分の2で利用されているといわれていた暗号ソフトウェアライブラリの OpenSSL に Heartbleed と Freak と呼ばれる深刻なバグが見つかったことで，必ずしも正しくないということが認識された。Heartbleed は少なくとも2011年12月31日から存在し，2年間もその存在を確認することができなかった。このバグを用いて，米国の NSA（National Security Agency）が情報収集に当たっていた可能性があるとも言われている。トラフィックを暗号化している多くのウェブサイトの情報を漏洩させることができる Freak の存在は，1990年代から10数年にわたって見過ごされてきた。しかしそれでもなお，FLOSS は現在，広く利用されている。最先端の AI システムにおいても，Hadoop や Spark といった FLOSS がビッグデータ解析と機械学習のために活用されている。営利企業が開発してきたソフトウェアのソースコードが途中から公開され，FLOSS 化されるということも珍しいことではない。

　リーナスの法則に書かれている「十分な目ん玉」の存在は，メニーハンズが拡大されることを意味している。FLOSS の開発に参加している多くのエンジ

ニアに相応の説明責任を問うことは，実質的に不可能であるかもしれない。まさに，「みんなの責任は，誰の責任でもない（everyone's responsibility is nobody's responsibility）」という状況が生み出されかねないのである。

　また一般的にFLOSSの利用規約には，FLOSSに「何らかの脆弱性やさまざまな問題が発見され，ユーザ側が被害を被ったとしても，我々は一切の責任を負わない」という免責条項が明記されており，ユーザはインフォームドコンセントの枠組みで，これを承認したうえでFLOSSを利用することになるため，潜在するバグが何らかの被害をもたらしたとしても，責任を取るべき主体がどこにも存在しないことになる。ここでは，「コンピュータへの責任の押し付け」ならぬ「ユーザへの責任の押し付け」がなされているとも見ることができる。

　しかしその一方で，こうした状況があるからといって，FLOSSを一切利用しないという選択肢は多くの組織にとっては経済合理性を欠くものである。またユーザがFLOSSのコードを逐一チェックすることは非効率的かつ経済的に非現実的であり，FLOSSを活用する意味を失わせてしまうため，開発者側の方針を受容することを，ユーザは実質的に強制されている。このことは，上記の「賠償責任なき所有権」の一種の変形として理解することができるであろう。

(3)自律型システムの利用がもたらす責任所在のあいまいさ

　現在，ビッグデータと形容されるほどの大量のデータの収集と蓄積が可能となり，それを高速処理する技術的環境が整う中で，AIのさまざまな分野への活用が期待されている。AI関連技術の中でも注目を集めているのが機械学習，とりわけ深層学習（ディープラーニング）である。この技術を活用することによって，AIを組み込んだ自律型システムの構築と運用が可能になってきている。すでに各種の自律型ロボットは実用化されており，自動運転車（autonomous vehicle）の実現も間近だといわれている。しかし，自動運転車が事故を起こした際の法的責任に関する議論がなかなかまとまらないことが端的に示すように，自律型システムの運用に関わる責任の所在を明確にすることは必ずしも簡単ではない。

　AI を組み込んだ自律型システムについては，それを開発したエンジニアであってもシステムのふるまいを正確に予測することも，したがって制御することも困難になり，その動作がブラックボックス化する傾向があるといわれている。こうした自律型システムの動作に関する予測困難性と制御不能性は，自律型システムの開発と運用に関わる人々に，その動作によって生じた危害や損害をシステムのせいにし，「コンピュータへの責任の押し付け」を正当化する契機を与える。このことは，自律型システムの普及がコンピューティングにおける説明責任をあいまいにする可能性が高いことを意味している。AI システム同士が情報ネットワークで結ばれ，相互連携しながら動作するようになれば，この傾向はさらに強められることになるであろう。

　また，自律型システムの動作の予測困難性と制御不能性に対する認識は，ユーザの責任においてシステムを利用することをインフォームドコンセントの枠組みで事前に認めさせるシステム開発者・提供者の姿勢を強化することになるであろう。ここでも「ユーザへの責任の押し付け」が見られることになる。

　さらに，この予測困難性と制御不能性は，AI ベースの自律型システムの開発と運用に当たって，何がバグなのかをあいまいにする可能性もある。システムのソフトウェアに，何らの論理エラーやコーディングエラーが存在しなくても，自律型システムの不具合や誤動作が発生し，それが人々の日常生活や社会生活に深刻な影響を与えることも起こりうるであろう。そのため，自律型システムの設計者や開発者が予想もしない挙動をシステムが示し，それが人々や社会に対する危害を発生させたときには，そこにはバグが存在するのだと，遡及的に判断せざるをえなくなるかもしれない。こうした状況での唯一可能なデバッグの方法は，システムそのものの利用を停止することであろう。このことは AI ベースの自律型システムの魅力を損なうものであるかもしれない。しかし，こうしたタイプのバグの存在に目をつぶり，システムを使い続けることによって被害が拡大することになれば，AI という技術そのものの魅力が大きく損なわれることとなり，AI の利用だけではなく，AI 関連の研究開発自体も滞ることになろう。そして ICT プロフェッショナリズムを確立することの社会

的意義にも疑問が呈されることになるであろう。

4　ICT プロフェッショナリズムの確立に向けて

　ICT プロフェッショナリズムの確立は，ICT への依存度をますます高めていく現在の情報社会において，喫緊の課題である。しかしながら，前節でも見てきたように，そこにはさまざまな障害が存在している。そのため，ICT プロフェッショナルを目指す者を対象とする，充実した教育プログラムの開発と提供が必要になるであろう。同時に，十分な教育と研鑽を積んだ ICT エンジニアを，独立して判断を下すことのできるプロフェッショナルとして尊敬し，その判断を尊重する社会を構築していかなければならない。

　現実の ICT エンジニアは，必ずしも大学の情報科学・工学系の教育カリキュラムを通じて専門知識を獲得しているわけではなく，また ICT が急速に発展していくため，職に就いてからも継続的に学習をしていくことが必要とされる。そのための学習プログラムは，現代社会が ICT に全面的に依存していることを考えれば，ICT プロフェッショナリズムの確立を視野に入れ，倫理的・社会的思考能力を身につけ，高めていくものでなければならず，この点で，特定の組織においてのみ有効なものであってはならない。したがって，企業や政府機関とは独立の組織が学習プログラムを開発し，さらにさまざまなレベルの ICT プロフェショナルの認証基準を制定し，ライセンスに近い形での ICT プロフェッショナル認定を行う仕組みを整えるといった方策を立てる必要があるかもしれない。この制度を有効にするためには，ライセンスを有していないエンジニアは，たとえば政府機関が発注元となる情報システム構築には関わることができないといった権威づけが必要となるであろう。

　ICT ベースの情報システムの開発と運用に関わるエンジニアが，その技術的な知識・技能やスキルがプロフェッショナルレベルに達していたとしても，倫理的に思考するための知識・技能や，倫理的に思考する習慣が欠けているのであれば，善意の情報システム開発が重大な社会的被害を発生させることも考

えられる。しかし，現実問題として ICT プロフェッショナリズムの確立は決
してたやすいものではない。エンジニアが自らの開発する情報システムの長期
的な帰結はもとより，短期的な社会的影響についてさえ適切に予測し対処する
ことは，一般に困難である。この点で，ICT プロフェッショルは，自らの知
的限界に対して謙虚に向き合う「無知の知」的な態度を常に持ち続ける必要が
あるのである。

注
（ 1 ）Gotterbarn, D.（1991）. Computer Ethics : Responsibility Regained. *National Fo-
rum : The Phi Beta Kappa Journal*, 71（ 3 ）, pp. 26–31.
（ 2 ）Murata, K.（2013）. Construction of an Appropriately Professional Working En-
vironment for IT Professionals : A Key Element of Quality IT-Enabled Serv-
ices. In S. Uesugi（ed.）*IT Enabled Services*, Wien : Springer, pp. 61–75.
（ 3 ）Murata（2013）前掲論文。
（ 4 ）Murata（2013）前掲論文。
（ 5 ）Hodges, M. P.（2001）. Does Professional Ethics Include Computer Profession-
als? Two Models for Understanding. In Hester, D. M. and Ford, P. J.（eds.）,
Computer and Ethics in the Cyber Space, Upper Saddle River, NJ : Prentice-Hall,
pp. 195–203.
（ 6 ）Linderman, J. and Schiano, W. T.（2001）. Information Ethics in a Responsibility
Vacuum. *Database for Advances in Information Systems*, 32（ 1 ）, pp. 70–74.
（ 7 ）Gotterbarn, D., Miller, K. W. and Rogerson, S.（1999）. Software Engineering
Code of Ethics is Approved. *Communications of the ACM*, 42（10）, pp. 102–107.
実務綱領の本文と各国語訳については，以下のウェブサイトからアクセス可能
である：https : //www.etsu.edu/cbat/computing/seeri/ethics-code.php（2020年
4 月19日閲覧）。
（ 8 ）IEEE-CS and ACM（2004）. Software Engineering 2004 : Curriculum Guidelines
for Undergraduate Degree Programs in Software Engineering. http : //sites.
computer.org/ccse/SE2004Volume.pdf（2020年 4 月19日閲覧）.
（ 9 ）https : //ethics.acm.org/code-of-ethics/previous-versions/1992-acm-code/（2020
年 4 月19日閲覧）.
（10）https : //www.acm.org/code-of-ethics（2020年 4 月19日閲覧）.
（11）Brinkman, B., Gotterbarn, G., Miller, K. W. and Wolf, M. J.（2016）. All Hands on
Deck for ACM Ethics. *ACM SIGCAS Computers & Society*, 46（ 3 ）, pp. 5–8.

(12) Nissenbaum, H. (1996). Accountability in a Computerized Society. *Science and Engineering Ethics*, 2(1), pp. 25–42.

(13) Nissenbaum (1996) 前掲論文。

(14) Raymond, E. S. (1999). *The Cathedral and the Bazaar : Musings on Linux and Open Source by an Accidental Revolutionary*. Sebastopol, CA : O'Reilly Media（山形浩生訳（2010）『伽藍とバザール』USP 研究所）.

(15) アダムス，A. A. (2014)「情報倫理研究の最前線（3）負担なきところにクオリティの恵みは訪れる」，『経営情報学会誌』23(1)，66–69頁。

(16) Yadron, D. (2014). Heartbleed Bug's 'Voluntary' Origins : Internet Security Relies on a Small Team of Coders, Most of Them Volunteers ; Flaw Was a Fluke. Wall Street Journal (11 April). https://www.wsj.com/articles/programmer-says-flub-not-ill-intent-behind-heartbleed-bug-1397225513（2020年4月20日閲覧）.

(17) Kumparak, G. (2015). "Freak" Security Flaw Discovered Lurking in Many Computers for Decades, Apple Promises Fix Next Week. http://techcrunch.com/2015/03/03/freak-security-flaw-discovered-lurking-in-many-computers-for-decades-apple-promises-fix-next-week/（2020年4月20日閲覧）.

推薦図書

マックス・ウェーバー（野口雅弘訳）『仕事としての学問　仕事としての政治』講談社（講談社学術文庫），2018年.

キャロライン・ウィットベック（札野順・飯野弘之訳）『技術倫理〈1〉』みすず書房，2000年.

ラース・スヴェンセン（小須田健訳）『働くことの哲学』紀伊国屋書店，2016年.

練習問題

① 現在，なぜ ICT プロフェッショナリズムの確立が求められているのかについて説明しなさい。

② ICT プロフェッショナルは，どのような態度や行動を示さなければならないのかについて述べなさい。

③ コンピューティングにおける説明責任の所在をあいまいにする要因にはどのようなものがあるのか説明しなさい。

第8章
情報社会における所有と共有

　本章では，現代情報社会における，所有あるいは占有と，共有との対立構造について，とりわけ知的財産とソフトウェアに注目して解説し，あわせて，現在注目されている，物やサービスを積極的に共有する取組みであるシェアリングエコノミーに関わる倫理問題について検討する。知的財産権保護が人間の創造活動にとって重要であると認識されている一方で，それが過度に行われることで，かえって創造性を圧殺しうることや，ソースコードがオープンにされているソフトウェアとそうでないものとが混在するソフトウェア環境の現状，さらにシェアリングエコノミーがもたらしうる格差の拡大などについて多方面からの議論が行われる。

キーワード：知的財産権，クリエイティブコモンズ，フリーソフトウェア運動，FLOSS，
　　　　　　シェアリングエコノミー

1　知的財産の占有と共有

(1)知的財産権保護の必要性

　現在，ほとんどの国で，経済的自由主義の根幹をなすものとして，個人ならびに法人の財産権が認められており，私有財産制度に対する法的保障が与えられている。財産権は物的財産だけではなく，情報や知識のような無形の知的財産についても認められている。日本の知的財産基本法の第2条では，知的財産とは発明，考案，植物の新品種，意匠，著作物その他の人間の創造的活動により生み出されるもの，また商標，商号その他事業活動に用いられる商品または役務を表示するもの，さらに営業秘密その他の事業活動に有用な技術上または営業上の情報であるとされ，知的財産権を構成するものとして特許権，実用新案権，育成者権，意匠権，著作権，商標権などが列挙されている。

　情報や知識が財産として保護されるべき最も大きな理由は，発明や発見といった知の生産・創造が，産業ならびに経済の発展を促し，また豊かな文化を

創り上げ，ひいては社会の繁栄をもたらすことに貢献すると期待されているからである。たとえば製薬産業のような，研究開発がその経済的価値創造の中心に位置する産業における知的財産権保護の，経済的ならびに社会的重要性は言うまでもないであろう。

　しかしその一方で，新たな発明・発見を実現し，知的財産を創造するためには，時間や労働力，設備，資材，技術などを投入する必要がある。しかも，このことが確実に知的財産の創造へと結びつくわけではない。むしろ，失敗の可能性のほうが大きく，知的創造活動は高い不確実性の下で行われるのが一般的である。したがって，人々に知的創造活動に携わることを動機づけるためには，知的創造に関わった個人や組織に対して，その成果物である知的創造物に関する一定期間にわたる独占的な権利を，法的に保障する必要がある。知的財産を法的に保護することなく，フリーライドを放置するのであれば，誰も発明や発見というリスキーな活動に携わることはないであろう。

　他方，情報通信技術（ICT：Information and Communication Technology）の発展と普及がもたらしたデジタル化の進展，すなわちテキスト，音声，画像，映像といった，ありとあらゆる情報がデジタルデータとして表現され，保存と流通が可能になった現在の技術環境は，知的財産の保護に対する脅威となっている。それを実感させたのは，ナップスター（Napster）をめぐる騒動であった。

　ナップスターは1998年8月に開発された，ピアツーピア（P2P：Peer to Peer）技術を利用した音楽ファイル共有ソフトウェアである。翌年5月にはこのソフトウェアを使ったファイル共有サービスの運営主体としてナップスター社（Napster, Inc.）が設立された。ナップスターをダウンロードしているパーソナルコンピュータの間では，ハードディスクドライブに保存されているMP3（圧縮技術を用いた音声ファイルフォーマット）形式などの音楽ファイルを，情報通信ネットワークを通じて共有することが可能であり，ナップスターは若者を中心として爆発的な人気を博した。しかし，音楽の著作権を無視したファイル交換が横行したことが問題となり，同年12月にアメリカレコード協会傘下の複数のレコード会社から著作権侵害として提訴され，結局，ナップスター社の事業は

2002年6月には操業停止に追い込まれた。

　コピー（複製）が容易で，しかもコピーによる品質の劣化が生じないデジタルデータの特性を考えると，ナップスターのようなソフトウェアの利用が放置されれば，理論的には，誰か1人が音楽データを購入することで，世界中の他のユーザは，それをインターネット経由でコピーし，同等の品質を持つデータを入手して，楽曲を楽しむことができる。これでは音楽産業は成り立たなくなり，音楽という文化も衰退していくことになる。こうした事情はコンテンツ産業についても同様である。また産業として成り立つかどうかという点においては，ソフトウェア産業も海賊版（違法コピー）の撲滅という同じような課題を抱えている。ICTの急速な発展と普及によって知的財産権保護が空洞化する事態の発生は，経済的に，そして社会的・文化的観点からも，回避されなければならないのである。

(2)クリエイティブコモンズ

　知的財産権保護のための法制度は，一貫して強化されてきた。たとえば，日本における著作権の保護期間は，「環太平洋パートナーシップに関する包括的及び先進的な協定」の発効により，2018年12月30日から20年間延長され，著作者の死後70年間となった。しかし，知的財産権の重要性が広く認められている一方で，その過度の保護によってもたらされる弊害についても指摘されるようになってきている。実際，知的財産権法では，知的財産の過剰な保護が，社会・経済の発展にとって不可欠な，知識の健全な流通や再利用に悪影響を及ぼすと考えられるため，その保護期間に制限が加えられているのである。

　米国の憲法学者ローレンス・レッシグは，著作権の保護に関連する規制が強化の一途をたどることで，とりわけサイバースペース上での活動に過度の制約が課せられることになり，健全な文化発展や創造的活動の促進に対する障害になっていることを指摘している。[1]すなわち，著作権の保護強化が，その本来の目的の1つであり，またインターネットの出現によって大いに促進されるはずの有用な知識の共有を阻害しているというのである。創造は，「既存の知識の

図8-1　クリエイティブコモンズライセンス

全ての権利　　　　　　　　　　いくつかの権利の主張　　　　　　　　全ての権利
　の主張　　　　　　　　　　　　　　　　　　　　　　　　　　　　　　　の放棄

（出所）Creative Commons Japan「クリエイティブ・コモンズ・ライセンスとは」：https://creative
commons.jp/licenses/（2020年9月28日閲覧）

新しい組み合わせ」であるとよく言われるように，ゼロからまったく新しいも
のを作り出すことではない。先人が知的活動にささげた努力の結晶を参考にし，
有効に利用することでその実現が可能となる。著作権の無意味な拡大は，創造
に必要な情報や知識の利用を抑圧することになり，また著作権侵害による訴訟
リスクを高めることで創造活動に携わる人々を委縮させ，ひいては人類の創造
力を弱めてしまう。そこで彼は，インターネット時代にふさわしい，著作物の
適正な保護と有効な再利用の両立を実現するために，著作物としての情報・知
識の占有と共有の適切なバランスを，その作り手が主体的に設定できる制度と
してクリエイティブコモンズを提唱した。

　現在，クリエイティブコモンズは，著作物の完全な占有と完全な共有という
両極端の間の中間領域において，「作り手の権利が守られつつ，誰もが平等に
作品を共有する」ことを実現し，ウェブが普及した世界において，創造性豊か
な環境を実現するための著作権保護制度として，その有用性が広く認められる
に至っている。図8-1に示すように，クリエイティブコモンズでは，自らの
著作物に対する限定された権利を主張する6種類のライセンスが設定されてお
り，著作者はこのうちから適切と考えられるライセンスを選ぶことができる。[2]
なお，クリエイティブコモンズライセンスの詳細については，Creative Com-
mons Japan のウェブサイト（https://creativecommons.jp/licenses/）を参照され
たい。

(3)ソフトウェアの占有と共有をめぐる議論

　1999年9月に，アマゾン（Amazon. com, Inc.）は，そのオンラインショッピ

ングサイトで提供しているワンクリック（1-Click）というサービスについてビジネスモデル特許を取得した。ワンクリックとは，ユーザがあらかじめ届け先住所や支払い方法などの必要な情報を登録しておけば，アマゾンのサイトで特定のボタンをマウスで1回クリックするだけで，物品の注文処理が完了するという仕組みである。そして翌月には，米国最大の書店チェーンであるバーンズ＆ノーブルがそのウェブサイトで展開していたエクスプレスレーンというサービスがこの特許を侵害しているとして，同サービスの提供停止を求める訴訟を起こした。

　ところが，これに対して猛然と異議を唱え，アマゾンをボイコットしようと声をあげたのが，高名なプログラマであるリチャード・ストールマンであった。彼は，アマゾンがクッキー（cookie）技術を利用したこの単純で重要なアイデアを独占しようとすることは，WWW（World Wide Web）や電子商取引全般への攻撃であり，アマゾンが他のウェブサイトを脅したり制限したりすることをやめると約束するまで，インターネットユーザはアマゾンからの物品の購入を取りやめるべきであると主張した。⁽³⁾

　フリーソフトウェア運動の中心的存在として知られるストールマンは，ソフトウェアのソースコードの非公開化や，取得，改変ならびに再配布を制限することに対して徹底して反対している。アマゾンのビジネスモデル特許を根拠とする訴訟についても，「開かれたコンピューティング」をサポートする立場から，一貫した反対姿勢を示したといえる。アマゾンの，ストールマンに言わせれば，知的財産として保護を受けるに値しない「技術の利用方法」を占有しようとする態度は，彼にとっては不道徳なものに他ならないのである。

　1969年にIBMがハードウェアとソフトウェアの価格を分離して別々に販売する「アンバンドリング」を発表したことをきっかけとして，ソフトウェア産業はハードウェア産業から独立した産業として成長していくことになる。⁽⁴⁾そして米国では1980年に著作権法が改正され，プログラムのソースコードが著作物として法的保護対象となり，プロプライエタリ（私有）ソフトウェアが多く流通するようになった。これに対抗する形でストールマンは1983年にフリーソフ

トウェアとしてのオペレーティングシステムGNU（グヌー）を共同開発するGNUプロジェクトを立ち上げ，さらに1985年にフリーソフトウェア運動の拠点としてフリーソフトウェア財団を創設した。

　ストールマンによれば，フリーソフトウェアの「フリー」とは，無料という意味ではなく，自由を意味するものであり，ソースコードを公開することでソフトウェアの透明性を確保し，しかもそれをユーザが自由に実行，コピー，配布，研究，変更，改良ができるようにすることである。そして，あるプログラムがフリーソフトウェアであるとは，そのユーザが以下の4つの自由を有するときであると定義している。

① どのような目的に対しても，プログラムを望むままに実行する自由（第零の自由）。
② プログラムがどのように動作しているか研究し，必要に応じて改造する自由（第1の自由）。ソースコードへのアクセスは，この前提条件となる。
③ 他の人を助けられるよう，コピーを再配布する自由（第2の自由）。
④ 改変した版を他に配布する自由（第3の自由）。これにより，変更がコミュニティ全体にとって利益となる機会を提供できる。ソースコードへのアクセスは，この前提条件となる。

　彼によれば，どのような形であれ，ユーザにとって，これらすべての自由が実現されていない状態は非倫理的であるとされる。なぜなら，そのことはユーザがプログラムとそのプログラムがユーザに与える影響とをコントロールする能力を損ねるからである。

　プログラムを実行する自由（第零の自由）とは，いかなる人間や組織でも，あらゆるコンピュータシステム上で，どのような種類の仕事であれ目的であれ，開発者や特定の団体と連絡する必要もなく，プログラムを使うことができるという自由を意味する。この自由においては，ユーザの目的が問題であって，開発者の目的は問題ではない。第1の自由と第3の自由を意味のあるものとする

ためには，そのプログラムのソースコードにアクセスできなければないため，ソースコードが入手可能であることはフリーソフトウェアにとって必要条件となる。第1の自由は元の版に代えて変更された版を使う自由も含み，第3の自由は改変した版をフリーソフトウェアとしてリリースする自由を含む。配布する自由（第2と第3の自由）は，変更したものもしていないものも，配布手数料があってもなくても，どこの誰にでも自由に再配布できることを意味する。⁽⁵⁾

ストールマンはプロプライエタリソフトウェアを不自由なソフトウェアであり，ユーザの自由とコミュニティを尊重しないものであるとし，ソフトウェアの所有者が，監視や干渉を含む，ユーザをコントロールするための不公正な力の道具としてそのプログラムを利用すると指摘している。⁽⁶⁾そして，無料であるかないかを問わず，プロプライエタリソフトウェアはしばしばマルウェアであると断じている。⁽⁷⁾

また，GNUプロジェクトから産み出されるソフトウェアについては，それらをパブリックドメインに置いて著作権を放棄するのではなく，「ソフトウェアを再配布する人は，変更してもしなくても，それをコピーし変更を加える自由を一緒に渡さなければならない」ということを主張するコピーレフト（copyleft）概念⁽⁸⁾をベースとしたGNU一般公衆ライセンス⁽⁹⁾が設定されている。パブリックドメインにソフトウェアを設定した場合，他の者がそれに変更を加えたソフトウェアをプロプライエタリソフトウェアにすることを拒否できないからである。

情報の自由な利用と流通を重んじ，冒険心に富んだ創造的実践を称賛するハッカー倫理⁽¹⁰⁾と通底するストールマンの思想は，競争市場環境におけるビジネス活動としてのソフトウェア開発ならびに販売が行われている状況の中で異彩を放つものであるといえる。ソフトウェアにおける改善とイノベーションの実現を，経済的インセンティブを与えることによって，あるいは市場競争を通じて促進することが，社会にとって正しい，善いことなのか否かは，簡単には結論が出ないであろう。しかしその一方で，2000年代半ば以降，FLOSS（Free/Libre Open Source Software）が多くの組織で積極的に利用されるようになっており，

ソフトウェアの占有と共有をめぐる状況は，新たな段階に入ってきているといえる。

　FLOSS という用語は，フリーソフトウェアの同義語として現在一般的に使われるようになっており，特にそこに含まれているオープンソースという言葉は，1990年代初頭から開発がはじめられたオペレーティングシステムカーネルのリナックス（Linux）が，多数のエンジニアのボランタリーな開発プロセスへの参加によってその品質を高め，商用オペレーティングシステムに勝るとも劣らない評価を得たことで一躍有名になった。ICT への依存度を高め，そこで機能しているソフトウェアの動作に多大な影響を受ける現代社会において，善意のエンジニアが自主的に，無償で開発にあたるオープンソーシングこそが，ソフトウェア開発の「あるべき姿」であるという意見も見られた。現在では，人工知能ベースのシステムを開発する際によく用いられるプログラミング言語の Python，情報通信セキュリティのための SSL（Secure Sockets Layer）/TLS（Transport Layer Security）プロトコルである OpenSSL，オフィススイートの OpenOffice と LibreOffice，統計解析のためのプログラム言語 R といった FLOSS が広く利用されている。Red Hat 社のようにオープンソースソフトウェアをベースとしたビジネスを展開する企業や，優れたオープンソースソフトウェアを生み出してきているアパッチソフトウェア財団（ASF : Apache Software Foundation）のような非営利団体が，FLOSS の開発と管理のために積極的な活動を行っており，FLOSS は今や高品質ソフトウェアとして完全に市民権を得ているといえる。

　また，ビッグデータ解析で注目を集めている，大規模データの分散処理を実行するためのオープンソースソフトウェアである Hadoop は，もともとグーグルが開発し，公表した分散ファイルシステムの GFS（Google File System）と，データの分散処理のためのプログラミングモデルである MapReduce をベースとして開発されたものである。そして現在そのもっとも一般的なバージョンを開発している ASF のプロジェクトには，Cloudera やインテル，マイクロソフトなどの営利企業も参加している。

　FLOSS は営利・非営利を問わず，多くの組織で利用されており，その情報システムのプログラムモジュールとして組み込まれることで，高品質のシステムを低コストかつ短期間で構築することを可能にすると期待されている。その一方で，プロプライエタリソフトウェアを供給している企業はソフトウェア著作権の保護を強力に推し進め，ソースコードを非公開にすることはもちろん，インターネットを介したユーザの監視にも力を注いでいる。BSA（The Software Alliance：旧名 Business Software Alliance）のような，プロプライエタリソフトウェアの海賊版の利用をソフトウェア会社に代わって監視，調査，摘発する業界団体も先進国各国で活動を行っている。

　こうしたことを見てくると，現在の FLOSS の興隆は，必ずしもストールマンが描く理想的なソフトウェア環境を実現するものではない。また，FLOSS であるか否かに関わらず，ソフトウェアの不具合や誤動作によって発生する被害については，開発者側はその責任を問われない体制が整えられている。ソフトウェアユーザは，インフォームドコンセントの枠組みで，ソフトウェア品質に関する責任の不在を受け容れざるをえないのが現状であり，FLOSS はこの状況に対して何らの解決にもなっていない。実際，世界のウェブサーバの3分の2で利用されているといわれている OpenSSL には，2014年4月に Heartbleed，翌年3月に Freak という情報セキュリティ上の深刻なバグが発見されており，FLOSS の高品質神話に翳りが見られた一方で，OpenSSL の利用規約には，このソフトウェアに「何らかの脆弱性やさまざまな問題が発見され，ユーザ側が被害を被ったとしても，われわれは一切の責任を負わない」という方針が明記されている。[12]ソフトウェア品質が，多くの組織の活動の質に影響を与え，さらに組織から製品・サービスを受け取る人々の生活の質に多大な影響を及ぼす今日，ソフトウェアの占有と共有をめぐる議論を超えて，ソフトウェアの品質に関する責任不在体制の是非が検討されなければならないであろう（第7章3（2）参照）。

2　シェアリングエコノミーの倫理

(1)シェアリングエコノミーへの注目とその背景

　FLOSS に見られるようなプログラムコードの共有に限らず，現在，物やサービスを共有する経済活動に注目が集まっている。これはシェアリングエコノミーと呼ばれるものであり，2000年代後半以降に海外を中心にこの言葉が用いられるようになった。日本では2010年代からこの言葉が一般に広まり，さまざまなタイプのシェアリングエコノミーへの取組みが行われてきている。シェアリングエコノミー促進室による定義に基づけば，シェアリングエコノミーとは「個人等が保有する活用可能な資産等（スキルや時間等の無形のものを含む）を，インターネット上のマッチングプラットフォームを介して他の個人等も利用可能とする経済活性化活動(13)」であるとされる。このような個人が持つさまざまな有形・無形の資源を他者と共有するシェアリングエコノミーのコンセプトに基づくサービスは多岐にわたっており，Airbnb（エアビーアンドビー）のように，一般家屋の空き家や空き部屋を宿泊施設として提供し，そこに宿泊したい顧客とマッチングさせる「ホームシェア」や，Uber（ウーバー）が事業化した，自家用車とその所有者の時間を，移動サービスを利用したい顧客に提供する「ライドシェア」がその代表例としてあげられる。

　シェアリングエコノミーの対象は，空間，移動，モノ，スキル，お金に分類され(14)，洋服や装飾品，農地などをシェアするサービスなど，そのサービスの内容はより拡大している。特に日本では，ホームシェアリングあるいは民泊と呼ばれるサービスが盛んに利用されるようになり，Airbnb をはじめとする民泊仲介サービスの利用が広く知られるようになりつつある。同時に，増加する民泊サービスに対する規制と適切な民泊の促進が社会的課題となり，2017年6月に住宅宿泊事業法，いわゆる民泊新法が成立し，2018年6月に施行されている。

　シェアリングエコノミーの各種のサービスは今後世界全体で大幅に拡大することが予想されている(15)。シェアリングエコノミーが台頭した要因としては，ス

マートフォンの普及とオンラインプラットフォームの整備・充実がある。すな
わち，シェアリングエコノミーの拡大には，個人が容易にアクセスし，利用可
能なシェアリングサービスのためのオンラインプラットフォームが不可欠であ
り，さらにそれにいつでもどこでも容易にアクセスすることのできるスマート
フォンの普及が必要だったのである。

　ライドシェアや自宅の一室を貸し出すホームシェアのように，企業が運用す
るオンラインプラットフォームを通じてユーザとマッチングされるサービスの
提供者が個人である場合，ユーザにとってみればサービス提供者の評判情報を
含む個人情報を必要な範囲で閲覧できることが，サービスの提供を受けるか否
かを判断する際に重要となる。また，サービス提供者側にとっても，ユーザの
個人情報がある程度まで確認できなければ，サービスの提供の可否を判断する
ことが困難になる。シェアリングエコノミーはＣ２Ｃ（Consumer to Consumer）
でのつながりを実現することが多く，個人所有の資産のシェアを個人間で行う
場合，サービスの提供側とユーザ側が相互に信頼に足る相手なのかどうか，相
手がどのような取引相手であるのかを個人情報によって確認できなくてはなら
ないのである。見ず知らずの相手同士での資産の貸し借りにはリスクが伴うた
め，リスク評価を正しく行う仕組みが整えられなければ，シェアリングサービ
スそのものが成り立たなくなる。そのために，ユーザにはオンラインプラット
フォーム上で，たとえばメールアドレス，電話番号，アカウント認証情報，本
人確認証明のための書類，クレジットカード情報といった詳細な個人情報の登
録が求められる。同時に，シェアリングエコノミーのオンラインプラットフォー
ムでは，サービスの提供者とユーザ双方に対する評価情報やクチコミが蓄積さ
れ，公開される仕組みが構築されている。このことによって，サービス提供者
とユーザの両者が，自分自身の評判を高め，維持することを動機づけられる。
こうした仕組みを通じて，サービスの提供者とユーザの両者間で，たとえ実際
に対面する機会が一切ないとしても，ネット上での一定の信頼関係を築けると
されている。

(2)シェアリングエコノミーの社会的課題

　シェアリングエコノミーの概念を実装した取組みによって，遊休資産の活用による経済や地域社会の活性化が可能となり，また，資源の共有によって廃棄物を減らすことができるため，自然環境の保全というメリットも生じるといわれている。しかしその一方で，社会的な，あるいはシェアリングエコノミーサービスを運用する上での制度的な課題も明らかになってきている。たとえば民泊に関しては，宿泊客によるゴミの大量投棄や騒音の発生，また地域で民泊を推進したために観光客の数が過剰に増加することなどにより，居住環境や治安が悪化し，住民が快適に暮らすことができなくなるといった社会問題が発生している。

　シェアリングエコノミーサービスの提供や利用によって，たとえば従来確保されていた移動や宿泊における安心・安全が損なわれたり，サービスの直接的な提供者でもユーザでもないステイクホルダーに悪影響が及んだり，またそうしたサービスが犯罪や不正行為の温床になるといった事例が生じることや，これらの事態が放置され，経済的・社会的コストが高まることが予測されれば，国や行政機関，地方自治体によるシェアリングエコノミーへの規制を導入あるいは強化せざるをえなくなる。そうなれば，規制の実施によって発生する有形・無形のコストは市民全体で負担することとなり，シェアリングエコノミーの進展によって達成されると期待されていた社会・経済のポジティブな変化にも歯止めがかけられることになる。上述のように，すでに日本では2018年6月には住宅宿泊事業法が施行され，民泊の増加によって生じる社会的課題に対する一定の対応が図られている。民泊をめぐる状況が改善されない場合や，より深刻な問題が発生するのであれば，さらに強い規制がかけられることになるであろう。そして現在，以下で述べられるようなイコールフッティングや課税，個人事業者保護に関する課題がシェアリングエコノミーサービスの提供に伴って発生していることが指摘されている。

①イコールフッティング

　シェアリングエコノミーサービスと同様のサービスや機会を提供し，競合す

る業界，たとえば，ホテルやタクシーなどの業界から見れば，競争条件を等しくすることを意味するイコールフッティングに関わる不平等が，シェアリングビジネスとの間で発生している。現在，ホテル・旅館業やタクシー事業については許可制となっており，その許可を得るために，事業者が一定のコストを負担してきた。⁽¹⁷⁾しかしながら，シェアリングエコノミーサービスを提供する事業者が明確な法的基準がないことを利用して，類似の事業を無許可で行うのであれば，許可を得るためのコストを支払う事業者は競争劣位に置かれることになる。シェアリングエコノミーサービスの提供が，競合関係にある既存業者の類似サービスの提供よりも大幅に低価格で行われる場合，既存業者の利益が失われることとなり，この点でイコールフッティングに関わる課題が生じうる。従来，競争市場においては，企業間競争がイコールフッティングを前提として行われることが，その市場の，そして競争そのものの健全性を保つための条件であると考えられており，この観点において現状のシェアリングエコノミーサービスの提供状況が市場や社会全体の混乱を生み出す危険性もあることから，既存産業の保護政策とそれを実施するための法的な制度や規制が検討されることになる。

②課 税

　シェアリングエコノミーサービスの提供者は，通常，専用のオンラインプラットフォームに登録し，そこで必要な情報を公開することで顧客とのマッチングの機会を得ている。プラットフォームを開発・運用する企業は，マッチングビジネスの仲介手数料という形で収益を上げることになる。一方，シェアリングサービスの提供者はサービスの対価として，ユーザから支払いを受けている。しかし，サービス提供者が得た収入は，どの範囲まで課税対象所得となり，それに対する税の徴収をどのように実施することができるのかという問題が発生する。

　日本の現状では，シェアリングサービスを個人として提供している者は，自営業者として位置付けられており，そこでの徴税上の論点として，次の2つの点が指摘されている。⁽¹⁸⁾1つ目は，仲介サービスを行っているプラットフォーム

企業に対し，サービス提供者の所得情報の提供を求める制度の導入が課題となり，プラットフォーム企業に情報提供のみならず，サービス提供者の事業所得（または雑所得）の源泉徴収義務を課すことができるか，という点である。2つ目は，適用される所得分類をめぐる問題であり，給与所得と事業所得における所得計算上の控除の扱い，事業所得と雑所得の区分に関する課題である。現在の税制上の特性を考えれば，個人としてのサービス提供者の多くが所得計算上の控除に関連して，給与所得者に比べ，不利な立場になる可能性がある。しかし，このことをすべてのシェアリングエコノミーのサービス提供者やその希望者が十分に理解しているわけではないであろう。

　上記の点はあくまで氷山の一角であり，課税に関する課題は厳密にはさらに多数存在しているかもしれない。日本国内においてシェアリングサービスを積極的に進展させることが，地域活性化や自然環境保護において有益であり，国や政府，地方自治体などにとって，政策的に推し進めるべきものであるとされる一方で，徴税に関する問題は早急な対応を迫られる重要な課題であり，また同時に，課税される組織や個人にとっても，シェアリングエコノミービジネスを行うべきか否かを判断する上で，注視すべき点である。

③個人事業者の保護

　課税上の問題の他に，シェアリングエコノミーサービスのプラットフォームを介してサービスを提供する個人の権益保護に関わる問題が付随的に生じる。前述のように，シェアリングサービスを提供する個人は原則として自営業者に位置づけられる。つまり，シェアリングエコノミーサービスのプラットフォーム企業と労働（雇用）契約を結ぶ労働者ではないため，そうした個人には労働法は適用されないことになる。[19]　したがって，シェアリングエコノミーサービスの提供者は，自らの都合に合わせて時間や場所を選択し，自由で自律的な働き方を実現することができる一方で，最低賃金や労働時間，休暇等に関する労働法上での保護は受けられない。[20]　そのため，シェアリングエコノミーサービスの提供者となっても，現状では労働保険制度や社会保険制度の適用において優遇されることはない。

　特に，シェアリングエコノミーサービスを副業としてではなく，本業として，そこから主たる所得を得ている個人は，このような問題を考慮する必要がある。このことはすでに述べた課税上の問題とも密接に関係しており，シェアリングサービスを提供する個人の保護という観点からもシェアリングエコノミーを名実ともに受け容れる社会システムが検討される必要がある。オンラインプラットフォームを提供する企業にとっても，そのシステムを通じて労働力や資産などを提供する個人をどのように保護し，安定的なシェアリングエコノミーサービスの提供を実現できるかは，そのビジネスの成否を左右する課題となるものと考えられる。

(3)共有が格差を広げる

　シェアリングエコノミーサービスの活用によって，個人の自由な取引や自律的な労働，また遊休資産の再利用が促され，自然環境の保護やより豊かな社会の実現が可能になるといわれており，個人の資産をオープンに利用できるための環境が整えられるべきであるという考え方がある。他方，これまで述べてきたような外部不経済や社会的な課題が生じてきている。しかしながら，シェアリングエコノミーがもたらす社会に対する負の影響は，こうした比較的目に見えやすいものだけではない。

　現在，シェアリングサービスをマッチングするオンラインプラットフォームを運営する企業は，ユーザとサービス提供者から手数料を得ることや，そこでの広告費を収入とする場合が多く，サービスの提供者であれユーザであれ，より多くのプラットフォーム利用者を獲得し，オンラインプラットフォームの広告媒体としての価値を高めることを目指している。そして，シェアリングエコノミーサービスの安全な提供と，プラットフォームビジネスの高い収益性を同時に実現するためには，サービス提供者やプラットフォーム利用者から提供された詳細な個人データや評判情報といった情報資源を蓄積し，それをビジネス目的のために的確に分析するための情報システムの構築とその有効活用が不可欠である。たとえば，シェアリングエコノミーサービスの提供者とユーザが信

頼に足るか否かを相互に厳密に評価するための仕組みを構築することで，より多くのサービス提供者やそのユーザを集め，さらに潜在顧客としてのサイト訪問者を増加させ，プラットフォームビジネスからの収益を向上させるとともに広告媒体としての価値も高めることができる。つまり，シェアリングエコノミーのオンラインプラットフォームを構築・運用する企業にとっては，シェアリングサービスの提供者もユーザも貴重な情報源であり，その個人データをできるだけ収集して，分析・活用することで，マーケティングの場としてのプラットフォームサイトの価値を上げることができるのである。この点で，シェアリングエコノミーサービスのためのプラットフォームビジネスは，検索エンジンやソシアルメディアのような他のオンラインプラットフォームビジネスと同様の利益獲得の仕組みを持ちうる。

　しかし，このような仕組みを実現するシステムは，不可避的にデータベイランスシステムとしての特徴を持つことになり，「サイレントコントロール」（第6章2（2）参照）を発生させる可能性がある。オンラインプラットフォームの運用システムが，シェアリングエコノミーサービスを提供する個人およびユーザが得られる機会や利便性を，システムに設定されたアルゴリズムに基づいて，当事者に認識されないままにコントロールするというリスクが発生するのである。

　たとえば，シェアリングエコノミーサービスの提供や利用に関する個人の評価が，プラットフォームシステムによって自動的に行われ，評価の高いサービス提供者やユーザは，オンラインプラットフォーム上で，検索結果の上位に表示されるなどの優先的な扱いを受けるとしよう。その際，個人に対する評価を決定するための基礎となる評判情報やクチコミ情報そのものがいい加減なものであったり，悪意をもって歪曲されたものであったとしても，システムがそれを完全に識別することができない限り，そうした誤情報も含めた形で特定の個人の評価に関する「集合知」が形成されることになり，個人に対する真実を反映しないランク付けや，バイアスがかかる形でカスタマイズされた検索結果が提供される。このことによって，特定の個人にとって不利な状況が生じたとし

ても，システムを運用する側にとっては，それは取るに足らないノイズやエラーに過ぎず，特にシステムの運用が自動化されているために，重要な問題として認識されることもないであろう。これに対して，シェアリングエコノミーサービスを提供あるいは利用する個人にとっては，自分の評価情報は，サービスの提供ならびに利用の機会に直接的な影響を及ぼすものであるにも関わらず，それがどのようなプロセスによって導きだされたのかを完全に知ることも，その適否を客観的に評価することもできない。したがって，このような個人評価のメカニズムを組み込んだオンラインプラットフォームシステムを運用する企業への情報資源の集中が，その企業に，シェアリングエコノミーサービスの提供ならびに利用を行う個人に対する，必ずしも意図的ではない，しかし実質的なパワーの行使を可能とするリスクがある。

　このような個人データに基づく個人評価値の算出と，そのオンラインでの公表は，リアルな世界でのモノや空間，労働力などのシェアに直ちに結びついていくこととなる。アルゴリズムによって，高い評価を得た者にはより多くのシェアリングの機会が与えられる。そして，個人評価の仕組みを取り込むことで，オンラインプラットフォームシステムそのものの評価が上がり，その利用率やシェアリングサービスの稼働率を高めることが実現されていけば，システムのアルゴリズムによって高い評価を得た個人はさらに評価を高める機会を得ることができ，一方，評価の低い個人はそれを挽回する機会を与えられないままに推移するかもしれない。富むものはさらに富み，貧しいものは貧しいまま，しかもその差はシェアリングサービスを提供する個人にも利用する個人にも明確に気づかれないままに拡大していくことになる。

　このようなデータベイランスシステムがシェアリングエコノミーサービスの背後で機能し続けるのであれば，シェアリングエコノミーの競争環境は，必ずしも公平なものではなく，むしろ過去の個人データに基づく，個人間の格差拡大のメカニズムとして機能していく危険性がある。シェアリングエコノミーが，どのような個人や組織に対しても公平でオープンに開かれた機会を与えるように見えたとしても，そこに特定のプラットフォームが介在し，その背後に一定

の価値が埋め込まれたアーキテクチャが設定されている限り，その内実はソシアルソーティングの仕組みとしての性質を潜在させていることになる。言い換えれば，個人が自律的に取引相手を選ぶシステムが確立されているように見えていたとしても，そのシステムが利用されればされるほど，モノやサービスの提供を受ける，あるいは与えるに値する個人なのかどうかは，特定のコンテクストやシステムアーキテクチャによって評価されるようになり，不可視な形でのユーザの囲い込みや格付けが生じるリスクが存在し続けることになるのである。

　こうしたことは，上述の課税や個人事業者保護などの問題とも相まって，特定の個人に不可逆な不利益あるいは大きな負の影響をもたらす危険性もある。シェアリングエコノミーのサービスに関わるさまざまな社会的・倫理的課題への対応が遅れたり，あるいは放置されるのであれば，たとえシェアリングエコノミーが何らかの恩恵を一部の人々にもたらすものであったとしても，社会全体にとってのリスク要因となることが考えられる。さらに言えば，シェアリングエコノミーの導入が国家全体を豊かにするのか，貧しくするのか，シェアリングエコノミーによって実現されるといわれている自然環境保全や経済の活性化が果たして本当に実現できるのかについても，現状では，明確な証拠が示されているわけではなく，その結論はでていないのである。

注
（ 1 ）Lessig, L.（2001）. *The Future of Ideas : The Fate of the Commons in a Connected World*. New York : Random House（山形浩生訳（2002）『コモンズ──ネット上の所有権強化は技術革新を殺す』翔泳社）.
　　　Lessig, L.（2004）. *Free Culture : How Big Media Uses Technology and the Law to Lock Down Culture and Control Creativity*. New York : Penguin（山形浩生・守岡桜訳（2004）『Free Culture』翔泳社）.
（ 2 ）Creative Commons Japan「クリエイティブ・コモンズ・ライセンスとは」, https : //creativecommons.jp/licenses/（2020年 9 月28日閲覧）.
（ 3 ）https : //www.gnu.org/philosophy/amazon.html（2020年 9 月27日閲覧）
（ 4 ）経営情報学会情報システム発展史特設研究部会編（2010）『明日の IT 経営のた

めの情報システム発展史』専修大学出版局。

（5）Stallman, R. M.（2002）. *Free Software, Free Society : Selected Essays of Richard M. Stallman.* Boston, MA : Free Software Foundation（長尾高弘訳（2003）『フリーソフトウェアと自由な社会——Richard M. Stallman エッセイ集』アスキー）. https://www.gnu.org/philosophy/free-sw.ja.html（2020年9月28日閲覧）

（6）https : // www. gnu. org / philosophy / free-software-even-more-important. html（2020年9月29日閲覧）

（7）https://www.gnu.org/proprietary/proprietary.html（2020年9月29日閲覧）

（8）https://www.gnu.org/licenses/copyleft.html（2020年9月29日閲覧）

（9）https://www.gnu.org/licenses/gpl-3.0.html（2020年9月29日閲覧）

（10）Levy, S.（1984）. *Hackers : Heroes of Computer Revolution.* New York : Doubleday（古橋芳恵・松田信子訳（1987）『ハッカーズ』工学社）.

（11）リナックスの開発に参加したエンジニアたちが求めたものは，金銭的報酬ではなく，自らのエゴの満足とハッカー社会での評判であるという見方がある。この場合，「無償」は，経済的報酬を受け取らないという意味になる（Raymond, E. S.（1999）. *The Cathedral and the Bazaar : Musings on Linux and Open Source by an Accidental Revolutionary.* Boston, MA : O'Reilly Media（山形浩生訳（1999）『伽藍とバザール』光芒社））.

（12）山崎竜弥（2020）「ICT プロフェッショナリズムの現代的課題——責任不在の情報社会における個人と組織」，『日本情報経営学会誌』，39（4），37–51頁。

（13）シェアリングエコノミー促進室「シェアリングエコノミーとは」，https://cio.go.jp/share-eco-center/（2019年12月20日閲覧）。

（14）株式会社三菱総合研究所　社会ICT イノベーション本部（2018）「ICT によるイノベーションと新たなエコノミー形成に関する調査研究報告書」，https://www.soumu.go.jp/johotsusintokei/linkdata/h30_02_houkoku.pdf（2019年12月20日閲覧）。

（15）矢野経済研究所（2018）「シェアリングエコノミー（共有経済）サービス市場は2桁増のペースで成長！〜法規制の影響はあるものの，民泊サービス市場の縮小は一時的な見通し〜」，https://www.yano.co.jp/press-release/show/press_id/1988.（2019年12月20日閲覧）。

（16）根来龍之（2017），「シェアリングエコノミーの本質と成功原理」，『Nextcom』30（特集シェアリングエコノミー），4–17頁。

（17）市川拓也（2016）「シェアリングエコノミーへの期待と課題〜日本経済の健全な成長に向けて〜」，https://www.dir.co.jp/report/research/policy-analysis/human-society/20161201_011453.pdf（2019年12月20日閲覧）。

（18）佐藤良（2017）「シェアリング・エコノミーの問題点——課税上の観点から」，『調査と情報——ISSUE BRIEF』No. 985（2017. 11. 30），http://doi.org/10.11501/

　　10992702（2019年12月20日閲覧）。

(19)　岡田悟（2017）「シェアリングエコノミーをめぐる論点」,『調査と情報——ISSUE
　　BRIEF』No. 983（2017. 11. 9）https：//doi.org/10.11501/10983262（2019年12月
　　20日閲覧）。
(20)　岡田悟（2017）同上稿，10–11頁。

推薦図書

ローレンス・レッシグ（山形浩生・守岡桜訳）『Free Culture』翔泳社，2004年．原
　　書は以下からダウンロード可能：http：//www.free-culture.cc/freeculture.pdf（2020
　　年9月30日閲覧）

スティーブン・レビー（松田信子・古橋芳恵訳）『ハッカーズ』工学社，1987年．

Stallman, R. M.（2002）. *Free Software, Free Society : Selected Essays of Richard M.
　　Stallman.* Boston, MA：Free Software Foundation（長尾高弘訳『フリーソフトウェ
　　アと自由な社会——Richard M. Stallman エッセイ集』アスキー，2003年：訳書は
　　絶版）．原書は以下からダウンロード可能：https：//www.gnu.org/philosophy/fsfs/
　　rms-essays.pdf（2020年9月30日閲覧）

レイチェル・ボッツマン，ルー・ロジャース（関美和訳）『シェア——〈共有〉から
　　ビジネスを生み出す新戦略』NHK出版，2016年．

練習問題

① 知的財産権保護はなぜ重要なのか，またそれが過度に行われることで，どのよう
　　な問題が発生するのかについて論じなさい。

② クリエイティブコモンズとは，何を目的とした，どのような制度なのかについて
　　述べなさい。

③ フリーソフトウェアあるいはFLOSSの「フリー」とは，どのような意味を持っ
　　ているのかについて説明しなさい。

④ 現在，FLOSSにはどのようなものがあり，どのように利用されているのかにつ
　　いて述べなさい。

⑤ シェアリングエコノミーのサービスにはどのような種類があり，社会や個人に
　　とってどのような価値や利便性をもたらすものであると言われているかについて
　　説明しなさい。

⑥ シェアリングエコノミーサービスの社会的課題や，シェアリングエコノミーサー
　　ビスを提供するためのプラットフォームシステムに潜在している倫理的課題につ
　　いて論じなさい。

第9章
ジェンダーとコンピューティング

コンピュータをはじめとする情報通信技術（ICT : Information and Communication Technology），またテクノロジーという用語を耳にするとき，それらを使うあるいは開発する主体として男性を思い浮かべる人は少なくない。実際にICTの研究開発に携わる人々やSTEM（Science：科学，Technology：技術，Engineering：工学，Mathematics：数学）を専攻する学生は，統計的にも女性に比べ男性が多い。しかしながら，ICTは性別にかかわらず男性にも女性にもさまざまな影響を与えている。実際のところICTは，無自覚のジェンダー差別の増幅装置として機能することもあれば，テレワークのような柔軟な働き方を可能にして，女性のキャリア形成の機会を拡張するという効果も有している。しかし，後者のような一見ポジティブな状況においても，既存のジェンダー問題が根強くあるいは形を変えながら存在し続けているのが実情である。本章では社会的・文化的性差とも言い換えられるジェンダーの視点から，ICTの導入が進む社会と職場環境の実相について読み解いていく。

キーワード：ジェンダー，女性エンジニア，女性労働，ソシアルメディア，テレワーク

1　コンピューティングに関わるジェンダー問題

(1)ジェンダーとコンピューティングという視点

　情報通信技術（ICT : Information and Communication Technology）の先駆けともいえる電話通信は，1870年代後半に米国において事業化されると，急速に発展し，普及していった。当時の電話通信は，手動で電話回線を接続する電話交換手と呼ばれる職業の人々が担っていた。この電話交換手という職業に就いていたのは，多くの場合，女性たちであり，情報ネットワークは電話通信産業における女性労働力によって支えられていた。

　1936年に英国の数学者であるアラン・チューリングによって，コンピュータの計算原理を示したチューリングマシンに関する論文が発表され，これを受け

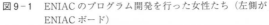

図9-1　ENIAC のプログラム開発を行った女性たち（左側が
ENIAC ボード）

（出所）Image in public domain, U.S. Army Photo, archive ref-
erence number 163-12-62, no copyright

て1940年代に入るとコンピュータの開発が急速に進められることとなった。こ
の当時が戦間期であったことも重なり，コンピュータのオペレーティングやプ
ログラミングは女性の仕事とされ，多くの女性たちが ICT に携わっていた。
たとえば，1943年に米国で設計が開始され，1946年に正式に使用が開始された
世界初のコンピュータといわれている ENIAC のプログラムを担当していたの
が女性たちであったことは広く知られている（図9-1）。しかしながら，1960
年代になり高速処理が可能なコンピュータや世界初の商用オペレーティングシ
ステムなどが次々と開発され，コンピュータの社会的影響力が増すとともに，
それまで多くの女性たちが携わってきたコンピュータのオペレーティングやプ
ログラミングは男性に取って替わられるようになった。そのため，コンピュー
タの黎明期には多くの女性たちがその開発に携わっていたにもかかわらず，そ
の後は現在に至ってもコンピュータあるいは ICT の研究開発や ICT 産業は男
性によって担われているという男性的（マスキュリン）なイメージが人々の間
に醸成され定着していくこととなる。実際のところ，ICT の研究開発に携わ
る男性は女性に比べてはるかに多く，また女性が雇用される場合には仕事内容

がたとえ同じであっても男性よりも安い賃金で雇用されていることも多い。⁽¹⁾

　こうした状況に対して，1970年代後半から欧米の女性研究者を中心として
ICT における女性差別問題やジェンダー問題を指摘する声が高まってきた。
すなわち ICT が持つ社会経済的影響力と政治的影響力が急速に高まる一方で，
女性が ICT の開発や利用から疎外されることは，そうした権力の源泉から疎
外されることを意味し，女性に対する不平等な社会状況を生み出すとともに，
その不平等が再生産されることへの懸念が高まったのである。1978年には米国
で Association for Women in Computing（AWC）が発足し，プログラマーや
システムアナリストなどコンピューティングをプロフェッションとする女性た
ちをサポートする活動が始まった。また英国では1988年に公的組織として
Women into Computing（WiC）が設立され，女性に対するコンピュータ教育
の普及とともにコンピュータ産業やコンピュータの研究開発に携わる女性への
支援活動を展開した。

　1995年には190カ国と2,000以上の NGO が参加した国連主催による第4回世
界女性会議が中国の北京で開催され，ジェンダー平等と女性の権利の実現を目
指す北京宣言および行動綱領が採択された。同会議では国連によって公式に
「ジェンダー」という用語が使用された。この言葉は日本においては「社会的・
文化的に形成された性別」という定義が内閣府によって採用されている。こう
したジェンダー平等実現に対する世界的な認識の高まりを受けて，コンピュー
ティングにおける女性差別やジェンダー問題は解決すべき問題としてより一層
注目を集めるようになる。2001年には英国コンピュータ協会（BCS：British Com-
puter Society）がこうした問題を検討する専門家グループである BCSWomen
を立ち上げ，コンピューティングにおけるジェンダー平等の実現を訴えるさま
ざまなキャンペーンを行っている。また米国でも2004年に National Center for
Women & IT（NCWIT）が設立され，コンピューティングに女性が重要な役割
を果たすためのコンピュータ教育やリーダーシップ研修などを通じて女性技術
者や技術者を目指す女子学生などを支援している。現在までに，このような支
援組織は世界各国で設立され，コンピューティングにおける女性のプレゼンス

を高めるためのさまざまな活動を展開している。

　今日，ICT は私たちの生活に不可欠なものとなり，経済も社会もそれなしには成り立たないほどの重要な社会基盤となっている。そこから女性が排除され差別されるということは何を意味するのか。ジェンダーとコンピューティングの視点は，経済構造や社会構造すら変えうる影響力を持つ ICT を，社会権力の源泉の 1 つとして捉え，男女の性別にとどまらず人種や教育水準などさまざまな差異を反映する社会的に構築された技術として捉える。すなわちそれは，ICT が複雑に絡み合う社会的文脈の中で生み出された道具であるとともに，私たちの生活を形づくる環境であることを提示する視点である。

(2)ICT と女性労働

　1960年代まで，プログラマやオペレータといったコンピュータに関わる職業は多くの女性たちによって担われていた。しかしながら戦争が終結し男性たちが再び職場へと戻り，またコンピュータが軍事利用から商用利用へと発展を遂げ経済社会的に大きな影響力を持つにしたがって，女性たちはコンピュータとの距離を広げていく。このことの背景には，男性は重要かつ複雑で困難な作業に優れているというジェンダーイメージが存在し，そのため，コンピュータの開発と実装・運用は多くの場合，男性に課され，一方，女性は単純かつ平易な作業に向いているというジェンダーイメージと家族のケアをするべきという女性に対する性別役割分業意識の影響があることが指摘されている。では実際に，ジェンダーは ICT の開発や発展，普及にどのような影響を及ぼしているのであろうか。

　私たちは誕生すると同時に，生物学的な観点から男女の性別を判断され，それは私たちの公的な「性別」という属性として登録される。この生物学的な性別をもとに社会的に構成されるジェンダー（社会的性差）が，「男性らしさ」や「女性らしさ」といったそれぞれの性別に対する社会的な役割や性質に関わる社会的期待を付与する。とりわけ日本では，こうしたジェンダーに基づく性役割意識が社会に深く浸透し，さらに伝統や文化とも高い親和性を持つことから，

社会生活や家族生活の中に性別に基づく差別がいまだに根強く残っている。こうしたジェンダーや性役割に関する社会認識は，ICT 分野おいても，その開発や利用の局面で，男性と女性との間での大きな違いを生み出している。

　近年，理系の学問分野を専攻する女子学生や女性研究者を意味する「リケジョ」という言葉が流行した。希少なリケジョの中でも ICT などの工学系を専攻する女性はさらに少ない。この原因として，ジェンダーに基づく女性に対するイメージによって，女性がコンピュータや機械について学ぶことに対して，女子学生だけでなくその家族や教員など周囲の人々も心理的な抵抗を持っていることがあげられる。さらに，女性が工学系を専攻することによって，社会に出てどのようにその知識を活かし働くことができるのかを体現するロールモデルとなる女性も少ないために，どのようなキャリアを構築することができるのかイメージすることが難しく，理学や医学など他の理系分野に比べても，工学を専攻する女性が少ないとの指摘もある。こうした状況のもとで，ICT の開発や利用には必然的に男性が多く携わることとなり，女性は少数になってしまうという循環が生み出されてきた。

　しかしながら近年，ICT のユーザフレンドリネスの進展によってその操作性が高まり，性別や年齢にかかわらず，多くの人々にとって ICT は非常に身近な存在となっている。また核家族化が進み，少子化が急速に進行する中で，労働力不足への懸念が深刻化し，それまで家庭での役割を期待されてきた女性たちの労働市場参入に対する社会的要請が高まっている。これらの技術的また社会的変化が，ICT とジェンダーの状況を変えつつある。すなわち，ビジネスの世界で不可欠なツールである ICT が「女性化（簡易化し操作がしやすくなる）」したことにより，人手不足に悩むさまざまな産業分野において女性の就労が促進されることとなったのである。とりわけ ICT 産業での労働者不足は深刻化しており，女性技術者の養成あるいは女子学生に対する STEM（Science, Technology, Engineering, Mathematics）教育の普及は，ICT の利活用を経済発展政策の中心に据える多くの先進国にとって重要な課題となっている。

　現在，人工知能（AI: Artificial Intelligence）の開発と発展そしてその普及には

第Ⅱ部　情報倫理の諸問題

めざましいものがある。しかし，AIにおいても女性差別やジェンダー問題は解消されていない。Amazonが利用を計画した，AIを活用した人事採用システムは，女性の採用に対して不利な判定を下すことが分かり，女性求職者に対する差別であるという批判を受けその導入が見送られた。日常的に多くのユーザが利用しているAppleの「Siri」やAmazonの「Alexa」といったAIを活用したシステムに女性の名前や女性の声を使うことによって，ICT企業が「優しくケアしサポートする」という女性に対する性役割やジェンダーイメージを社会的に増長しているという批判も起きている。AIはこれまでに蓄積されたデータに対する機械学習に基づいて機能するため，使用されるデータ自体が過去の女性差別やジェンダー差別を反映している場合には，AIも女性差別的あるいはジェンダー差別的に機能してしまう。すなわちAIはこれまでの社会のあり方を映す鏡ともいえる。近い将来，AIによって多くの人々が失業すると予測される中で，公平な社会の実現に向けて女性に対するより一層のSTEM教育の普及が望まれるとともに，ジェンダーに配慮したシステムの開発と運用が必要となろう。

(3)日本社会におけるジェンダーとコンピューティング

　日本はテクノロジー先進国あるいはロボット先進国と世界的にも認められており，新たなテクノロジーの開発と導入あるいは試験的運用も続々と行われている。しかしながら，日本でのコンピューティングにおけるジェンダー問題解消への取組みはこれまであまり注目を集めてこなかった。「リケジョ」という言葉が生み出されるほどに理工系の分野を専攻したり職業としたりする女性たちはいまだ少数に限られており，産業分野に関係なく女性の社会進出それ自体すらその途上にある。政府は女性労働力の活用と社会進出を政策的に促進しようとしている状態にとどまっている。

　一方で現在では，さまざまな情報をソーシャルメディア上で発信したり，友人やパートナーをオンライン経由で探したりと，女性も男性も同様にコンピュータやICTを日常生活において利用している。たとえばモバイル研究所が発行

する『ケータイ社会白書2019年版』では，スマートフォンの15歳から79歳までの平均所有率は男性が82.9％，女性が85.0％と，ともに非常に高く，その所有率ではいずれの年代においても性別による違いは見受けられない。[(2)]またコミュニケーションアプリを運営するLINE株式会社による最近の調査によれば，女性も男性と同じようにスマートフォンを保有し，またインターネットにアクセスする端末として男性よりも女性の方がスマートフォンを活用していることが明らかになっている。[(3)]こうしたことからも，従来，人々によって漠然と共有されてきた「女性は機械を操作するのが苦手である」という女性に対するジェンダーイメージと現実とは異なっていることが分かる。しかしながら，オンライン上あるいはソシアルメディア上ではジェンダーに起因する問題が後を絶たない。以下，その具体例をいくつか見ていくことにしよう。

①出会い系サイトで取引される「性」

現在，インターネットを介して新しい友人や恋人あるいはパートナーを探そうとする人に向けたマッチングサイトが数多く運営されている。「婚活サイト」やSNSを通じて人生のパートナーを探そうという人も少なくない。一方で，一部のマッチングサイトは「出会い系」とも呼ばれ，「性」を取引する場として使われている。最近では小・中学生のような若いユーザがこうしたサイトを経由して成人のユーザと交流し，犯罪に巻き込まれるケースがニュースとして報じられることも多い。人々を結びつけることを目的としたマッチングサイトやソシアルメディアは，時として「性」を目的としたツールとなり性犯罪を引き起こす危険をはらんでいる。

②声なき声とハッシュタグ＃

2017年10月に，米国の大手新聞社の1つであるニューヨーク・タイムズによって，同国の有名映画プロデューサーが若い女優たちに長年にわたってセクシャルハラスメントをしてきたことが告発された。それを発端として，セクシャルハラスメント被害者やセクシャルハラスメントの告発者を支援するためにTwitter上で「＃MeToo（ミートゥー）」のハッシュタグが拡散された。この「＃MeToo」のハッシュタグを使いセクシャルハラスメントを告発する動きは世

界中に広がり，日本でもセクシャルハラスメントの被害者とその支援者を中心に＃MeToo 運動が展開された。日本国内でも世界的にもいまだにセクシャルハラスメントを受けた側に問題があったのだという男尊女卑的な考えが依然として一部の人々の間にあるため，被害を受けた人が被害を訴えにくい風潮がある。＃MeToo 運動は，こうしたジェンダー差別や女性差別に立ち向かうための大きな試みであり，この運動は今も続けられている。

　また現代日本が抱える大きな社会問題ともなっている待機児童問題に絡み，2016年には待機児童を抱える母親による「保育園落ちた日本死ね」という匿名ブログを発端に，Twitter 上に「＃保育園落ちた」というハッシュタグが作られた。このセンセーショナルなブログタイトルは，同じ問題を抱える人々から注目を集めるとともに，その強いメッセージ性からそれまで待機児童にあまり関心がなかった人々にまでその社会問題の深刻さを知らせる契機となり，国会においても取り上げられるほどであった。それ以降，毎年保育園の入園許可の決定が通知される時期になると，保育園に子どもが入園できなかった保護者からのメッセージが「＃保育園落ちた」というハッシュタグとともに Twitter を介して共有・拡散されている。

　これまでセクシャルハラスメントや保育園に我が子が入園を断られたことなどは，大きな社会問題でありながらも，その苦しみや困難は個人的な問題とみなされ，当事者でない人々はその深刻さやその社会問題の存在自体をあまり知ることはなかった。こうした状況の中でハッシュタグは，同じ苦境に陥っている人々をソシアルメディア上で結びつけ，それまでは声なき声として他の人々には届かなかった小さな声を，社会問題として認識されるほどの大きな声に変える社会的なツールとなっている。

③擬人化するテクノロジーと人間

　情報通信技術の発展とともに，人間でないにもかかわらずユーザが家族や友人，また恋人のように感情移入する2次元キャラクターやロボットが数多く製品化されている。オンラインゲームの中には，そこに登場する架空の人物（2次元キャラクター）とパソコンやスマートフォンあるいはゲーム機などのデバイ

スを操作することによってやりとりすることができ，プレイヤーの思い通りに
（時に意図的にプログラムによって思い通りにならないように）ゲームを進めること
ができるものもある。とりわけ恋愛ゲームと呼ばれるジャンルは，プレイヤー
がゲームに登場するキャラクターとの恋愛関係を疑似体験でき，男性プレイ
ヤー向け（美少女ゲームやギャルゲーと呼ばれる）にも，女性プレイヤー向け（乙
女ゲームあるいは乙ゲーとも呼ばれる）にもさまざまな恋愛ゲームが開発されて
いる。またそれらのゲームの中でも過激な性的表現を含むものはアダルトゲー
ム（エロゲー）と呼ばれ，その販売にはさまざまな規制が課されている。

　これらのゲームのキャラクターには，一般的に従来まで多くの人々の間で醸
成されてきた女性らしさを強調した女性キャラクターが多く登場し，ゲームを
通じてそのプレイヤーたちが持つジェンダーイメージを強化するリスクをはら
んでいる。またジェンダー意識にとどまらず，テクノロジーが生み出す無機質
なゲームキャラクターがプレイヤーの感情や性に対して働きかけ，あたかも実
在する人間のように擬人化され取り扱われることが，プレイヤーの現実世界に
おける行為や人間関係にどのような影響を与えているのかについて，現在，行
動科学や社会科学の視点から研究が進められている。

　さらに AI の発展とともにサービスロボットの中でもパーソナルロボットや
ホームロボットの開発が急速に進められている。たとえばソフトバンクが展開
する Pepper（ペッパー）はメディアに頻繁に取り上げられたり，また地域のソ
フトバンクの店舗やイベントなどで設置されたりしていることから広く知られ
ている。こうした AI を搭載したロボットとのインタラクションにおいても，
開発者が持つジェンダーに関わる価値観や意識，あるいは AI の機械学習が使
用するデータに潜むジェンダー問題が，ユーザに与える影響について考慮する
必要がある。

　2014年 1 月 1 日発行の AI 研究に関する専門学術誌『人工知能』では，掃除
機が人工知能になったイラストが表紙を飾った（図 9 - 2）。それは，長い髪を
ひとつに束ね，ロングスカートを穿き，従順そうな眼差しを読者に向けながら
本を片手に物静かな面持ちで箒を持って掃除をするお掃除ロボットであった。

図9-2　『人工知能』(2014年1月1
　　　　日号) 表紙

この表紙のイラストは女性に対する性別役割
分業意識とジェンダーイメージを強く反映し
たものとしてジェンダーの視点からの批判を
受け，のちに差し替えとなった。この事例が
端的に示すように，たとえ研究者であっても，
自らが持つジェンダーや性役割に対して必ず
しも意識的に注意を払っているわけではない
のである。

2　テレワークと女性労働

(1)テレワークとその類型

　これまで述べた通り，ICT にはジェンダーに関わるさまざまな問題が存在
している。その一方で，ICT が女性の生活や人生にポジティブな影響を与え
てきている側面もある。その代表例がテレワークである。そこでは，ICT を
はじめとする技術が知識労働の割合を増加させることで女性労働の可能性を拡
げただけでなく，生物的な体の違いから時に男性とは違う価値観で生活する必
要がある女性が自分自身の能力を発揮する場を男性以上に拡げることにも貢献
してきている。

　テレワークは，英語で telework と書くことから分かる通り，遠く離れて(tele)
働く (work) ことである。政府の定義では，「ICT を利用し，時間や場所を有
効に活用できる柔軟な働き方」とされている。(4) しかし，現代社会の ICT 利用
は，オフィスでパーソナルコンピュータ (PC) を利用することだけではない。
工場ではコンピュータ制御されたロボットがインターネット経由で操作されて
物を作り，人間のコミュニケーションもスマートフォンなどの ICT 機器を利

コラム◎ジェンダーとセックス

　人間にはこれまで身体の生物学的特徴に基づいて「男」あるいは「女」という性別が付与され，その生物学的に割り振られた性別は出生届にも記載され公的に登録されるとともに，性別が「男性であること／女性であること」は私たちの日常生活においても大きな影響を及ぼしてきた。しかしながら，性別が生物学的に「男／女」であることと，私たちが生活する中で「男性であること／女性であること」を意識することは同じではない。すなわち，生物学的に男であるために人前で強くたくましく（男らしく）いること，あるいは性別が女であるために丁寧な言葉遣いで他者に優しく面倒見が良く（女らしく）いることは社会によって生み出されたそれぞれの性に対する意識である。前者の身体的な差異に基づいて規定される生物学的な性差は一般に「生物学的性差（セックス：sex）」と呼ばれ，後者の生物学的性差に基づいて社会的に構築された性差は「社会的性差（ジェンダー：gender）」と呼ばれる。

　社会的性差であるジェンダーに基づき，男性と女性それぞれに対して社会的に期待される役割を「性役割」，また男女ともにその性役割を担いながら社会や家庭での生活を送る働き方や暮らし方の区分を「性別役割分業」という。ジェンダーは日常生活の中で無意識のうちに人々によって受容されていることも多く，ジェンダーに潜む社会問題が認識されないままに人々の生活に影響を及ぼしていることも少なくない。たとえば，かつての日本で広く共有されていた「女性は数学や機械が苦手だからエンジニアには向かない」あるいは「男性は一家の大黒柱として家庭より仕事を優先する」といった女性や男性に対する偏った考え方は，社会的に作られた意識であり，時代とともにこうしたジェンダーにまつわる意識も変容している。現在では，女性の理系分野への進学や，女性技術者をサポートする多くのプロジェクトが企画運営されている。また男性に育児休暇を取るように促す政府のキャンペーンや企業の取組みも進められている。こうした社会動向によっても，ジェンダーは社会的に作られたものであり，時代や社会状況に応じて変容するものであることが分かる。

　さらに生物学的性差と自らの性への認識（性自認）が合致しない人々も次第に声を上げ始めている。現在では「LGBTQ（L：レズビアン，G：ゲイ，B：バイセクシャル，T：トランスジェンダー，Q：クィア）」という言葉のもとに，これまで自らの性に対して公に声を上げることができなかった人々が連帯し，ジェンダーに対する社会認識を変えようとしている。たとえば，世界各地でプライドパレードが開催され，多くの人々が街を行進することによって性の多様性を訴える運動を広めている（図9-3）。

　これまで性やジェンダーについての問題は個人の私的な領域での問題とされてき

図9-3　2006年サンパウロでのプライドパレード

（出所）特定非営利活動法人東京レインボープライド公式ホームページ（https://tokyorainbowpride.com/pride-parade/：2019年12月21日アクセス）

たため，その問題を共有し解決しようとする社会的な動きは活発ではなかった。しかしソシアルメディアが普及し，人々の生活に深く根付いたことによって，さまざまな情報を発信し他の人々と共有することが可能となった。#MeTooのハッシュタグを使ったセクシャルハラスメントへの訴え，あるいは虹色のプロファイルピクチャーを使うことで示すLGBT運動への賛同などソシアルメディアは新しい社会運動における重要な機能を担うようになっている。

用して行われている。つまり，デスクワークでなくてもICTをまったく利用しない業務は考えにくくなっているのが現状である。こうしたことが示すように，テレワークにおいては，ICTの利用そのものが重要なのではない。ICTの利用によって，働く時間や場所が柔軟になること，特に，場所の選択肢が拡がることが重要なのである。

　一般にテレワークとは，自分のオフィスとして本来定められている場所があることを前提として，そこを離れて働くことを指す。ただし，一口にテレワークといってもさまざまな視点から分類されている。⁽⁵⁾

　まず，雇用形態での分類がある。企業などと雇用契約を結んで従業員となっている者がテレワークを行う場合は，「雇用型テレワーク」と呼ばれる。雇用

されているので，どのようにどれくらい働くかは就業規則で決められ，労働法など関連法規の縛りを受ける(6)。同じ「契約」でも，労働者が雇用契約ではなく請負契約として，仕事そのものを契約するのであれば，雇用者と被雇用者の関係にはならず，自営業者となり，こうした場合は「自営型テレワーク」と呼ばれる。雇用と自営の違いは，芸能人で考えてみると理解しやすいだろう。芸能事務所で従業員として働く人は，その仕事がマネジメントであってもタレントであっても，雇用され，就業規則に従って指定された業務に就いている。しかし，専属タレントとして契約し，従業員として働くのではなく，仕事そのものをもらっているタレントは，本人の雇用契約ではなく仕事の請負契約であり，自営業である。テレワークでは，この雇用形態での分類がまず重要である。その上で，雇用型には場所と時間数による分類がある。自営型では働く人が場所と時間をある程度自由に決められることが多く，場所や時間を指定される場合でも契約の時点で検討・交渉の余地がある。

　場所の視点からの分類には，「在宅勤務」，「サテライトオフィス勤務」，「モバイル勤務」がある。在宅勤務は主に自宅で，サテライトオフィス勤務は自社の営業所や駅近辺等にある共同利用型のオフィスを利用して行う勤務である。これらは，通常の勤務場所とは異なる場所で一定時間働くことになるため，ICT環境だけでなく，実際にテレワークを行う人や周囲の人たちの「本来のオフィスではないところで働くこと」に対する意識がその実施の成否を左右する。これに対してモバイル勤務は，営業職などで外出業務のある人が，移動中にあるいは外出先で行うものである。たとえば，1つめの訪問先から2つめの訪問先に行く途中で喫茶店や共同利用型オフィスなどを一時的に利用して業務を行うことである。外出先でオフィスにいる人との連絡や報告書作成などで勤務時間を有効に活用して効率的に業務を進めることができる。移動にかかる時間が多い営業職のほか，出張や現場に出向く機会が多い業務では，ノートPCが普及し始めた1990年代後半からこの形態の導入が進んだ。今ではこれは特別なことではなく，ごく普通の働き方として認識されており，モバイル勤務を行っている人自身がテレワークを行っているという意識がない場合もある。また，これ

らを組み合わせて行う場合もある。

　時間数による分類には，すべての勤務時間を原則としてテレワークで行う「完全テレワーク」と，勤務時間の一部を行う「部分テレワーク」がある。前者は遠隔地在住者や障がい者のように，通勤そのものが困難な場合によく利用される。基本的には集合型のオフィスに自分の席はない。それに対して部分テレワークは，オフィスに自分の席がある上で勤務時間の一部をテレワークで行う。しかしその時間数は定義されておらず，出張が非常に多くオフィスに不在な時間が多くても部分テレワークであり，ごくたまに，たとえば子供の学校行事の関係で短時間だけ在宅勤務をして有給休暇と組み合わせて行うことも部分テレワークである。国の機関の調査では，週に8時間以上テレワークを行っている人を「テレワーカー」とみなすことが多い。

　他にも，雇用主には高度プロフェッショナル制度が適用される労働者以外は必ず労働時間を管理する義務があるため，労働時間管理が行われる働き方か否かが重要である。適用されている労働時間制度によって，テレワークのあり方にも違いがある。しかし，この分類は，労働に関する法律が変わることによって大きく影響を受けることや，法律の詳しい内容については本章のテーマから外れるため，詳細は割愛する。

(2)テレワーク実施時全般の倫理的問題

　テレワークが検討され始めた1980年代後半は，生産年齢人口（15歳～64歳）の女性就業率は第2次テレワークブーム直前の1995年でも39.7％であった[7]。その後，2001年で62.0％，2018年には76.5％まで上昇した[8]。男性は常に80％を超えていることや，女性のパート労働者率，つまり非正規雇用率の高さを考慮すると，男女がまったく同じように働いているわけではない。それでも，現在は女性が働くことが特別視されない社会になっている。女性が仕事と家庭生活の両立を考える時，子供の急病などの突発的な事態をテレワークで乗り切りたいという場面がしばしばある。そのため，少子高齢化での労働力不足が社会に影響を与えるようになっている現在は，女性が働きやすい環境を整えるためのテ

レワークが特に意識されている。既に技術的な環境（ICT環境）には大きな問題はない。しかし，テレワークには，いくつかの倫理的な問題がある。

　1つ目に，「制度化されていない場合の管理」の問題がある。雇用型では就業規則としてテレワークがきちんと制度化されていれば，テレワークは労働時間として算定されて，指定された方法で働くことができる。ところが国土交通省の調査では，制度化されていない状態でテレワークを行っている人が一定数存在することが明らかとなっている。制度化されていない自主的なテレワークは，経営者側から見ると効率的で人件費も通信費もかからず，従業員の業務に対する意識の高さを確認できるものかもしれない。しかしそれは裏を返せば企業としてテレワークで働くための環境整備がなされていないということでもある。特に在宅での費用負担や，PCやデータを外部で利用するためのセキュリティ対策とそのための規則が準備されていない場合が多い。そのため，セキュリティを保つためには，技術と知識に加えて，健全なセキュリティ意識を下支えする経営者と従業員双方の倫理観が問題になる。言い換えれば，制度化されていないテレワークは，セキュリティ面の管理について，従業員の倫理観とスキルに完全に依存しているのである。もちろん，制度化されていないということは，そもそも労働時間としては算定されないサービス残業であり，制度化されていない労働時間外のテレワークは，それが自主的であろうと指示されたものであろうと，存在自体が問題である。ただし，制度化されていれば安心というわけではない。一般的にセキュリティ対策は技術的な解決のイメージが強い。しかし，「社内PC以外で業務を行わない」，「社外秘の資料は持ち帰らない」，「家族にPCの画面が見える状態で働かない」，「社外では印刷をしない」といったテレワーク実施時の規則もセキュリティ対策なのである。これらの規則はそれを従業員が遵守しなくては意味がない。つまり技術的・制度的環境を整えても，運用する人間が，業務で扱う情報に対して高い倫理感を維持しなければ問題が発生しうるのである。制度化されていないテレワークの場合は規則が存在せず，管理されていない状態にある。当然，管理対策や教育は行われず，さらに問題が発生しやすい。これは自営型にもあてはまる。

　次に，高い自律性を，過度に，しかも自主的に意識してしまう「自律性と自主性への依存」の問題がある。そこにあるのは，「指示された仕事以上のものを自主的にやろうとする意識」や「通常のオフィス勤務よりも厳しい自律性を求める意識」である。テレワークでは，業務の成果は常に上司・同僚・部下や契約先の厳しい評価にさらされる。評価者が働きぶりを成果以外で見ることができないという状況が，結果として成果を強く意識させることになる。さらに雇用型では，休むのではなく，わざわざテレワークをしてまで働くということが，上司や同僚たちからの業務内容や成果に対する過度な期待につながりやすい。それは自律性や自主性を過度に求められることでもあり，通常の働き方よりも精神的な負荷が高まる可能性がある。見えないからこそ結果を普段以上に明確に見せようと強く意識するあまり，本来の就業時間を超えてサービス残業を行ってしまうこともある。裁量労働制（仕事のやり方と配分を自由にできる働き方）が適用されている場合はなおさらである。⁽¹⁰⁾

　この傾向は，短時間の部分テレワークよりも，時間数の多い部分テレワークや完全テレワークで現れやすいと考えられる。テレワークの時間数が多いほど，「普段の働いている姿を上司や同僚に見せることができない」という意識が働きやすくなるためである。そこでテレワーク導入時には，明確な残業禁止や，情報システムによる労働時間管理の工夫がなされている。⁽¹¹⁾しかし自主性が高く自律的で優秀な従業員ほど，自分の成果をあげるために，自分の責任範囲で可能な限り働こうとすることがよくあり，その自主性と自律性の高さによって，過労に陥る危険性がある。⁽¹²⁾時間管理されない自営型では，契約内容通りの成果を出して初めて対価が支払われる。しかし，契約内容（期間や対価など）自体に問題がある場合がある。育児・介護等との両立のために自営型を選択している場合は，突発的な問題で昼間の労働時間が急減すると，深夜労働で乗り切ろうとしがちである。また，次の契約につなげるためにより良い成果を出そうとすることを心がけて働き過ぎを招く場合もある。

　以上のようにテレワークには，それぞれの分類や状況に応じた問題があることは事実である。しかし，特に雇用型テレワークにおいて，テレワークを禁止

することが労働者の満足度を上げることにはならない。むしろ，禁止することによって，事情を抱えてやむなくテレワークで雇用を維持せざるを得ない人たちを窮地に追い込む可能性もあるのが，この問題の難しいところである。だからこそ，特に雇用型では制度化して管理体制を整え，従業員の自律性や自主性を過度に発揮させない仕組みが必要である。しかし，それを実現可能にするための働き方の制度にもさまざまな問題があり，一筋縄ではいかないのが現状である。

(3)テレワークによる女性の働き方と意識の変化における問題

　出産・育児・介護のみならず，家事の多くを抱えがちになる女性たちは，雇用されている場合，オフィスに通えない事情ができれば働けなくなる。また，決められた労働時間で働けない事情ができれば，同様に働けなくなる。育児・家事を1人でこなす男性も同様であるが，出産が伴う女性の労働は常にこれらの事情とのせめぎあいとなるのである。

　米国の社会学者アーリー・ホックシールドは，共働き家庭の女性の帰宅後の家事・育児・介護等を，第2の勤務という意味で「セカンドシフト」と呼んだ。⁽¹³⁾帰宅後の家事・育児・介護は，それぞれのサービスが家事代行サービスとして成り立つものであることを考えると，立派な「勤務」である。そして女性に求められているのはそれだけではない。子供が学齢期にある時は，学校のPTA活動や地域活動など，育児と並行した地域社会との交流が求められる。学習参観や懇談会などの学校行事への参加もある。テレワークを併用することで行事などに出席しやすくなり，地域参加に役に立つといわれている。しかし見方を変えると，女性に大きな負担を強いているともいえる。日本において社会問題として認識されている2025年問題，すなわち少子高齢化がさらに進行して活動できる人口が大きく減少に転じる状況に対して，女性を「税金を払える労働力」として「活躍」させることで乗り切り，さらに無償で地域を支える役割をも引き続き担ってもらう方法の1つがテレワークであると考えることもできる。

　女性労働を阻む問題として育児・介護がよくあげられる。しかし，セカンド

シフトはそれらが終われば楽になるわけではない。家事全般は人の営みと共に常に行われる。男女の家事負担率は少しずつ変わっているものの，若い世代でも，日本の男性の家事時間数は女性のそれを相変わらず大きく下回っている。特に自営型テレワークでは，「女性が家庭にいながらも，家事・育児・介護と両立して自由に働ける」というイメージがある。これは「女性に「家を守る」役割だけでなく，元気な限り常に両立して働く役割」を求めているということである。実際，テレワークを行う人の数は，女性では自営型テレワーク実施者が圧倒的に多い。男性に多い雇用型テレワークは部分テレワークが多い上に，定年になればテレワークを行わず，外に新たな仕事を求めることになる。その時，その企業がテレワークを認めていなければ，また，その男性がテレワークを希望しなければ，通勤して働くことになる。その間は家事から離れることができるのである。ところが自営型テレワークでずっと自宅で働いてきた定年のない女性たちや，雇用型テレワークで家庭との両立を図ってきた女性たちは，家事から解放されることはない。働けなくなるまで両立を図ることになる。テレワークによって働く場所と時間の自由を得たといいながら，実は健康な時間を自分のために使う自由は奪われているのである。しかも家事の大部分は女性が慣れて効率的になる上に，家事に対するICT支援の進展もあり，配偶者が外で仕事をしている限り，家事と仕事の両立を継続しているということに気づきにくくなるのである。これは，テレワークが性別役割分業の意識と行動を際立たせてしまうということである。

　「働き方改革」と，若い世代の労働時間に対する考え方の変化もあって，家事も趣味もすべて投げ出して仕事に身を捧げることを美徳とする風潮は以前のように主流ではなくなった。それでも依然として，日本の企業社会の働き方は，「健康で仕事を妨げる要素がない」ことと，「持っている時間を自由に仕事に使える」ことが前提の，従来の男性型人材の基準に沿っている。政府は「女性活躍社会」という看板を掲げて，「男性中心に整備された企業社会で女性が活躍する」ことを推進しようとしているが，これは，女性としての生活を維持している人たちに対して，好むと好まざるとにかかわらず，男性のような働き方が

求められているということである。しかも，その上で「女性」としての立場も
求められる。会議では役職にかかわらず「女性の視点」の意見が求められ，社
内や顧客先では女性らしいふるまいを求められる。つまり，女性労働力率が高
まっている現代社会の女性たちは，働くことでは男性化が求められながらも，
企業内や社会におけるふるまいや立ち位置は女性らしさを相変わらず強く求め
られているのである。それは職場だけではなく，帰宅しても同様で，「妻とし
て」，「母として」，「娘として」，「嫁として」，家事・育児・介護と地域社会に
おける女性の役割を果たすことを求められ，それに応えようとしている状況が，
女性たち自身にも，周囲にもある。$^{(14)}$このような両性の役割を同時にこなすこと
を手助けしていることの１つがテレワークであるとすれば，要領よく周囲と協
力してそれらをこなしていける人たちからすれば救世主であるテレワークも，
そうでない女性にとっては「自分の求めている生き方」から知らぬ間に遠ざけ
られる「働かせられ方」であるとも言える。

　また，働き続けたい女性たちにも事情の違いや温度差がある。女性と一括り
にして様々な議論が行われ，特に働きたい女性の働く自由を議論するあまり，
産前産後休暇の労働や，$^{(15)}$育児休業中の復職支援を含めた短時間のテレワークを
行う柔軟な働き方のイメージをことさらに喧伝することが，果たして女性全体
のためになるかどうかについては，疑問もある。本来は，多様な生き方とその
ための働き方を認めて，本人の希望を叶えるための産前産後育児中のテレワー
ク利用のはずが，「テレワークの制度があれば産前産後も育児中でも働けるは
ず」という，女性の生き方と働き方に対する考えの男性社会の論理による画一
化を促進してしまう危険性もあるのである。

　このように，テレワークを活用する女性たちは，男性型の働き方，特に専業
主婦による生活一般に対する強力な支援を得ながら働くことができることを前
提とする社会において，それに適応しようとしてきた。$^{(16)}$家事育児を完璧にこな
し，その上で仕事は男性以上に成果をあげても，男性優位の社会構造は変わら
ず，男女の賃金格差がいまだ大きいことを考慮すると，同じ土俵で男女が働い
ているとは言いにくい。さらに，男性にも同じ問題はある。男性が女性社会に

適応しようとしていくことには社会の目が厳しい部分がまだある。育児への男性参加の意識は高まっていても，家事の担い手を男性中心にすることに対しては，意識の地域差や個人差が大きく，特別な事情がない状態でそのような生き方を認めるための多様性に対する国全体の意識改革にはまだ時間がかかる。

(4)テレワーク社会における経営者と女性労働者の関係のあり方

　伝統的なジェンダー役割からの逸脱を簡単には許さない人々の意識を助長する男女賃金格差の原因の1つとして，最後に，「クラウドソーシング」という自営型テレワーク女性の搾取構造があることにも触れておきたい。クラウドソーシングとは，「不特定の人（クラウド＝群衆）に業務を外部委託（アウトソーシング）するという意味の造語であり，発注者がインターネット上のウェブサイトで受注者を公募し，仕事を発注することができる働き方の仕組み」[17]である。日本でも複数の仲介業者が存在しており，その多くが，掲載した仕事に対して請け負う側が価格を提示する方法をとっている。つまり，仕事を取るためには契約額を下げねばならず，従来は企業内部で最低賃金を確実に上回る給与を支払われる従業員が行っていた業務を，外部委託することによって最低賃金が保障されない自営型テレワーカーに押しつけるという形が取られているのである。

　以前から，自営型テレワークは，請負型であるために実労働時間で契約額を計算すると，最低賃金未満になることが指摘されている[18]。自営型テレワークでは10～20代で男性が多いのに比べて，30代では女性が圧倒的に多い。育児や配偶者の転勤といった事情によって，勤めていた会社は辞めなければならなくなったけれども，何とかして働きたいという思いがそこに見える。家事・育児・介護に追われながら，少しでも働いて家計の足しにと願う30代女性が，自宅で働くことと引き替えに，最低賃金未満の報酬と自営業のリスクを選択せざるを得ない状況になっており，クラウドソーシングは女性のテレワーク利用における大きな闇の1つである。そして，これは自営型に限らず，同様の考え方で成果主義に偏った雇用型テレワークを導入している企業組織があることを考えると，前項で見たようにテレワークが女性全体を疲弊させる大きな闇となってい

るとみることができる。

　では，倫理的な問題をはらむテレワークは女性にとって悪なのだろうか。答えは否である。もちろん，政府がよく使う宣伝文句のように，テレワークがすべてを救うということはない。それでも，テレワークで救われる人は多い。通勤できない事情や出社できない事情を乗り超えて，女性だけでなく男性も，家事・育児・介護と両立させながら，あるいは自身の心身障がいを抱えながらも働いて，家族との幸せな生活を送るという人間としての当たり前のことが，テレワークだからこそできたという人は確実にいる。一方で，テレワークをする人々をコスト削減の部品としか見ない人がいる。今後，社会の多様性がさらに高まるにつれて，働き方や働くことへの意識も多様化し，テレワークが有効とされる場面は増えると予想される。しかしその背後には，女性だけではなく男性にも，さまざまな倫理的な問題があることを忘れてはならないし，そのために経営者は，ロボットではなく人間である労働者がより良く働くための組織構築と倫理観向上に努めなければならないのである。

　最後に，進みにくかったテレワークを一気に進めた状況に隠された闇にも触れておきたい。2020年1月に顕在化した感染症であるCOVID-19（新型コロナウイルス感染症）の影響である。テレワークが感染症蔓延時の事業継続策として有効であることは以前から示されてきた。⁽¹⁹⁾しかし，COVID-19による全国的な休校・休業と共に行われたテレワークでは，子供たちの休校・休園に対応するためにまず女性が在宅勤務を行わざるを得ない状況が生まれた。また，夫婦共に在宅勤務となった時，女性は子供の面倒や食事の支度を休日同様に担いながら働き，男性の在宅勤務環境を優先的に整えようとする状況が生まれた。一見すると家族全員で乗り切っているように見える外出自粛要請中のテレワークでも，実はその状況を紐解くと，女性労働の問題は相変わらず続いていたのである。ICT環境がどのように高度化して人々の生活様式が変化しても，労働における男女格差を倫理的に解決しない限り，この問題の解決への道のりは遠いことをこのウイルスは突き付けたのである。ICT環境を駆使した新たな社会と労働環境の構築が，経営者や組織の倫理観向上につながるための具体的な

方策の立案と実行が求められている。

注

（1）Hicks, M.（2018）. *Programmed Inequality : How Britain Discarded Women Technologists and Lost Its Edge in Computing*. Cambridge, MA : MIT Press. 情報サービス産業協会が発行する『2019年版　情報サービス産業基本統計調査』によれば，日本のICT産業でICTエンジニアとして働く女性の比率は14.3%，また文部科学省「令和元年学校基本調査」によれば，大学（学部）で工学を専攻する女子学生の割合は15.4%となっており，いずれも他の分野と比較して女性の割合が低い水準にある。

（2）モバイル研究所（2019）『ケータイ社会白書2019年版』，http : //www.moba-ken. jp/whitepaper/wp19.html（2019年9月25日閲覧）。

（3）LINE株式会社（2019）「〈調査報告〉インターネットの利用環境　定点調査（2019年上期）」，https : //linecorp.com/ja/pr/news/ja/2019/2819（2019年9月25日閲覧）。

（4）総務省「テレワークの推進」，http : //www.soumu.go.jp/main_sosiki/joho_tsusin /telework/index.htm（2019年9月25日閲覧）。

（5）柳原佐智子（2019）「日本におけるテレワークの現状と今後——人間とICTとの共存はどうあるべきか」，『日本労働研究雑誌』，709, 16-27頁。

（6）公務員は労働法が適用されず，公務員法だが，雇用されているという意味では同じである。

（7）内閣府男女共同参画2000年プランのスタートにあたって，『男女共同参画2000年プランに関する報告書（第1回）』，http : //www.gender.go.jp/about_danjo/white paper/press/genjyo.html（2019年9月25日閲覧）。

（8）内閣府（2019）I-2-1図　就業者数及び就業率の推移，『男女共同参画白書令和元年版』，http : //www.gender.go.jp/about_danjo/whitepaper/r01/zentai/html/ zuhyo/zuhyo01-02-01.html（2019年9月25日閲覧）。

（9）国土交通省（2017）「平成28年度テレワーク人口実態調査——調査結果の概要」，https : //www.mlit.go.jp/common/001187592.pdf（2019年9月25日閲覧）。

（10）三家本里美（2019）「労働者の「自律性」と労務管理——裁量労働制に関する理論的検討」，『季刊経済理論』，56（2），37-47頁。
労働政策研究・研修機構（2014）「裁量労働制等の労働時間制度に関する調査結果　労働者調査結果」（JILPT調査シリーズNo. 125），https : //www.jil.go.jp/inst itute/research/2014/125.html（2019年9月25日閲覧）。

（11）柳原佐智子（2017）「在宅勤務者の自律性にシステム管理が与える影響」，『日本テレワーク学会誌』，15（1），13-20頁。

(12)　1日の労働時間が明確に決められておらず，実労働時間にかかわらず，あらかじめ決められた時間数を働いたとみなすことで時間では成果をはかりにくい仕事を行う人に適用される裁量労働制では，働く時間を自分で比較的自由に決められる。しかしそれでも深夜・早朝・休日勤務は通常の勤務とは別の扱いとなり，手当を支払わなければならない。また，裁量労働制でも決められた場所以外での業務は認められていないので，テレワークが制度化されていない場合，その都度，事業場外労働（別の場所で働くこと）の申請をしていなければ，すべてサービス残業となってしまう可能性がある。

(13)　Hochschild. A. (1989). *The Second Shift : Working Families and the Revolution at Home.* New York : Penguin（田中和子訳（1990）『セカンド・シフト』朝日新聞社）.

(14)　古賀広志，柳原佐智子（2019）「テレワークの7つの神話——地方の生活に根ざすオフィスの在り方についての一考察」，『日本テレワーク学会誌』，17(1)，19–27頁。

(15)　産後休暇については，産後6週間は，雇用主は原則として働かせてはいけないことになっているため，主に自営型テレワークの問題であるが，実際にはメールでのさまざまな連絡が流れてきて，業務から離れられない状況にある場合も散見される。

(16)　古賀広志，柳原佐智子(2019)「テレワークの7つの神話——地方の生活に根ざすオフィスの在り方についての一考察」，『日本テレワーク学会誌』，17(1)，19–27頁。

(17)　総務省（2014）『平成26年版通信白書』，http://www.soumu.go.jp/johotsusintokei/whitepaper/ja/h26/html/nc141240.html（2019年9月25日閲覧）。

(18)　佐藤彰男（2008）『テレワーク——「未来型労働」の現実』岩波新書。

(19)　柳原佐智子，吉澤康代（2013）「BCP型テレワーク導入方策とその意義——節電を目的とするテレワークの事例分析」，『日本テレワーク学会誌』，11(1)，80–91頁。

推薦図書

古賀広志・柳原佐智子・加納郁也・下﨑千代子編著『地域とヒトを活かすテレワーク』同友館，2018年.

ケイト・マン（小川芳範訳）『ひれふせ，女たち——ミソジニーの論理』慶應義塾大学出版会，2019年.

江原由美子『ジェンダー秩序』勁草書房，2001年.

佐藤彰男『テレワーク——「未来型労働」の現実』岩波新書，2008年.

ルース・シュウォーツ・コーワン（高橋雄造訳）『お母さんは忙しくなるばかり——家事労働とテクノロジーの社会史』法政大学出版局，2010年.

イリス・ボネット（池村千秋訳）『WORK DESIGN（ワークデザイン）——行動経済
　学でジェンダー格差を克服する』NTT 出版，2018年.
ナタリア・ホルト（秋山文野訳）『ロケットガールの誕生——コンピューターになっ
　た女性たち』地人書館，2017年.

練習問題
① 女性がコンピューティングや ICT 教育・研究に関わることが相対的に少ないと
　いわれている原因にはどのようなものがあると考えられるのかについて論じなさ
　い。
② セックスとジェンダーとはどのように異なるのかについて説明しなさい。
③ オンラインゲームやコンピュータゲームに登場する女性キャラクターにはどのよ
　うな共通する特徴があるかを調べ，そうした特徴にジェンダーがどのように影響
　していると考えられるのかについて論じなさい。
④ 女性の労働に対する価値観の変化を踏まえて，労働者人口が不足する日本社会に
　おいて ICT が女性の生活に対して，直接的・間接的にどのような影響を与える
　かを論じなさい。
⑤ テレワークが女性の社会的地位や自律的な生活設計について与えるポジティブな
　影響とネガティブな影響について説明しなさい。

第10章

先端的 ICT の倫理

　本章は，現在その利用が拡大しつつある，人工知能（AI：Artificial Intelligence），ロボット，IoT/IoE（Internet of Things/Everything），ビッグデータ，ウェアラブル，インサイダブル，ブロックチェーンなどの先端的な情報通信技術（ICT：Information and Communication Technology）の開発と利用がもたらしうる社会的および倫理的課題について，AI 倫理，サイボーグ倫理，ブロックチェーン技術に関わる倫理を中心に解説する。先端的 ICT という，その利用と普及の初期段階にあるエマージングな技術の倫理問題については，現在多様な議論が進められており，本章ではその一端を紹介することになる。

キーワード：AI，ロボット，ウェアラブル，インサイダブル，ブロックチェーン，仮想
　　　　　　通貨，ビットコイン，分散台帳技術（DLT）

1　AI をめぐる倫理問題

⑴AI システムがもたらす二重のブラックボックス化

　先端的情報通信技術（ICT：Information and Communication Technology）の中心的技術である人工知能（AI：Artificial Intelligence）においては，この10年足らずの間に，深層学習を中心とする機械学習技術の驚くべき進展が実現された。これによって AI の利用範囲は急速に拡大し，現在では検索エンジンや自動翻訳，自動運転車，金融，医療，行動ターゲティングなど，実に幅広い分野に AI が浸透することとなった。AI は，IoT/IoE（Internet of Things/Everything）機器としての各種センサーの発展・普及とソシアルメディアなどのオンラインアプリケーションやスマートフォンをはじめとするハンドヘルドデバイスの利用拡大が生み出してきたビッグデータ環境ならびにロボット工学と共進化の関係にあり，まさに今，先端的 ICT をドライバーとするスマート社会・経済の到来をわれわれは目の当たりにしている。しかしそこには，さまざまな倫理問題・

社会問題が存在している。

　たとえば検索エンジンの利用がもたらすフィルターバブルの問題がある[1]。検索エンジンに設定されているアルゴリズムは，ユーザの個人情報に基づいて検索結果をパーソナライズし，各ユーザに「最適のもの」を表示させるため，ユーザは従来の見解や好みに反する情報から遮断されるようになり，実質的に文化的あるいはイデオロギー的なバブル（気泡）の中に隔離されてしまうというのである。検索エンジンはサイバースペースから必要とする情報を効率的に見つけ出すための唯一の手段であるといってよい。したがって，その動作はわれわれの知る権利に大きな影響を及ぼし，言論と行動の自由の制約条件になりうる。政治的な意見や見解をインターネットから探し出そうとしたときに，バイアスのかかった情報の提供が行われれば，民主主義の機能不全を引き起こすことになり，市民社会の退廃や社会の分断化を招くことにもなりかねない[2]。

　しかも厄介なことに，今日のAIはその高度化された機械学習機能によって，それを組み込んだ情報システムを自律型システムとしてふるまうことを可能にする。このことは，AIの導入によってどのようにシステムが動作し，それによって誰にどのような影響が及ぶのかについて，プログラムを組んだエンジニアでさえ分からなくなるというAIシステムの予測困難性と制御不能性をもたらし，その結果として，人々にとって情報システムは予測も理解も困難なブラックボックスとして機能する状況を生み出すことになる。

　それでも現代人は，さまざまな組織が構築・運用する先端的ICTベースの情報システムが提供する情報サービスに依存して生活しており，意識するかしないかに関わらず，記憶や計算・推論能力を組織の情報システムにアウトソーシングする傾向にある。人々は，その技術的仕組みや背後にあるビジネスモデルを理解しないままに，しかしこうした情報サービスの存在と利用が当たり前のものになっているために疑問を抱くこともなく，たとえば何か知りたいことがあれば検索エンジンを，人間関係の構築・維持のためにはソシアルメディアを利用する。結果として，ブラックボックスとしての情報システムの機能に依存する現代社会そのものがブラックボックス化していくことになる[3]。

　その反面，監視とコントロール（第6章1参照）を基調とする情報システム⁽⁴⁾あるいはそれを運用する企業などの組織の側から見れば，そのコントロールの対象は入力と出力の関係のみで記述されるブラックボックスになっている。たとえば個人は，本人の属性・状態・行動に関する個人データの特定のパターンに対応してパーソナライズされた特定の情報サービスを入力として与えれば，かなりの確率で特定の行動という出力を返してくるという，入出力関係で記述されるブラックボックスとして扱われている。たとえこうした情報システムが個人の幸福の増進にエージェントとして奉仕することを意図して設計されていたとしても，個人のブラックボックス化は，人のモノ化を進行させ，アルゴリズムによる人間の支配を進展させることによって，人々の自由と自律，尊厳が損なわれる契機を生み出すことになる。

　社会がブラックボックス化するとともに，個人がブラックボックスとして扱われていくという，二重の意味でのブラックボックス化が進行する現在の社会・経済環境において，AI における予測困難性と制御不能性の存在は，それを組み込んだシステムの運用が何らかの問題を引き起こしたとしても，その原因を解釈することも説明することも困難にする可能性を高める。そのため，先端的 ICT によってドライブされるスマート社会とは，何らかの積極的な対応策を講じなければ，責任不在の，あるいは責任という概念が意味をなさない社会になってしまうのかもしれないのである。こうしたことから現在，AI ベースの情報システムのしくみや動きを透明化し，説明可能な AI（XAI：Explainable AI）を実現することが社会的課題として認識されるようになってきている。

(2)AI 時代における働くことの意味

　AI ベースの情報システムや AI を搭載したロボットが人間の労働の大部分を代替するという議論が社会的注目を集めている。英国の研究者と日本の野村総合研究所の調査研究では，米国の労働人口の47％と日本のそれの49％にあたる人々が就いている職種が，10年〜20年後には AI やロボットベースの技術によって代替されると予測されている。⁽⁵⁾

　今日，ICT は自動化の中核に位置している。一般に自動化技術は，その出現以前には人間が担わなければならなかった労働の一部またはすべてを代替する。この代替は通常，人間の生来の能力を大幅に上回る形で実現される過剰代替であり，したがってこれによって，人間が行っていた仕事や作業はより効率的に実施されることになる。また工業化の初期段階とは異なり，現在では多くの場合，自動化されることによって職場はより安全になる。しかしその一方で，自動化技術の導入によって雇用が失われること，すなわち技術の導入による失業が発生することもまた事実である。ただしこれまでは，新規に発明された技術の企業活動への導入がもたらす失業と，逆にそれらが産み出す新たな雇用機会とを量的に比較すれば，新規雇用機会の数のほうが上回ってきた。

　ところが現在の ICT の発展の動向を見れば，今後開発される先端的 ICT がもたらす失業は，社会全体として見ても，必ずしも摩擦的失業ではないかもしれない。つまり，自動化技術の導入によって職を失う人間と，それが生み出す雇用によって職を得る人間が異なるだけでなく，自動技術の導入が，それによって失われる雇用を補完するのに十分な雇用を生まないかもしれない。特に深層学習の開発は，AI のパターン認識能力を大幅に向上させた。このことによって，従来，人間でなければできないと考えられていた繊細で複雑な作業や，創造性が必要とされる仕事が，機械によって代替可能になると考えられている。深層学習の実用化を１つの大きなきっかけとして，AI ならびにロボットの性能は急速な進展を遂げ，これらの技術の，多くの組織におけるさまざまな職種への導入が積極的に推し進められようとしている。

　技術の発展と普及の歴史は「技術的に代替可能で，かつそれが経済合理的なものは，必ず技術によって代替される」ことを教えてくれる。先端的 ICT がもたらそうとしている雇用における人間と技術の代替関係の先鋭化は，有効な失業政策の立案と実施を喫緊の社会的課題とするとともに，改めて「人間にとって労働とは何か」あるいは「人間労働の個人ならびに社会にとっての価値」について考え直す契機をわれわれに与えている。

　仮に AI とロボットがほとんどすべての労働を引き受け，労働から「解放」

された人間には，日本国憲法第25条に書かれている「健康で文化的な最低限度の生活を営む」のに十分な収入（ベーシックインカム）と生活環境が与えられる社会が出現したとしてみよう。果たしてこうした社会は人間の幸福を実現するものなのであろうか。人間にとって労働が苦役であり，余暇が快楽であるのならば，そうだといえるのかもしれない。しかし人間にとって労働には，その対価として支払われる賃金によってもたらされる経済的な充足という価値だけではなく，労働という行為そのものに内在する価値があるということは，多くの人が実感するところであろう。働くことを通じて勤勉，努力，誠実，節約などの美徳を身につけることや良い人間関係を作る機会を得ることもできる。特に，働くことそのものが誇り高く，尊い行為であるという職業倫理観[6]の伝統を持つ日本では，自分自身の社会における存在意義を，仕事を通じて社会に貢献することと位置づける人も少なくないであろう。

　大多数の人々が働かないことが常態化した社会が出現した段階においては，働いた経験のある世代と，そうではない世代との間での勤勉や努力といった美徳に対する認識のギャップが，当然のことながら大きくなるであろう。後者の世代にとってみれば，人間労働が存在しないことによって，自己喪失感や人生の目的を見失うといった感情がもたらされることがなくても不思議ではない。しかし同時に彼ら／彼女らからは自己を向上させる意欲も失われるかもしれない。生まれた時から仕事がないのが当たり前であるため，自己投資をしようとする意欲を持たず，ベーシックインカムがあるので特に必要がなければ働かなくてもよいと，当然のように考えることになろう。自ら積極的に社会に貢献することなく，ただ与えられるだけの人間が多く存在することは，市民社会を衰退させ，政治のあり方や地球環境問題のような自らの小さなコミュニティを超える問題に対する人々の積極的なコミットメントを失わせることにつながる。人々の豊かな人生を実現し，持続可能な社会・環境を構築していくためにも，AI 時代のあるべき労働政策について，今まさに考えていく必要がある[7]。

2　サイボーグ倫理

(1)人間のサイボーグ化の進展

　科学技術を用いて人間の身体的・知的能力を強化しようとするトランスヒューマニズムの動向は，近年のウェアラブルならびにインサイダブルと呼ばれる小型 ICT 機器の開発によって新たな局面を迎えている。これらのサイボーグ機器を利用した人間のサイボーグ化が着々と進行しているのである。

　ウェアラブルとは医療以外の目的で利用される，衣服や装身具に組み込まれた，あるいは直接身体に取り付ける ICT 機器で，ユーザとの間でさまざまな情報のやり取りをすることによって人間が生来持っている身体的能力や認知，記憶，思考などの知的能力を高めるものである。一方，インサイダブルは医療以外の目的で人間の体内に埋め込むタイプの ICT 機器のことを指し，ユーザとの間でさまざまな情報をやり取りすることを通じて，人間の身体的能力や知的能力を増大させたり，あるいは機械を遠隔操作するといった新しい能力を与えたりするものと定義される。心臓ペースメーカーのような医療用の体内埋込型機器と区別するために，インプランタブルではなく，インサイダブルという呼称を用いる。

　これら2種類のサイボーグ機器の開発と利用にはすでに多くの事例がある。たとえば，スマートウォッチやスマートグラス，フィットネストラッカーのようなウェアラブルは，アーリーマジョリティ層にまで，その利用が広がろうとしている。人体着用型ロボットは介護現場での介護者の身体的負担の軽減のために導入されてきており，装着者の脳波を読み取ることで「考えるだけで動く」タイプの強化外骨格も開発されてきている。[8] 意図的にまばたきをすればビデオ撮影ができるスマートコンタクトレンズも開発された。[9] インサイダブルに目を転じると，皮下埋込型 RFID（Radio Frequency Identification）を自宅やオフィスの鍵代わりに，また本人認証のために使用する例などが報告されている。[10] 健康な人の脳にコンピュータチップ（ブレインチップ）を埋め込んで認知能力を増進

したり，PC やスマートフォンなどの機器を使用することなしにインターネットにアクセスできるようにしたりする計画も進められている。⁽¹¹⁾体内埋込型の羅針盤やマイクロコンピュータ，ヘッドフォンはすでに開発されており，⁽¹²⁾さらにDARPA（Defense Advanced Research Projects Agency：米国国防高等研究計画局）では，人間の脳とコンピュータとの間での直接的なコミュニケーションを可能にする先進的インサイダブルを開発中であり，これによってサイボーグ兵士の登場も間近であるといわれている。⁽¹³⁾ウェアラブルとインサイダブルの中間的なものとしてはハイテクタトゥーをあげることができる。これは皮膚表面に取り付けるタイプのハードウェアであり，心拍数や体温といったデータを測定・保存し，これをスマートフォンアプリに送信する機能を有している。⁽¹⁴⁾

　これまでのところ，広く一般に受け入れられているサイボーグの定義は存在しない。その一方で，人間の脳の高い可塑性が，使用する道具や機械，技術と人間とが一体化する感覚をもたらし，そのため心や人格の形成において非生物学的要素が無理なく取り込まれ，透明化されてその存在を意識させなくなっていくことから，人間は生まれながらにしてサイボーグであるという指摘も存在する。⁽¹⁵⁾ホモファーベルとしての人間は，⁽¹⁶⁾生物学的な脳と非生物学的なリソースあるいは人工物とにまたがる心と自己／アイデンティティを持った思考・推論システム，すなわち人間-技術共生体という意味でのサイボーグなのであり，したがって人間がサイボーグになるためには外科的な処置が必ずしも要求されるわけではなく，人間の自己とはその形成において非生物的な体外要素を「自然に」取り込むことができるほどに柔軟なものである。

　実際のところ，人間とサイボーグとの間に，はっきりとした境界線を引くことは難しい。たとえば，眼鏡やコンタクトレンズ，補聴器，ペースメーカーを装着した人間をサイボーグとみなすことができるかもしれない。他方，ICTを中心とする今日の技術の発達と普及は，人間のサイボーグ化を目に見える形で進展させている。医療・介護目的で開発された人工内耳やブレインチップのような埋込型機器の利用者や，外骨格を装着した人間の姿は，まさにサイボーグを実感させるものがある。こうした機器の利用は「医療・介護目的」という

点で社会的にも受容されてきている。

　しかし一般に技術には功罪両面があり，しかも多目的に利用することができるという特徴がある。現実に，ウェアラブルやインサイダブルはビジネス，教育，研究，軍事，警察，スポーツなどのさまざまな分野での利用が進められようとしており，中にはその正当性が疑わしいものもある。たとえば，その職務を安全に遂行させるためにインサイダブルによって身体的・知的能力を強化したサイボーグ警察官やサイボーグ兵士を作り出すことには賛否両論があろう。また技術の導入は人や組織，社会の変化を引き起こす可能性が高く，しかもそうした変化は不可逆である。中には従来の価値観に対する大きな見直しを迫る変化も存在するであろう。サイボーグ機器についてもこれは例外ではない。すなわちサイボーグ機器の開発と利用は，人間と社会に多大な利便性をもたらすと同時に，これらの技術に特有の倫理問題や社会問題を生じさせうるのである。

(2)サイボーグ機器の開発と利用に関わる倫理課題

　サイボーグ機器はエマージング技術であり，近い将来における本格的な利用を目指して研究開発が進められている。当然のことながら，こうした技術の利用は人間の幸福と社会の繁栄，そして生態環境の持続性確保に資するものでなければならない。それを実現するためには，サイボーグ機器の開発と利用にどのような倫理課題があるのかを明確にし，それにプロアクティブに取り組んでいくことが必要とされる。現在のウェアラブルやインサイダブルの技術レベルならびに利用の方向性や普及の状況を考えると，たとえば次のような相互に関連する倫理課題の論点を見出すことができる。

①サイボーグ化される人間の尊厳：人間はどこまで機械化された時に「人間であること」の意義や尊厳を失うのであろうか。また，人間とサイボーグ，そしてロボットの境界線はどこに引かれるのか。この論点は，技術による人間の強化が現実的なものとなっている今日において，改めて「人間とは何か」を問うものであり，人間をどこまで機械化してよいのかの判断が社

会的に重要な，しかし難しい問題になりつつあることを示すものである。たとえば，ブレインチップを利用して記憶を強化する場合，「何も忘れない人間」を作り上げることは当人の尊厳を維持することになるのか，また同時にその周囲の人々の個人としての尊厳を損ねることになるのかについては，議論の分かれるところであろう。

②**サイボーグ化に対する個人の自律性**：個人はウェアラブルやインサイダブルの利用に関してどの程度まで自己決定できるのか，あるいはすべきなのであろうか。サイボーグ機器を利用することで，身体やメンタルヘルスに悪影響が及んだとしても，それは自己責任において受け入れるべきものだろうか。この論点は，技術による自己改造への自由や権利の概念へと結びついていく。こうした権利が確立されるようになれば，サイボーグ機器を埋め込んだ個人に対する，たとえば見た目の不気味さに基づく他者や社会からの嫌悪感は，新たな差別としてとらえられることになる。

③**サイボーグ化への機会均等**：個人がサイボーグになる機会は均等に誰にでも与えられるべきなのだろうか。サイボーグになる／なれる者と，ならない／なれない者との間で格差や不平等が生じた場合，それは社会的に許容されるべきか。大多数の人々がサイボーグ機器を使って自らの能力を強化させ，それが当たり前と見なされる社会においては，サイボーグ機器を使えない人は，普通の人として扱われなくなるかもしれない。逆に，数少ない人たちのみにサイボーグ化の機会が与えられるのであれば，新種の優生思想が生み出される可能性がある。

④**サイボーグ機器の公正な利用**：特定のコンテクストにおいて，人々の間の公正な競争を確保するためには，どのような規制が必要となるのか。すでにオリンピックの陸上競技には義足を着けたランナーが出場している。こうしたことはサイボーグ機器についても許されるのか。あるいは，ある国が人間のサイボーグ化を禁じ，そうではない国との経済競争に負けることは，不公正な競争の結果であるといえるのか。

⑤**人間のサイボーグ化の文化的・社会的受容性**：サイボーグ機器を利用した人

間の機械化が人々に受け容れられる様相は，文化や社会の違いによって異なることが考えられる。サイボーグ機器の利用についてのグローバルな基準を作るべきなのであろうか。そうだとすれば，どのようにそれを作ればよいか。

⑥国によるサイボーグ機器利用の促進：政府が市民をサイボーグ化させ，国家のさまざまな側面における他国との間での優位性維持に貢献するよう促すことは社会的に許容可能か。あるいは，職業上の安全を守るために，軍人，警察官，消防士などの公務員がサイボーグ機器を利用することを政府が強制することは正当か。自律的致死兵器としてのロボットが人間の兵士を殺すことについては問題視されることが一般的である。しかし，サイボーグ兵士が，生身の人間である敵兵を戦闘で殺すことに問題はないのか。

⑦企業によるサイボーグ機器利用の促進：企業が，従業員の身体的・知的生産性を向上させることを通じて市場競争における優位性を獲得・維持するために，従業員に就業時間中に，あるいは就業時間以外でもサイボーグ機器を使うことを強制できるのか。

⑧サイボーグ機器を開発する組織の社会責任：サイボーグ機器を開発する組織は，その利用が個人や組織，社会に対して危害を及ぼしたとき，どこまで責任を負うべきか。特にインサイダブルについては人体への深刻な危害が発生する可能性があるだけでなく，精神的悪影響も危惧されている。

⑨サイボーグ化による個人への監視：サイボーグ機器を利用する人々がその利便性を享受するためには，それらの機器が収集するユーザ個人に関するデータをサービスプロバイダーとしての組織にリアルタイムに提供する必要がある。こうしたデータ提供を通じた個人の行動や状態の監視が，いかに個人のプライバシーや自由の侵害を引き起こしうるのかについての検討と対応策の実施が必要となる。

こうしたサイボーグ倫理に関する議論は，まだ始まったばかりである。その一方で，ウェアラブルやインサイダブルの開発と利用は急速に進んでいる。こ

のため，今後もさまざまな倫理的課題が立ち現れてくることになると考えられ，それらへの迅速な対応が必要とされることとなる。

3　ブロックチェーン技術に関わる倫理

(1)仮想通貨の特性

①サトシナカモトの発明

　近年，ブロックチェーンという言葉を目にする機会が増えている。しかしブロックチェーンという技術は，その構造が特殊であるため，正確に理解することが容易ではない。そのため，ブロックチェーン技術が社会にどのような影響を及ぼすのかについても，的を射た議論を行うことが難しかった。

　そこで本節では，ブロックチェーンの最初の応用例である仮想通貨の特性を説明することを通じて，読者がブロックチェーンの課題を正しく認識することを促す。そして，ブロックチェーンの技術には斬新な発想が用いられていることを確認し，それゆえに倫理上のあらゆる問題が生じることを理解する。

　ブロックチェーンとは，サトシナカモトと名乗る謎の人物が，2008年に発明した新しい技術である。サトシナカモトがブロックチェーンを発明したのは，ビットコインという仮想通貨を作成するためであった。実は，サトシナカモトという人物が誰であるのかは，いまだに分かっていない。その正体をつきとめようと世界中の研究者が姿を追っているが，まだ誰も本人に会ったことはない。いまもってサトシナカモトは，謎に包まれた人物である。

　サトシナカモトがビットコインを作った理由は，中心となる管理者が存在しなくても稼働するような自律的な通貨を発行するためであった。それを可能にしたのがブロックチェーンという技術である。それゆえ，ブロックチェーンを理解するためには，ビットコインとは何かを知るのが近道である。

②電子マネーとの違い

　ビットコインが登場したときに，これは電子マネーとは何が違うのだろうと考えた人も少なからずいた。これは良い着眼点である。日本では電子マネーが

図10-1　電子マネーと仮想通貨の分類

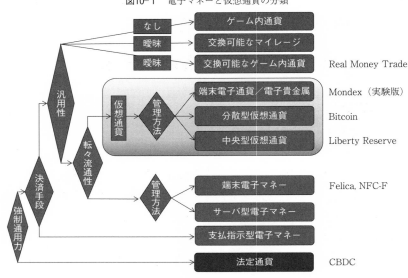

出所：岡田仁志，高橋郁夫，山崎重一郎『仮想通貨』（東洋経済新報社）。

よく普及しているから，その対比から仮想通貨を読み解こう。

　図10-1は，仮想通貨と電子マネーの分類を一覧で示したものである。およそ，お金と呼ばれるものには，法律上の根拠が明確なものと，あいまいなものがある。最も法律上の根拠がはっきりしているのは，紙幣や硬貨などの法定通貨である。一万円札や千円札などの日本銀行券には，受け取りを拒否することができないという通用力が付与されている。これは，法律の力によって強制的に通用する性質であるから，強制通用力と呼ばれる。

　強制通用力のないマネーであっても，お店が受け取ってくれるのであれば，支払いが成立する。その代表が電子マネーである。電子マネーは法定通貨ではないのに，全国の数多くの店舗で利用できる。このように，全国の津々浦々で利用できる性質のことを汎用性と呼ぶ。

　現金は人から人へと手渡しで移転していく。だから，お金は天下のまわりものだと言われる。お金は，人から人へと移転して，価値を運ぶからこそ意味が

ある。だが，その大切な機能が，電子マネーには備わっていない。消費者が店舗で電子マネーを利用すれば，その価値はそこで消滅する。受け取った店舗から次の誰かに移転することはない。

　これとは対照的に，仮想通貨には，人から人へと移転する機能が備わっている。個人から個人へと伝わっていくお金の性質のことを，転々流通性と呼ぶ。この性質は，仮想通貨にとって重要な機能である。現金のように人から人へと移っていくので，電子マネーよりも現金に近い性質を持っていることになる。そのような現金に近い性質のものが，国家の許可を得ずに勝手に発行されている。このことが，ビットコインの大きな特徴である。

　ここまでの議論をまとめると，法定通貨には法律で認められた強制通用力があって，それ以外のお金には強制通用力がない。強制通用力のないお金のうち，どこでも使える汎用性を備えているのが電子マネーである。さらに，人から人への転々流通性も備わっているのが仮想通貨である。したがって，仮想通貨と電子マネーの違いは，転々流通性の有無である。

③ビットコインの特徴

　ビットコインは誰が発行しているのだろうか。驚くべきことに，ビットコインには発行会社や運営会社が存在しない。運営者がいないオンラインゲームが世界でプレイされているようなものである。では，誰がビットコインを動かしているのであろうか。

　ビットコインは誰か1人が運営しているのではなく，世界中に散らばる無数のユーザが互いに協力して支えている。ビットコインを動かすのは企業ではなく，ボランティアで参加する大勢のエンジニアたちである。これを可能にしたのが，ブロックチェーンという技術である。この画期的なブロックチェーン技術を発明したのが，サトシナカモトと呼ばれる謎の人物である。

　それにしても，発行会社や運営会社が存在しないのに，どうやってビットコインは作動するのであろうか。これを説明するためには，ブロックチェーンという仕組みについて踏み込んだ理解が必要となる。だが，ここではビットコインの特性を理解するのが目的であるから，構造については触れない。

図10-2　ビットコインのP2Pネットワーク

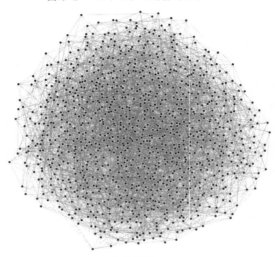

出所：山﨑重一郎教授（近畿大学産業理工学部）の資料より。

　私たちが知っているあらゆる電子的なサービスは，特定の企業が大型コンピュータを設置して，すべてのユーザを集中的に管理していた。ところが，ビットコインには企業という主体が存在しない。大型コンピュータも設置されていない。それでは一体，どこに記録が置かれているのであろうか。

　ビットコインの記録はブロックチェーンに書かれている。それは，どこかの大型コンピュータに記録されているのではない。ビットコインをボランティアで支える人たちが，自分のパソコンの計算能力を無償で提供している。無数のコンピュータをネットワークで結ぶことによって，1台の超大型コンピュータを仮想的に作り出しているのである。

　これはちょうど，ボールを運ぶネットのようなものである。地球全体をすっぽりと覆う巨大な網をかけて，網の結び目には1台ずつパソコンが付いている。合計で1万台ものパソコンがつながって，地球をくまなく覆い尽くしており，こうしてできた大きな塊が，1台のワールドコンピュータとして作動する（図10-2）。

　ビットコインのネットワークには，誰でも自由に参加できる。どこにも中心がなくて，すべての参加者は対等である。誰かがリーダーなのではなく，全員が力を合わせる。英語では地位や役割・能力が対等な仲間のことをピア（peer）と呼ぶ。仲間と仲間が手をつないで大きな輪を作りだすので，こうしたネットワークのことをピアツーピア（P2P：Peer to Peer）と呼ぶ。

　ビットコインのP2Pネットワークに参加するコンピュータは，世界中に1万台ほど存在している。世界中にピアが分散しているので，ビットコインは分散型仮想通貨と呼ばれることがある。誰かが中心になって支配者となるのではなく，みんなの力で中心のないネットワークを作る。それこそがP2Pネットワークの良さである。分散型仮想通貨は，このようなP2Pネットワークによって動かされている。

④中央集権制へのアンチテーゼ

　分散型仮想通貨の対義語は，中央型仮想通貨である。1つの組織が発行する仮想通貨には，意思決定を行う中心が存在している。ゆえに中央型仮想通貨と呼ばれる。このタイプの仮想通貨は，必ずしもブロックチェーンを利用しなくてもよい。大型コンピュータを中心に置いて，中央集権型のネットワークを構成することも可能である。

　1つの組織が発行する中央型仮想通貨は，その組織の意思決定によって動かされる。通貨の発行量をコントロールするのも，技術を選択するのも，すべて組織の意思決定に従う。これには利点もある。人は誰かとビジネスを行うときに相手の人柄を見極め，企業としての評判を信頼して契約関係に入る。中央に組織のある仮想通貨は，こうした信頼を得やすい。

　そのアンチテーゼとして登場したのが，ビットコインのような分散型仮想通貨である。これを支持する人々は，特定の企業や団体に依存しないからこそ，信頼に値するのだと考えている。中心となる組織が意図的に運用するよりも，プログラムに従って人の手を介さずに動く方がフェアである。そのように考える人たちが，ビットコインの哲学を支持している。

⑤自発的貢献が支える技術

　ビットコインのブロックチェーン技術は，特許で保護された秘密ではない。ソースコードが公開されていて，誰でもコピーすることができる。こうした公開された技術のことをオープンソースという。このような技術を制作するときには，エンジニアたちがインターネット上に仮想の作業部屋を開き，そこに集まって共同して作業を行う。

　エンジニア各自がブロックチェーンの部品を作って持ち寄る。出来上がった部品がきちんと動くかどうかを，みんなで検証する。何か問題が見つかれば手直しする。問題がないことを確認できたら，実験室でしばらく動かしてみる。オープンな開発というのは，このような手順で行われる。こうして多くの人が関わって，何年もの歳月をかけてブロックチェーンが完成する。

　だが，完成すればそれで終わりではない。技術というのは必ず劣化していく。なぜなら，周辺の技術が絶えず変化するからである。何も手入れをしなければ，過去のものになってしまう。常に新しい状態に保つため，開発の時と同じように多くの人がメンテナンスを行う。そうやって手入れをしながらビットコインは10年あまり動き続けてきた。

(2)仮想通貨における問題発生のメカニズム

①分散型社会のガバナンス

　中心のないフラットな構造のコミュニティによって，中心を持たない通貨を流通させようというのが，ビットコインを発明したサトシナカモトの発想であった。こうしたアイデアに賛同する人たちが集まって，ビットコインのコミュニティが形成されている。

　少数の支配者が意思決定をしていた，従来の社会へのアンチテーゼとして，ビットコインコミュニティは直接民主制のミニチュアのような世界を形成している。こうしたコミュニティは民主的である反面で，意見の集約が難しいという弱点を持つ。

　そこで，ビットコインの部品の交換をめぐる意見の対立を手掛かりとして，

ブロックチェーンという技術を維持することの難しさについて考察してみたい。ここで事例としてとりあげるのは，ビットコインの分裂騒動である。

②ブロックチェーンのエコシステム

　ビットコインの仕組みでは，数分ごとに新たなブロックが生成される。ブロックとは，ビットコインの中で起こった出来事を記録した塊である。ブロックが連鎖してつながったものが，ブロックチェーンである。ビットコインが2009年に登場してから今までに，数十万個のブロックが生成された。

　ブロックを作成する人たちのことを，金の採掘になぞらえてマイナーと呼ぶ。マイナーには，作業の報酬として一定額のビットコインが付与される。P2P のネットワークはボランティアで支えられているのに対して，ブロックを製造する作業は対価によって補われている。

　ブロックチェーンを形成するブロックというのは，たとえるならば貨物列車のようなものである。新しく生成されたブロックは，先行するブロックチェーンに追加されていく。新たに 1 両の貨車が製造されて，貨物列車の列の最後尾に連結されるようなイメージである。

　貨車の 1 両と同じように，1 つのブロックに積載できる荷物には上限がある。ビットコインの場合，1 ブロックのサイズは 1 MB 以内と決まっている。これが貨車の積載量を意味する。貨車に積み込むのは，ビットコインの送金データがつまった小包の袋である。小包には一定の大きさがあるので，貨車に積み込める量には限界があった。

③ブロックチェーンの仕様変更

　ところがある時期から荷物が急増するようになった。取引が数倍に増えたのである。こうなると従来の処理能力のままでは追い付かない。貨車に載せきれない小包が積み上げられ，配達が遅れるようになった。この問題を解決するために，2 つの案が提案された。

　第 1 案は，貨車の中に設置されている記録棚を外付けにして，貨車に載せられる小包の数を増やそうというアイデアである。実は，ビットコインのブロックに格納されるのは，取引データだけではない。搭載された荷物に関する情報

図10-3　ハードフォーク

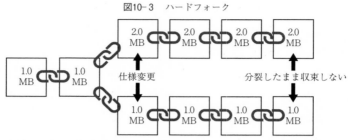

出所：岡田仁志『決定版ビットコイン＆ブロックチェーン』（東洋経済新報社）

を記録する棚があって，それが大きなスペースを占めていた。これをブロックの外に出すことで，貨物スペースを広げようという提案である。

　第2案は，貨車のサイズを2倍にして，積載できる荷物の数を増やそうというアイデアである。1両に積み込める量は1,000袋が上限であったのを，2,000袋に倍増しようという案である。だがこの案には大きな困難が伴う。積載量を2倍にするためには，台車の大きさを変えなくてはならない。それに合わせて，幅の広い線路を引き直す必要がある。

　第1案を採用すれば，線路の幅を変えなくても，新しい貨車を走らせることができる。このような仕様変更のことをソフトフォークと呼ぶ。第2案では，線路の幅を変更しなければ，新しい貨車を走らせることはできない。このような仕様変更のことをハードフォークと呼ぶ。すなわちソフトフォークとハードフォークの違いは，生産設備の更新が必要とされるか否かである。

　ソフトフォークは緩やかな変更である。貨車にたとえると，新しい方式が決まったのに間違って旧式の貨車を作った人がいても，その貨車は線路を走ることができる。こうして時間をかけて，全員が新しい方法を習得するのを待つ。全員が新しい方式へ移行した時に，ようやく仕様変更が完了する。

　これに対して，ハードフォークは厳格な変更である。再び貨車にたとえると，新しい方式が決まったのに，間違って旧式の貨車を作ってしまうと，線路を走ることはできない。だから，ハードフォークが決定してしまったら，生産設備を更新するしかない（図10-3）。

④分散型仮想通貨の分裂

このようにソフトフォークとハードフォークでは，ブロックを製造するマイナーへの影響が変わってくる。ソフトフォークはゆっくりとした変化を許容するのに対して，ハードフォークは無変化の態度を許容しない。

ハードフォークが決定したのに，あえて旧方式でブロックを作成するようなマイナーが存在すると，どのような事態が生じるであろうか。旧方式で作成されたブロックは，ハードフォーク後の新しいブロックチェーンに接続することができず，行き場を失うことになる。

このとき，旧方式のブロックを救うために，第２のブロックチェーンが走り出すことがある。貨物列車にたとえると，線路の幅を広くして新方式の貨車を走らせることが決まったのに，旧式の狭い幅の線路を勝手に引いて，旧方式の貨車を走らせるようなものである。

線路の幅が違うので，２つの線路には互換性がない。どこまでも平行して，決して交わることはない。仮想通貨のブロックチェーンが２つに分かれるということは，２つの異なる仮想通貨が登場することを意味する。これが仮想通貨の分裂という現象の典型例である。

⑤分散コミュニティの意思決定

このように，中心を持たないブロックチェーンにおいては，技術仕様をめぐって意見が対立することがある。実際にも，ビットコインではブロックチェーンの処理能力を高める方法をめぐって意見が対立した。

ブロックのサイズを変えないソフトフォークを提案する人たちは，ブロックが小さければ負担も軽くなり，個人のパソコンで手軽に参加できると強調する。無数の人々が P2P ネットワークに参加することで，分散的なコミュニティが維持される。それこそがブロックチェーンの真価だと主張する。

これに対して，ブロックのサイズを２倍にしようとする人たちは，効率性を重視する。単位時間当たりに処理できる取引の数を増やすことで，ブロックチェーンの評価も高まる。そのためには P2P ネットワークに参加するコンピュータも高性能でなければならない。そのように主張する。

　このように，ブロックチェーンの仕様をめぐる意見の対立は，いずれの意見にも一理ある。前者は分散的であることが何よりも大切であると考えているのに対して，後者は効率性を高めることが技術の使命だと考えている。こうした議論というのは，技術者倫理を考える際の典型的な論点である。コミュニティで議論を重ねて，丁寧に解決しなくてはならない。

　ところが，分散型仮想通貨には中心となる組織が存在しないため，意見を集約するプロセスがあいまいになりがちである。その結果，一定のルールに従って仕様変更が決定された後であっても，決定を受け入れずに，旧来の仕様でブロックを作成するグループが登場する。

　分散的であろうとすることの裏返しとして，意見の集約にはコストがかかる。こうしたコストをきらって，中央集権的なシステムへと回帰する動きもある。一方で，分散性こそが力の源泉であると考えて，あくまでもブロックチェーンの中立性にこだわる人々がいる。ブロックチェーンという技術は，いま発展の岐路に立っている。

⑶ポストインターネット時代の通貨における相克

①集中と分散のはざま

　ブロックチェーンという技術を発明したサトシナカモトは，一体何のためにこの技術を作ろうと考えたのであろうか。それを知る手段はない。ただ技術から推し量ることはできる。ブロックチェーンの最初の実装例であるビットコインは，国家によらない通貨の発行であった。それは，かつて経済学者のハイエクが提唱した，貨幣の非国家化を実現する技術であった。

　現実に，分散型仮想通貨が登場したことによって，国家の通貨高権に対する疑問が呈されるようになった。通貨高権とは，通貨を発行するという権限は，唯一，国家だけに与えられるという考え方である。この原則に対して，疑問を投げかけたのがハイエクであった。そして，国家によらない通貨発行を実現して見せたのは，サトシナカモトであった。

　通貨の歴史を紐解いてみると，人類が生み出してきたお金というものは，大

きく分けて２つの種類の間を揺れ動きながら発展してきたことが分かる。それらは，発行主体の信頼に依拠する帳簿型の貨幣と，金属片に価値が宿るという共同幻想に依拠するトークン型の貨幣である。

　古代バビロニアの神殿に置かれた粘土板には，楔形文字で刻印された貸借の記録が残されている。それは，神託に基づく王権を根拠とした，帳簿による約束事であった。その刻印された内容が，貨幣としての価値を持った。

　これに対して，小アジアのリディアで発掘されたエレクトロン貨幣は，金属片に価値が宿るという共同幻想を閉じ込めた初期の貨幣であった。民族の歴史を象徴する神や動物の姿が刻印され，単なる金属片ではなく金銭的価値の宿る特別なものであることを直観的に訴えかけるようにデザインされた。

　いまや，世の中を流れるお金の大部分は，銀行間を流れる数字と化しており，現代は帳簿型の貨幣の時代である。われわれが目にする紙幣や硬貨の流通量は，全体に対して小さな割合に過ぎない。

　ここに登場したビットコインは，あたかもデータそのものに価値があるかのように表現する。誰か１人が帳簿を預かるという，人の信頼に依拠した貨幣ではない。データそのものが移転するかのように見せていて，どちらかといえばトークン型に近い。

　そのようにデザインした理由は，おそらく人の信頼に依拠したお金の時代を終わらせるためである。かつて人類は，人の支配から法の支配への転換を経験した。それと同じように，人の支配からプログラムの支配へと，大きな転換点を迎えている。

②アンシャンレジームの終焉

　貨幣とは何であるのか。誰が信用の源泉となるべきか。信用の源泉となる主体のない貨幣は認められるべきか。そこでいう貨幣とは一体どのような存在であるのか。あらゆる前提が揺れ動いている。それはすなわち，近代以降の国民国家とは何であったのか。国家に与えられる権限は何であるべきかを問うことでもある。

　近代国家が成立する時期に起こったある種の経路依存性によって，現在の中

央銀行制度が成立した。それは必然であるとは限らない。貨幣を発行する権限が，国家の独占におかれることの是非を，いまこそ再考すべき時にある。

　分散型仮想通貨の発行を否定する意見は，時としてブロックチェーンという技術をも否定する。このような意見は，国家の通貨高権を維持しようとする立場と一致して大勢を占めていた。その一方で，ブロックチェーンの技術によって新しいレジームの中心となろうとする勢力も登場している。ブロックチェーンを分散化のために使うのではなく，中央集権制の手段として使おうとする人々である。

　こうした動きを見せるのは，インターネットの世界で支配的な地位を占める巨大 ICT 企業である。そこで使われるのは，ブロックチェーンにあえて中心を置いて効率性を高めた DLT（Distributed Ledger Technology：分散台帳技術）である。巨大 ICT 企業の人々は，DLT を用いて国家によらない通貨の発行を目論んでいる。

③ポストインターネットの時代

　このように，国家の通貨高権が当然のものではなくなり，中心を持つような中央型仮想通貨と，中心を持たない分散型仮想通貨が，それぞれ正当性を主張して競争している。対する国家は法定デジタル通貨（CBDC：Central Bank Digital Currency）について研究し，仮想通貨とは格の違う本物の電子のお金を発行しようとしている。

　これらの論争は，ポストインターネットの時代における世界の覇権構造を論じることに他ならない。統治の形態はどうあるべきかという，ローマ時代以来の議論に帰着する。そのような時代において，私たちの指針となるのは，おそらく歴史の知恵である。変革の時代にあっては，通念にとらわれない柔軟な思考が求められる。

　そこには，1 つの明確な解はない。これからの国家とは何か。経済はどう変わるか。社会の姿はどう変容するか。いま，まさにポストインターネット時代のスタート地点に立って，新しい時代へと走り出そうとしている。その時代を生きる私たちには，未来を見通す冷徹な洞察力が求められている。

注

（ 1 ）Pariser, E.（2011）. *The Filter Bubble : What the Internet Is Hiding from You.* New York : Penguin Press（井口耕二訳（2016）『フィルターバブル——インターネットが隠していること』早川書房）.

（ 2 ）Bozdag, E. and van den Hoven, J.（2015）. Breaking the Filter Bubble : Democracy and Design. *Ethics and Information Technology*, 17, pp. 249–265.

（ 3 ）Pasquale, F.（2015）. *The Black Box Society : The Secret Algorithm That Control Money and Information.* Cambridge, MA : Harvard University Press.

（ 4 ）第 6 章を参照のこと。

（ 5 ）Frey, C. B. and Osborne, M.（2013）. The Future of Employment : How Susceptible Are Jobs to Computerisation? Oxford University Working Paper. https : // www.oxfordmartin.ox.ac.uk/downloads/academic/future-of-employment.pdf （2020年 5 月 7 日閲覧）.

野村総合研究所（2015），ニュースリリース「日本の労働人口の49％が人工知能やロボット等で代替可能に～601種の職業ごとに，コンピュータ技術による代替確率を試算～」，https://www.nri.com/-/media/Corporate/jp/Files/PDF/news/newsrelease/cc/2015/151202_1.pdf（2020年 5 月 7 日閲覧）。

（ 6 ）Murata, K.（2019）. Japanese Traditional Vocational Ethics : Relevance and Meaning for the ICT-dependent Society. In Lennerfors, T. T. and Murata, K. （eds.）, *Tetsugaku Companion to Japanese Ethics and Technology*, Cham : Springer, pp. 139–160.

（ 7 ）山崎竜弥（2020）「自動技術による人間労働の代替の社会的受容性：働くことからの解放はよい社会を作るのか」，『商学研究論集』，52， 1 –16頁。

（ 8 ）McDonald, G.（2015）. Exoskeleton Controlled by Brain Waves. *Seeker*, 21 August. https : // www. seeker. com / exoskeleton-controlled-by-brain-waves-1770157815.html（2020年 5 月 7 日閲覧）.

（ 9 ）Starr, M.（2016）. Sony Patents Contact Lens That Records What You See. CNET, 2 May. https://www.cnet.com/news/sony-patents-contact-lens-that-records-what-you-see/（2020年 5 月 7 日閲覧）.

（10）Adam, N. and Wilkes, W.（2016）. When Information Storage Gets under Your Skin. *The Wall Street Journal*, 18 September. https://www.wsj.com/articles/when-information-storage-gets-under-your-skin-1474251062（2020年 5 月 7 日閲覧）.

（11）Grider, G.（2013）. Google Working Feverishly to Place RFID Microchip in Your Brain. *Now the End Begins*, 22 July. http://www.nowtheendbegins.com/google-working-feverishly-to-place-rfid-microchip-in-your-brain/（2020年 5 月 7 日閲覧）.

（12）Monks, K.（2014）. Forget Wearable Tech, Embeddable Implants Are Already Here. *CNN*, 9 April. http://edition.cnn.com/2014/04/08/tech/forget-wearabletech-embeddable-implants/（2020年 5 月 7 日閲覧）.

(13) Browne, R. (2016). U. S. Military Spending Millions to Make Cyborgs a Reality. *CNN*, 7 March. https : // edition. cnn. com / 2016 / 03 / 07 / politics / pentagon-developing-brain-implants-cyborgs/（2020年 5 月 7 日閲覧）.

(14) Firger, J. (2015). 'Tech tats' Usher in New Generation of Wearables. *Newsweek*, 5 December. http://www.newsweek.com/2015/12/18/tech-tats-usher-new-generation-wearables-401536.html（2020年 5 月 7 日閲覧）.

(15) Clark, A. J. (2003). *Natural-born Cyborgs : Minds, Technologies, and the Future of Human Intelligence*. New York : Oxford University Press（呉羽真他訳（2015）『生まれながらのサイボーグ——心・テクノロジー・知能の未来』春秋社）.

(16) 道具を作り，使うことでさまざまな人工物を作り出し，それによって自らの運命を切り開き，環境を創造していく能力を持つ存在としての人間のこと。

推薦図書

ニック・ボストロム（倉骨彰訳）『スーパーインテリジェンス——超絶 AI と人類の命運』日本経済新聞出版社，2017年.

松田雄馬『人工知能はなぜ椅子に座れないのか——情報化社会における「知」と「生命」』新潮社，2018年.

アンディ・クラーク（呉羽真他訳）『生まれながらのサイボーグ——心・テクノロジー・知能の未来』春秋社，2015年.

岡田仁志『決定版　ビットコイン＆ブロックチェーン』東洋経済新報社，2018年.

岡田仁志『リブラ　可能性，脅威，信認』日本経済新聞出版社，2019年.

練習問題

① AI という技術のどのような特徴が，社会問題や倫理問題を引き起こしうるのかについて説明しなさい。

② AI やロボットが人間労働を代替していくことが，人間や社会に与えると考えられる良い影響と悪い影響について論じなさい。

③ ウェアラブルやインサイダブルはどのような目的で利用される技術であり，それが人間存在や社会にとってどのような倫理的課題をもたらそうとしているのかについて論じなさい。

④ ビットコインに代表される仮想通貨のどのような特徴が，仮想通貨の運用における問題を引き起こしているのかについて述べなさい。

⑤ ポストインターネット時代における通貨／貨幣をめぐる争いについて説明しなさい。

第11章

情報倫理の未来
──情報倫理研究者たちが描くこれからの情報倫理

　情報倫理の研究と実践は，情報通信技術（ICT：Information and Communication Technology）の発展ならびに情報化の進展とともに常に進化を続けており，今後も新たな論点が認識されていくものと考えられる。本章では，情報倫理のこれからを展望するために，情報倫理研究に携わる8人の世界的研究者によって寄稿されたショートエッセイを掲載する。

　これらのエッセイを読むことを通じて読者は，グローバルなレベルで，今後の情報社会やICTがどのように発展していくと考えられており，そこにどのようなリスクが存在しているのかを理解し，そして，それに対して私たちがどのような対応や態度をとるべきなのかについて考えるための多くのヒントを得ることができるであろう。

キーワード：コンピューティング，サイボーグ社会，プロフェッショナリズム，エシッキング，RRI，AI，監視資本主義

1　すべての人によるすべての人のためのコンピューティング
Computing by Everyone for Everyone

サイモン・ロジャーソン（Simon Rogerson）

デュモンフォート大学（De Montfort University），英国

　コンピューティングはすでに，伝統的な枠組みで教育とトレーニングを受け，公共部門または民間部門の組織との有給契約を結んでサービス提供を行うプロフェッショナルだけの領域ではない。ハードウェアや多くのソフトウェアツール，またインターネットが低価格で利用あるいはアクセス可能となっており，コンピューティングの民主化が進んでいる。コンピューティングはすべての人による，すべての人のためのものなのである。2019年6月に行われたアップル主催の世界開発者会議に参加した最年少のアプリケーション開発者は10歳の

Ayush Kumar であり，彼は4歳のときにプログラミングを始めている。

　これまで，コンピューティング関連の多くのプロフェッショナル団体によって，優れた倫理綱領の作成と普及のための多大な努力が払われてきた。しかし，実際のコンピューティングにおいてそうした綱領が適切に採用され，遵守され，そして効果的であるかについては，一般市民からの激しい抗議につながる多くのシステム障害と違法行為が継続的に発生してきていることを見ても，疑問を持たざるをえない。倫理綱領が存在しているにも関わらず，コンピューティングにおける重大な非倫理的行為が相変わらず発生してしまうのは，なぜなのであろうか。情報通信技術（ICT : Information and Communication Technology）の開発はグローバルな活動であり，これについては IDC（International Data Corporation）が定期的に調査を行っている。2018年の IDC による調査結果では，プロフェッショナルとしてのソフトウェア開発者の数は世界で1,800万人であり，これに加えて430万人のプログラミングマニアが存在している。このうち，主要プロフェッショナル団体である ACM（Association for Computing Machinery），ACS（Australian Computer Society），BCS（British Computer Society），IFIP（International Federation for Information Processing）に所属する人々の数は（実際にはそうではないであろうが，複数の団体に同時に所属するメンバーがいないとして計上すると），世界全体でわずか3.09％を占めているに過ぎない。このことは，統計に基づけば，コンピューティングに関係するプロフェッショナル団体とそこで採択された倫理綱領が，実際のコンピューティングにほとんど影響を与えていないことを示唆している。もちろん，この議論においては，開発されたシステムの特質と重要性，および誰がシステムを開発しているのかということは考慮に入れられていない。それでも，この統計結果は，世界中の多くの人々が，コンピューティング実務の倫理に関する新たな形の議論に関与するべきであることを明確に示している。そこに含まれるものとして考えられるのは，たとえば，コンピューティングの実践における理解しやすい良い見本あるいは悪い見本，失敗したシステムに関する対話形式でのケース分析，子供からコンピューティング実務家に至るまでのコンピューティング教育の基礎となる世界共通のコン

ピューティング憲章などである。倫理綱領は，それが健全なコンピューティング戦略を計画し，実施するための詳細な留意点を提供するという点で重要である。しかし，倫理綱領のみで非倫理的なコンピューティング実践を解決できると考えるのは愚かである。社会のすべてのメンバーを参加させる新しいアプローチが必要とされている。なぜなら，現在，社会はコンピューティングに依存しており，誰もが，何百万人ではないにせよ，何千人もの人々が利用できるコンピューティングシステムを開発することができるからである。そしてその影響は，ポジティブなものであろうとネガティブなものであろうと，急速に拡大し，それを元に戻すことは非常に困難だからである。

　ICT の適用，研究，イノベーション，利用可能性ならびに利用は，3種類のドライバ（推進力／原動力）の影響を受ける。トップダウンドライバは，通常，ある全体の目標を達成するために資源をどこに配備するのかを決定する権限の仕組みによる強制という形をとる。ボトムアップドライバは，典型的には，広い範囲にわたる変化を引き起こす，草の根型の集団行動から生じる。ミドルアウトドライバは，たとえば組織内部の，変化を引き起こしたり，それを支持したり，新しいアイデアを提案したり，革新を行うことについて権限委譲されているすべての人々に関わるものである。これらのドライバが，物事に対する考え方あるいは態度や，社会規範に影響を与える。実際，トップダウンドライバ，ミドルアウトドライバ，そしてボトムアップドライバの混合物によって，ICT に関わる個人や集団の態度や行動が，社会的に受容される ICT の供給に強く影響を及ぼす，複雑な状況がもたらされている。したがって，ICT に関与するすべての人を倫理的な方向に導く情報倫理は，日を追うごとに重要になる。

　今や世界の労働力の約半数を占めているミレニアル世代とポストミレニアル世代の人々が，主要なボトムアップドライバである。なぜなら市民としての彼ら／彼女らは，技術と共に成長し，変化が常に存在していると考えているからである。技術は彼ら／彼女らにとって第六感なのである。ミレニアル世代は，社会が ICT をどのように捉えるのか，どのような ICT が受容可能であり，どのようなものがそうでないかということに対して，ますます強い影響力を及ぼ

すようになる。より柔軟な働き方や，家庭と職場の間に引かれていた伝統的な境界線をよりあいまいにしていくことがますます求められている。ミレニアル世代の人々は未来に生きる人々であるため，その声に耳を傾け，それを考慮に入れる必要がある。社会的に受容可能な ICT を促進するためには，彼ら／彼女らの情報倫理に関する知識と感性を育んでいかなければならない。

　情報倫理の実践がなければ，社会は多くの脅威によって，ますますリスクにさらされることになる。以下にその例を 3 つだけ示す。

　デュアルユースのリスクは常に存在し，折にふれて発生してきている。FOSS（Free and Open Source Software）は，他の多くのテクノロジーと同様に，デュアルユース技術であり，「善い」目的と「悪い」目的の両方のために利用することができる。誰もがどのような目的にでも使うことのできる，膨大な種類の強力な FOSS の存在は，社会に対するデュアルユースのリスクを大幅に増大させている。

　通報されている犯罪の50％以上がオンラインの世界に関連している。犯罪者にとって，サイバー犯罪は低リスク・高リターンのままである。たとえばダークウェブを利用してサイバー犯罪情報を共有する犯罪者間の連携組織が存在している。サイバー犯罪は，その本質としてシステミックかつグローバルである。フィッシングメールや関連するマルウェアは，依然として最大の脅威である一方で，ランサムウェアが急速に増加しており，DoS（Denial-of-Service）攻撃も復活している。サイバー犯罪の脅威を低下させるためには，サイバーセキュリティ戦略とそれに関連するアクションが必要である。ただし，これは単に技術的な努力を意味するわけではない。教育が重要な要素となるべきである。これには，サイバー犯罪が知覚させる興奮に魅了される可能性のあるティーンエイジャーに対して教育を行うことや，オンラインの世界で子どもたちが直面している危険性を親に認識させること，フィッシングメールがそこに設定されているリンクをクリックさせようと誘惑していることを認識し，それに抵抗することができるよう従業員をトレーニングすることが含まれる。

　産業や政府においては，コンプライアンス文化が定着しており，このことが

かえって ICT に関連する複雑で多面的な社会倫理問題への対話と分析の機会を抑制してしまっている。表面的なコンプライアンスは，危険なほどに非倫理的であり，技術に依存する世界においては，そうした姿勢に対して積極的に異議を申し立てなくてはならない。ICT の開発スピードは速く，それに対してICT への規制や統治は追いついておらず，これからもこの状況に変わりはない。何らかの制御メカニズムが合意されるまでの間に，ICT は何世代にもわたって進歩し，したがって合意された内容は効果のないものになりがちである。このことは最近のトレンドである AI ガバナンスについても当てはまる。非常に多くの意見や既得権益が議論を長引かせ，その間にも人工知能（AI：Artificial Intelligence）は着々と進展している。そのため，戦略策定者や開発者，オペレータ，ユーザに情報倫理の実践を染み込ませることが最重要課題となる。このようにすれば，倫理的コンピューティングが規範となる可能性が出てくる。

　結論として，コンピューティングに関与するすべての人間は，プロバイダであろうが消費者であろうが，ICT の非倫理的な側面を識別し，明確化して，それに対抗するための倫理的なツール，スキル，そして信念を有している必要がある。さらに，ICT リーダーの意思決定やリーダーが下す命令が倫理的に疑問視される場合には，それに対して誰もが，何らの不利益を被ることもなく，異議を唱えることができなければならない。

2　ICT 倫理，環境知能，「サイボーグ」社会の出現
ICT-Ethics, Ambient Intelligence, and the Emergence of "Cyborgian" Societies

テレル・バイナム（Terrell W. Bynum）

南コネチカット州立大学（Southern Connecticut State University），米国

(1)はじめに
　社会の未来について予測することはリスキーな活動であり，通常は愚者か賢者のいずれかによって行われる。それにもかかわらず，この短いエッセイには，

社会と ICT に関連する倫理的課題の未来に関するあからさまな予測が含まれている。このエッセイは，ジェームス・ムーアが示した ICT 倫理の本質と重要性を指し示す「ポリシーの空白」を前提とし，また，ますますその正しさが確認されつつあるノーバート・ウィーナーの予測，すなわち，より洗練されたサイバネティクス装置が，時がたつにつれて，重要な社会的役割を担うという予測を受け入れるものである。何よりもまず，ここでの中心的な想定として立てられる予測は，生命体（有機体）が無生物（たとえば，輸送車両，道路，橋，建物，衣類，家電製品など）と，部分的に生物的であり，部分的にサイバネティックなものである実在物を作りだすために，結びつけられたり，相互に接続されたりするということである。今日，そうした実在物は，しばしば簡潔にサイボーグ——サイバネティックな生命体——と呼ばれており，その例としては，コンピュータ化された義肢や人工内臓を持つ人々をあげることができる。社会のさまざまな構成物や側面が相互に結びつけられることで，非常に複雑な実在物や構成物がすでに生まれ始めているのである。

⑵ジェームス・ムーアの「論理的順応性」と「ポリシーの空白」

　ムーアのコンピュータ倫理に関するよく知られた説明では，彼が「論理的順応性」と呼ぶものが，世界を変化させる ICT の革新的な能力の中心に存在するとされている。

「コンピュータ革命の本質は，コンピュータそのものの特質の中に見出すことができる。コンピュータの革命的特徴は，その論理的順応性にある。コンピュータは，入力，出力，および組み合わされる論理演算によって特徴づけられる，いかなる活動も行うことができるように形作られるという意味において論理的に順応的である。……論理はどこにでも適用されるため，コンピュータ技術の適用可能性は無限である。……実際，コンピュータの限界とは，ほとんどが私たち自身の創造性の限界なのである。……ハードウェアとソフトウェアを変更することによって，コンピュータの論理は際限のない形

で形作られる。……構文的には，コンピュータの論理は，数多くの，そして
さまざまな状態をとらせることと操作が可能であることによって順応性を実
現している。意味論的には，あらゆるものを表現することができるようにコ
ンピュータの状態を設定できるという点で，コンピュータの論理は順応的で
ある。」[3]

　ムーアによると，コンピュータとその関連技術が持つパワーと柔軟性が，そ
れまで人間が行うことのできなかった多くのことを実現可能にし，コンピュー
タをほぼ普遍的なツールとしたのである。しかしながら，あることを以前に行っ
たことがないのであれば，それに関する法律や，善行の基準，さらには，それ
を行うことが道徳的に正しいかどうかを判断するポリシーが存在しないかもし
れない。あることを行うことができるということが，それを行うことが倫理的
であるということを意味するわけではない。これが，ICT 倫理が今日のます
ます複雑化する社会において非常に重要である理由なのである。

(3)サイバネティックな実在物に関するノーバート・ウィーナーの見解
　ウィーナーによると，あらゆる動物と一部の機械はサイバネティックな実在
物である――それらは環境から情報を取得し，その情報を，環境に対応し，自
らを環境に適応できるようにするよう処理する。[4] このような情報処理活動には，
たとえば知覚，認識，記憶／想起などが含まれる。かつては，哲学者の中には
――おそらく誤って――人間（そしておそらく天使，悪魔，神）だけが，分類，
推論，決定，行動などの「より洗練された」情報処理活動に従事できると考え
る人もいた。このエッセイでは，ほとんどの人間，いくつかの動物，および機
械の一部が実際にそのような活動を行うことができると想定する。また，この
ような情報処理能力の一部は，それをもともとは持っていないものや生命体に
電子的に組み込むことが可能であり――したがって，今日の多くの社会に組み
込まれている「環境知能」（ambient intelligence）を作り出し――，そして未来
の社会にますます組み込まれていくことになると想定する。

(4)「サイボーグ」社会の出現

　上で述べた可能性によって，今日の「情報社会」の中には，人間や動物，機械が——さらには建物や衣服，家具，橋，道路，農作物，植物などの多くの実在物も——環境知能技術によって相互に関連づけられ，連携させられて，頻繁に相互コミュニケーションを行う社会の構成物——モノのインターネット（IoT）——をその不可欠の要素として作り上げていくコミュニティへと急速に進化していくものもあるだろう。もしほとんどすべてのものが他のものと相互作用し，コミュニケートすることを始め，「オンライン」と「オフライン」の差異が本質的になくなれば，個人，特定の動物，ある機械および他の実在物は，強力な「サイボーグユニット」を構成することになる。こうしたことは，以前では達成できなかった活動や目標を実現可能にする。そのような社会では，人や動物またはコンピュータ化された機械は，ゆくゆくは多くのさまざまな「サイボーグユニット」の一部として同時に機能する可能性がある。そして最終的には，そのような，共に機能するすべてのユニットが社会全体——文字通り「サイボーグ社会」——となるかもしれない。

(5)ICT 倫理への示唆

　到来しつつあるサイボーグ社会では，これまで実現できなかった驚くべき数の新しい可能性が現実のものとなるだろう。その結果，（Moor の適切な言い回しを使えば）無数の「ポリシーの空白」が生じ，新しい法律，新しい行動ルール，新しい善行の基準——サイボーグ社会を正義の実現と倫理的行動が奨励され，保護される社会とすることを確保するための新しい「ポリシー」——の策定が強く求められることになるだろう。

3　情報倫理：より良き私たちへと向かって

Information Ethics : Being Better Than We Think We Are

ドン・ゴターバーン（Don Gotterbarn）

東テネシー州立大学（East Tennessee State University），米国

　情報システムプロフェッショナルは，人々の暮らしのあらゆる領域の発展や形成に大きな影響力をもち，自らが開発するシステムの影響を受ける人々に対して責任を有している。プロフェッショナルであるという証は，たとえば，専門的な知識やスキル，プロフェッショナルとしての自律性を可能にする実務経験，社会への貢献という倫理規範，そして自らのプロフェッションに関連するソシアルグッド（たとえば，弁護士は合法的取引を促進する）を備えていることである。善き情報プロフェッショナルであるということは，一方で技術的な，もう一方では倫理的な，2つのスキルセットを持つことを意味する。技術的なスキルは，一般的に，教育と実習あるいは訓練を経て習得される。自らのプロフェッショナルなスキルを活用することは，最低限の法に従うことを超えて，より高い次元のケアを行うことをプロフェッショナルに要求する。たとえば医師は，医師以外の者が持つことのない，人々に対して医療行為を施すという義務と権利を有している。私たちが作ったものによって影響を受ける人々に対するプラスの効果を最大限にするという気づかいあるいは関心は，単に直接的な危害を回避するという「当然の注意（due care）」を超えるものなのである。

⑴善意の人々にとっての情報倫理

　私たちが倫理について語る場合，正直で公正，信頼に足り，他人の幸福に配慮する個人の倫理的特徴について言及することが多い。幸い，私たちにとっての多くの倫理的意思決定は，両親や同僚，学校，法的ルール，そして宗教によってもたらされた効果的なトレーニングに基づけば，容易に行うことができる。

マイケル・クインは9つの一般的な倫理的価値を提示している。そこには公平[(5)]性や他者の権利を尊重することなどが含まれ，これらは多くのプロフェッショナル倫理綱領に取り入れられている。私たちは，日々のやりとりにおいて，こうした原則をどのように用いるかについてすでによく知っており，実践している。それゆえ，情報プロフェッショナルをトレーニングする際には，安全で効果的なシステムを開発するために必要な，技術的な情報システムスキルに主眼が置かれ，そのカリキュラムや認定の仕組みは，このような技術的スキルを中心に作られることになる。

　情報プロフェッショナルが，基本的な倫理原則に違反し，明らかな形で人々に危害を与えるのであれば，そうした行為を行った個人や組織が非倫理的であることを認識することは簡単である。しかし残念なことに，技術的に高いスキルを持つ善意の人々が，自らが設計し，実装する情報システムの社会的・倫理的影響を考えないままに意思決定を行い，その結果として情報システムに関わる問題が発生することも数多く見られるのである。

　情報プロフェッショナルは，ICTを扱うスキルにおいてはよく訓練されており，これらを使ってインシュリン注入ポンプをリアルタイムに処理したり，またはバーチャルアシスタントを使って情報管理を行ったりするといった，新しい，驚くべきことを成し遂げている。しかし，情報プロフェショナルが技術的に訓練されているとはいっても，彼ら／彼女らが持つ通常の倫理的洞察力は，新しい技術が社会に対して複雑な形で影響を与えるという現状に追いつかなくなってきている。情報プロフェショナルに対する倫理的な考察枠組みを使うためのトレーニングには，従来，オンラインストーカー行為やハラスメント，ソシアルメディア上での監視，また，どのような情報がどの程度までバーチャルアシスタントによって処理されてもよいのかといった問題に倫理原則を当てはめて考えてみるといったことは含まれてこなかった。このようなトレーニングでの足りない部分が組み合わされてしまうと情報倫理問題を発生させる原因となる。

(2)致命的前提

「コンピューティングにおけるプロフェッショナリズム」に関する講演でトム・デマルコは，倫理問題を引き起こしうる見解あるいは態度について述べ，それを「致命的前提」と呼んだ。すなわちこれは，プロフェッショナルが往々にして，「悪事は悪人によって行われる。私は悪人ではないので，悪事をするはずがない[6]」と信じているというものである。このような考え方をするプロフェッショナルは，倫理的非武装状態で世の中に出ていってしまう。彼ら／彼女らは，自分には「倫理的自由裁量権」があると思い込んでおり，言いかえれば，自分たちは何をしても許されると思っているのである。

倫理的意思決定についての心理学の研究[7]によると，デマルコのいう致命的前提は非常に一般的なものであるとされる。ある領域でプロフェッショナリズムを確立しようとするときに，この前提は，スキルの獲得を最優先にし，技術的な意思決定が社会に与える影響を考えるためのトレーニングの必要性を，あとから思いつくという形で姿を現す。

(3)応用情報倫理

「倫理」という言葉が用いられる場合，時として，それは哲学者たちが倫理のシステムについて研究するための多くの方法を指している。プロフェッショナル倫理とは，ある分野のプロフェショナルに，どのような振る舞いが求められるかということに関する倫理の一形態である。心理学の研究では，ゆっくりと意識的かつ論理的に行われる倫理的意思決定に先立って，直感的な情報処理を伴う即時的な倫理的反応が頻繁に行われているということが明らかにされている[8]。倫理的な意思決定プロセスは，状況の枠組みを私たちが認識するとき以上の認知エネルギーを必要とする。その状況にある倫理的要素や，それに対処するためのさまざまな方法を観察し，分析するために，認知エネルギーを消費するのである。倫理的意思決定は，幅広い利害関係者に対するシステムの影響について分析することを必要とする。倫理的反応と倫理的意思決定という2種類の思考が一致しない時こそ，両者をともに機能させなければならない。

　致命的前提は，この特別な認知作業の妨げとなる。それは，プロフェッショ
ナルの第1の責任が，自分たちの技術的スキルを製品をきちんと作ることに十
分に活用することにあるという，ごく限定されたプロフェッショナリズムの見
解のみを支持している。そのため，「より高い次元のケア」という考えは見過
ごしにされているのである。コンピューティングの複雑性やその急速な変化は，
最も意識の高い人にさえも，仕事を完成させるための技術的課題を最優先させ，
最低限の倫理的分析しかしないことをしばしば受け容れさせてしまう。情報プ
ロフェッショナルは，自分たちの業務の倫理的そして社会的な影響について意
識的に関心を寄せていなければならないのである。

⑷情報エシッキング

　テリー・ウィノグラードは，「エシッキング（ethicking）」という言葉を使う
ことで，倫理と応用倫理とを区別している。⁽⁹⁾プロフェッショナルコンピューティ
ングエシッキング（professional computing ethicking）とは，コンピューティング
プロフェッショナルの日々の活動を，プロフェッショナルとしての彼ら／彼女
らの役割を果たせるように導く価値観を用いることである。エシッキングは，
固定的領域である学術研究としての倫理学と，プロフェッショナルの活動とし
ての解釈，選択，評価とを区別するものであり，そうしたプロフェッショナル
としての活動において，私たちは「何が行われているのかと，何を行うべきか
を区別」し，価値と道徳の領域に影響をもたらす行為を明確にする。

　技術的専門知識は，情報プロフェッションの成立のための必要条件である一
方で，十分条件ではない。完全な情報プロフェッショナルになるには，情報エ
シッキングが求められる。情報学の本質は変化し，エシッキングは倫理分析を
行う対象を広げることを求めている。そうすることによって私たちは，誰の行
動や仕事のプロセスが影響を受けるのか，誰の状況や業務が影響を受けるのか，
そして誰の経験が影響を受けるのか，ということを意識することができる。

　これらの問いに答えるための認知上の努力は，システムをどのように変化さ
せるべきかや，開発中の複雑なシステムがもたらす影響を完全に分析するため

に，どのようなエキスパートに意見を聞くべきかについての洞察を与えてくれるかもしれない。

　倫理学と技術とは深く絡まり合っており，したがって情報プロフェッショナルは日常経験の一部として倫理的懸念事項について考えることが求められる。コンピューティングにおいては，技術的問題に対しての注意が非常に多く求められるため，人々は倫理的な懸念事項について見落としがちである。しかし，倫理的懸念事項への関心を持ち続けることは，プロフェッショナリズムにとって必要不可欠である。情報倫理は，効果的な倫理分析と倫理的意思決定に基礎を置くコンピュータプロフェッションの価値をより適切に表現するための手助けとなるであろう。

4　ICT における責任ある研究とイノベーション
Responsible Research and Innovation in ICT

バーント・シュタール（Bernd C. Stahl）

デュモンフォート大学（De Montfort University），英国

　ICT の倫理的および社会的側面を考えることの重要性は，1940年代および1950年代から議論され[10]，コンピュータ倫理と情報倫理に関する議論を引き起こしてきた[11]。しかし，コンピュータ／情報倫理は，新たな科学的発見や技術開発によって生じる懸念を取扱う研究領域であるというだけではない。そこには，技術評価[12]や科学技術研究[13]，技術哲学[14]などと関連し，重なりあう学問的関心が存在している。このような研究や学問領域に共通の関心は，技術の開発が社会に受け容れられるようにするための科学研究と技術開発のガバナンスをどのように確立するかということである。

　こうした議論に最近加わってきたのが，「責任ある研究とイノベーション」（RRI：Responsible Research and Innovation），あるいは「責任あるイノベーション」と呼ばれるものである。これは，民主的な科学と技術のガバナンスを促進する

ことを明確な目的とする議論である。RRI は次のように定義されている：

> 「責任ある研究とイノベーションは，透明でインタラクティブなプロセスで
> あり，それによって社会における当事者とイノベーターが，（私たちの社会に，
> 科学および技術の進展を適切に浸透させることを可能にするために）イノベーショ
> ンのプロセス，ならびにそこから産み出される市場性のある製品の（倫理的）
> 受容性，持続可能性，社会的望ましさを目的として，お互いがお互いに対し
> て責任を持つようになることができるものである。」[15]

　RRI は，これまで行われてきたさまざまな科学や技術に対するガバナンスの
議論を基礎として築かれたものであり，それらを，科学者と投資家やポリシー
メーカーなどの他のステイクホルダーに対して，研究のプロセスと結果に関す
るリスクと不確実性や，生じうる将来の利益や否定的側面にいかに取り組むか
についてのガイダンスを提供することによって前進させようとするものである。
こうした議論は，オランダ研究評議会（NWO），英国工学物理学研究評議会
（EPSRC，現在は「英国研究・イノベーション」の一部），欧州委員会などのヨーロッ
パの多くの公的研究資金提供機関によって採用され，推進されている。RRI に
対する解釈には，EPSRC によって採用されたものも含まれており[16]，それは予
測（anticipation），反映（reflection），関与（engagement），行動（action）という
4 つの側面（AREA）に焦点を当てたものである。欧州委員会は，RRI のコン
セプトに基づいて，ジェンダー平等，科学教育，倫理，パブリックエンゲージ
メントなどの多くの重要な政策分野に取り組んでいる[17]。
　RRI の概念は，研究のガバナンスに関する一般的な議論から生じたものであ
る一方で，それが作られ始めた当初から，特に ICT に主眼が置かれてきた[18]。ICT
は，一連の技術，アプローチ，テクニックから構成されており，原子力技術や
遺伝子工学などの伝統的に科学・研究のガバナンスの対象となってきた技術に
おいては問題とならなかった，特定のリスクをもたらすという特徴を有してい
る。そうしたリスクには，大規模な社会的影響をもたらす可能性のある ICT

の開発が速いペースで進むことも含まれている。その他の特徴として，ICT
の論理的順応性⁽¹⁹⁾と解釈の柔軟性⁽²⁰⁾があり，このことによってICTの原理やICT
人工物がどのように使われるのかを予測することは非常に困難となる。ICT
は古くからある技術に基づいて開発され，多くの人々（many hands）の貢献に
よって作られてきたものであり，個人に対する責任の所在を特定することを非⁽²¹⁾
常に難しくしている。さらに，ICTはさまざまな分野で応用されてきている
だけでなく，多くの分野をまたがる研究開発を支えており，多様な科学分野の
収束部分の根幹を形成している。⁽²²⁾こうした特性の一つひとつはICTに固有の
ものではないものの，それが組み合さることで，ICTにおけるRRIに関連す
る，特別なアプローチを必要とする一連の問題と課題を生じさせるのである。⁽²³⁾

　したがってRRIは，情報とコンピューティングの倫理，ならびに研究と科
学，技術のガバナンスをめぐる，重なり合いまた混ざり合った議論に貢献する
ものとしてみなすことができる。ただし，他の概念と同様に，RRIにはさまざ
まな解釈と発展の余地がある。そのため，それが新しい何かを提供するのか，
またそれが情報倫理や研究ガバナンスを超えうるものかを問うことは合理的で
ある。

　私がこの質問に対する答えとして提案するのは，RRIをメタ責任としてとら
えることによって，議論に新たな次元を加えることができるというものである。⁽²⁴⁾
これが何を意味するのかを説明するために，RRIの中核にある責任の概念につ
いて簡単に述べることにしよう。責任というのは通常，コミュニケーションベー
スのインタラクションに関わるコンセプトであるとみなされている。誰か（責
任の主体）が何か（責任の客体）に対して責任があるという場合，この主体と客
体との間の関係性は，通常何らかの監督メカニズム（責任の権威）によって規
定されている。この関係性は，ある望ましい成果を達成することを目指した，
帰属（ascription）という社会的プロセスの結果として最もよく理解される。⁽²⁵⁾た
とえば，親は自らの子供に対して責任を負い，同時にそのことについて社会に
対して説明責任を負っている。科学者は自分たちの仕事の質に対して責任を負
う。ポリシーメーカーは研究資金の配分に責任を負い，同時に有権者に対する

説明責任を課されている。

　こうした例から分かるように，責任の関係性は広く行き渡っており，社会のすべての人間の，つまり私たちすべての生活と人生を構造化している。私たちを取り巻き，導く責任のネットワークは，固定されているわけではなく，しかし無限に柔軟性があるわけでもない。責任の帰属は時がたつにつれて変化し，それらのあらゆる局面は常に見直され，修正される。メタ責任としての RRI とは，次のような考えを示すものである。すなわち，私たちの周りを取り巻いている責任のネットワークのある特定の局面に関して，高次（メタ）の責任が定義されており，それが，既存のもしくは新たな研究とイノベーションに関わるプロセスと行為者，責任を形作り，維持し，開発し，連係させ，調整することを可能にする。このように考えれば RRI の目的は，既存の責任の長いリストに何かをつけ加えるということではなく，研究とイノベーションのプロセスならびに結果の受容可能性，持続可能性ならびに望ましさをともに達成できるよう既存の責任を機能させるということにあるのである。

　メタ責任としての RRI という考え方を採用することは，新しい課題を生み出す。誰または何が，このメタ責任の主体，客体，そして権威となるべきなのかという問題が提起されるのである。どのようにすれば私たちは，価値と原則との間の対立に対処できるのであろうか。RRI が考慮しなければならない他のメタ責任には，どのようなタイプのものがあるだろうか。したがって私は，RRI をメタ責任として受け容れることが簡単であると主張しているわけではなく，こうしたメタ責任について熟考し，メタ責任としての RRI という方向性に進んでいくことが必要であると考えているのである。ICT や新たに出現しているデジタルテクノロジーからもたらされる倫理的，そして社会的な懸念はますます差し迫ったものとなっている。それらに取り組むためには，私たちはコンピュータ／情報倫理コミュニティが既に成し遂げてきたことを土台とした上で，さらなるインプットや技術的能力を進んで取り入れていかなければならない。したがって，ここで概説されたようなメタ責任を定義し，それを実用的に適切なものにしていくことが，私には必要不可欠であると思われる。最終的に RRI

という用語を使うか，責任あるイノベーションという言葉を使うかは，重要な問題ではない。しかしながら，RRI という概念に多大な時間と労力，資源が使われてきていることを考えれば，ここで述べてきたメタ責任を表すものとして，この用語を使うことが妥当であろう。

5　情報倫理の未来
The Future of Information Ethics

ソーラット・ホンラダーロム（Soraj Hongladarom）
チュラロンコン大学（จุฬาลงกรณ์มหาวิทยาลัย），タイ

　情報倫理の未来をどのように考えるべきであろうか。この問いには，いくつかの方法でアプローチすることができる。まず，情報の未来と倫理の未来とを区別することが必要である。いずれも重要なものであり，本来であれば，この小論で取り扱われるよりもきっちりとした考察が求められる。情報の未来はICT の未来と関係している。これは現在，精力的に研究が行われている分野であり，多くの研究者や科学者が幅広くこのテーマについて論じている。対照的に，倫理の未来については，その重要性は決して劣らないものの，さほど多くの研究者がそれに取り組んでいるわけではない。これは学問分野としての倫理に関わるものである。すなわちそこでは，どのように倫理が研究されるべきなのか，倫理と情報倫理の研究はこれからどのようなものになるのか，倫理という研究分野の特質はどのようなものなのかが問われることになる。これらはいずれも非常に重要な論点である。この他にも次のような論点が存在している。人々の倫理に対する態度は将来においてどのようなものになるのか。現在多くの人々がセキュリティの設定されたネットワークシステムにハッキングすることは悪だと考えているが，将来においてもこうした行為が同じように考えられる保証はあるのか。未来において人々がネットワークハッキングを非常にありふれた，普通のことだとみなすようになることはあるのか。このことが本当に

なれば，ネットワークセキュリティそのものが，もはや無用の長物となるだろう。将来においては，ネットワークのセキュリティそのものを考える必要がなくなるかもしれない。つまり，あらゆるネットワークが完全に開かれ，誰もがそれにアクセスできるようになっているかもしれない。こうなれば，システムに「ハッキング」する必要すらなくなっている。このような未来においては，誰もプライバシーについて気にすることはなくなるであろう。あらゆるものがあらゆる人にとって真に透明化されているのである。そしてこうした状況では，プライバシーに関する倫理研究は，「ピンの上で天使は何人踊れるのか」について考えることと同じような，風変わりなテーマとなるだろう。

　倫理ならびに情報倫理分野の未来に関するこれらの問いは，このテーマについて教え，研究する哲学者の仕事の特質に直接関係するという点においても重要である。現在，多くの人々は，AIが人間から仕事を奪い，失業させてしまうのではないかということを心配している。大学で倫理を講義する哲学の教授についても同様のことが起こる可能性があるかもしれない。情報倫理という分野がそのテーマに取り組む大学教授がいるかどうかに依存していると考えるならば，AIが大学教員に取って代わって講義をするという予測されているシナリオが，この学問領域自体にかなりの変化をもたらす可能性がある。これは，研究対象がそれを研究している人々の仕事を引き継ぎ，彼ら／彼女らに影響を与えるということになる。

　情報倫理の未来という課題を考えるための2つ目の方法は，その課題における未来がどれほどの長さのものとして想定されているのかに関するものである。短期なのか，中期なのか，あるいは長期なのか。このこともまた，重要な質問である。今日，情報倫理に関して，最も注目を集めているテーマはAIと5Gコミュニケーションである。短期的には，未来はこれらの技術によって支配されると予測することができる。生活の非常に多くの分野に機械学習アルゴリズムがあふれかえることになるだろう。したがって，倫理学者の学問的興味がこれらの技術の倫理的および社会的意味に関する考察に注がれることになるため，彼ら／彼女らの仕事はまだ安泰である。この短期的な状況が，将来どれほどま

で続くのかを予測することは非常に困難である。私の推測では，今後10年から12年の間は，哲学教授たちがこれらの新しい技術について考え，研究する仕事に携わることができると考えている。この根拠は，私自身が教育と執筆に10年から12年間は時間を費やすことができるということであり，したがって特に客観的なものではない。しかしながら，中期的には，AIと深層学習は現在よりもはるかに発展し，それらがどのような技術になっているのかを言い当てることは非常に難しい。おそらく，現在すでに起こっていることが，より拡張されたり，強化されたりしているであろう。その場合，今日生じている問題に対応するために構築された倫理理論は，中期的には問題への対処において同じように機能することができるかもしれない。しかし長期的には，現時点で発生していることが拡張され続けていくとはまったく考えられず，また中期から長期への切り替わりがいつ起こるのかを予測することはさらに困難である。私が心に抱いているのは，今日私たちが知っている技術が，今日ではほとんど想像できない新しい種類の技術に置き換えられたときに，長期が始まるということである。レイ・カーツワイルや他の人々の予測が正しい場合，汎用人工知能（AGI：Artificial General Intelligence）の登場によって，長期が始まることになる。機械は人間のように，そして同時に，人間よりもよりパワフルに考えることができる。そうした場合，倫理的考察は大きく変わっているだろう。もしAGIロボットが私たちとまったく同じように考えることができるならば，おそらく（本当におそらくだが）それは倫理について考え始め，哲学教授になるものも現れるかもしれない。そうなれば，若い大学生たちを教える私たちの仕事は本当に終わる。AGI教授が教える学生はAGIであるのだから，なおさらである。

　多くの人々は，こうした長期の状況に対して，自律型システムを設計するためのより倫理的な方法を提案することで，備える必要があることを警告している。このことによって，自律型システムがAGIとなったときに，それがすでに倫理的であるようにできるというのである。実際，これこそ私たちがやらなければならないことである。出現しつつあるAGIシステムに倫理感覚を植えつけることは，いかに倫理的になるかということに関する本能を最初から持た

247

せることである。そうすることで，AGI システムが真に知的になったときに，倫理感覚がシステムの本質から切り離せないものとなるようにすることができる。この倫理感覚を，数千年間にわたって進化してきた人間の倫理的行動（利他的行為，分かちあい，不当な扱いを受けたときの憤りなど）に対する本能と対比させることも可能である。しかしもちろん，機械に対してそのような長い時間をかけることはできない。このことは，未来に先送りしてよいことではなく，まさに今，やらなければならないことなのである。

6　AI と私たち
AI and We

ヨルダニス・カヴァサツォポウロス（Iordanis Kavathatzopoulos）
ウプサラ大学（Uppsala universitet），スウェーデン

(1)要　旨

AI は，私たちのニーズを満たすために，より質の高い答えや，製品・サービスを提供すると期待されている。しかし，AI にはある種のリスクが伴い，中には，たとえば人間の奴隷化や絶滅といった深刻なものもある。この問題に対処するために，私たちは本当に何をしたいのか，私たちの真の目的は何なのか，そして私たちは実のところどのような存在なのかを，問い直す必要がある。古典哲学は，人間を「思考する存在」として定義し，人間にとっての最大の問題は「いかに正しい方法で考えるのか」ということであるとしている。したがって，私たちの思考プロセスをサポートするツールとして AI を設計し，利用することが，その可能性をうまく活用し，リスクを低減させる正しい方法であるのかもしれない。

(2)はじめに

技術はさまざまな事柄に関して私たちを助けている。そして AI あるいは機

械学習が，これからさらに多くのものを与えてくれると私たちは期待している。しかし，そこには何らかのリスクが伴い，人類を絶滅させるという究極のリスクすらあるかもしれない。AIがそれ自体を自律的な存在にしたり，私たちを私たちが望まない何かにしたり，あるいは根本的にまったく違うものへと進化させるといった可能性も議論されている。しかしながら，こうしたことが発生するのかしないのか，また，いつ発生するのかについて，意見の一致が見られているわけではない。[(27)]

　このような非常に重要な質問に答えるために，私たちは，私たちと技術との一般的な関係について問うことから始める必要があるだろう。まず，単純な技術的ツールである電卓について少し考えてみよう。私たちは電卓を使って足し算や掛け算などをすることができる。そして，それはいつも正しい答えを出してくれる。これこそがまさに私たちが電卓に期待することであり，私たちはまさしくこの目的のために電卓を作ってきた。しかし，こうした正しい答えは，それが私たちの思考をサポートしないのであれば，無意味である。つまり，このツールは，私たちの思考をサポートするときに初めて意味を持つのである。ところが現在では，非常に多くの機能をこなす先進的AIを利用することができるようになり，私たちは，AIが答えや製品・サービスを与えてくれるものと期待している。[(28)]AIの恩恵と危険性についての議論は，AIがもたらすものが，人間や動物，環境，また世界全体にとって，良いものか悪いものなのかに関わっている。これは重要な問題であり，私たちは何らかの形でそれに対処しなければならない。しかし，私たちにそのようなことができるのであろうか。

　AIシステムには固有の矛盾が組み込まれている。AIの価値は，自律的だという点にある。もし私たちがAIに実行すべきことを命じるのであれば，AIは自律的ではなくなり，その価値は失われる。もしAIが自律的であるならば，それは私たちにとって価値があり，しかしその一方で，私たちのコントロールが効かない状態で物事を実行する。したがって，私たちがAIを強制終了させない限り，それは自律的に動作することになり，私たちはAIが何をするかを予測できなくなる。将来何が起こるかを予見することは非常に難しく，遠い未

来になればなるほど，さらに難しくなる。その上，AI あるいは機械学習のプロセスは，私たちにとってあまりに複雑であり，それを記述することもコントロールすることもできない。したがって，私たちは，AI が実行することに対して備えることができない。私たちは，AI が私たちの活動をどのようにさせようとするのかについて予見することができないのである。

　それでもやはり，AI が人類にとって，運命的なものであるとは言わないまでも，不可欠なものであるため，私たちは何かをしなければならない。1つできることは，AI が私たちの思考に対して果たしうる役割を見失わないようにすることである。AI の影響，特に将来的な影響をどのようにコントロールするかという課題については，考えること（思考）と（思考の結果としての）知識，選ぶこと（選択）と（選択の結果としての）答えあるいは解決策，判断することと（判断プロセスの結果として実際に下される）判断との間の緊張と，AI が果たす役割とを考えることによって対処しうるであろう。

(3)私たち

　何らかの問題に直面する場合，私たちは解決策を見つけることに注意を向けてしまいがちであり，通常，多かれ少なかれ自動的な方法に基づいて，その解決策が良さそうか，そうでないかを判断している。これは奇妙なことではない。私たちは問題を解決することを望んでおり，解決策こそがまさに重要なのである。しかし，良い解決策を見つけるためには，特に問題がある種のジレンマである場合，私たちは考える必要がある。考えること，すなわち思考は，さまざまな，そしてしばしば矛盾する解決策について判断し，選択することに関わっている。プロセス（思考）と製品（解決策）とは，別々に存在することはできないものの，明らかに同じものではない。生命は，問題を解決し，たとえば遺伝子の拡散のような基本的な目標やその他のより深い，隠された目標を達成するための行動を導く，自律的な自己調整的思考あるいは意思決定プロセスであるとみなすことができる。これが真実であるとすれば，ある生命体の出現は，そうした思考や意思決定プロセスが目標達成へと結びつくことが可能な状況あ

いは環境に依存することになる。⁽³¹⁾

　生命体である人間は，合理的に，あるいは非合理的に，またそれら２つがま
いまぜになった形で思考することができる。正しいやり方でも，間違ったやり
方でも考えることができる。ここでの正しいか，間違っているかは，思考の産
物ではなく，思考そのもの，すなわち思考のプロセスに関わることである。も
ちろん，これも重要である。もし私たちが正しい方法で考えるのであれば，私
たちは良い解決策を見つけるためのより多くの機会を得ることができる。倫理
においては，選択なしには倫理は存在しないという意味で，選択が最重要であ
る。つまり，選択が行われるための方法が最も重要なのである。⁽³²⁾

(4) AI

　私たちは何のために AI を必要としているのであろうか。この質問は興味深
い。AI は製品やサービスを提供することができる。AI に関するあらゆる議論
は，AI が持つ，私たち人間が抱えている問題を解決し，私たちのニーズを満
たす能力に注目している。もう１つのよく議論されるトピックは，AI が人間
の利益に反する形で自律的に動作し，それ自身の目標を決め，問題解決をする
能力を持つということである。

　しかし，私たちは異なるアプローチについて考えることができる。製品から
プロセスへと焦点を変えることによって，AI がもたらす影響という問題への，
より良い対処が可能となるかもしれない。このことはつまり，答えを提供する
AI ではなく，私たちが「正しい」プロセスに沿って考えることを手助けして
くれる AI をデザインするということである。

　このような AI をデザインするためには，私たちは自分たちが何を求めてい
るかを知る必要がある。そしてこの質問に答えるためには，私たちが何者であ
るのかについての知識を必要とする。他のあらゆる倫理的課題と同様に，私た
ちは自分たちが何を本当に求めており，自分たちにとって何が本当の目的であ
り，自分たちが本当は何者なのかについて問わなければならない。私たちは，
私たちの本性に従って必要とする製品やサービスを受取る存在なのであろうか。

ただそれだけに過ぎないのだろうか。あるいはある程度までそうなのか。私たち自身を通じて，私たちの思考を通じて，そして私たちの選択を通じて製品やサービスを受け取っているのであろうか。あるいは私たちは，ただ考え，ただ選択をするだけの，ソクラテス的／非物質的なプシュケーなのであろうか。

(5)どうすればよいのか：いくつかの代替案

　もし私たちが自分たちを単なる製品・サービスの受取り手であると考え，それを提供するものとして AI をデザインするのであれば，私たちは，すべての望みがかなえられる昔の専制君主のような存在へと堕すことになるだろう。私たちは考えることも，選ぶことも，何かを強く望むこともなくなってしまう。そしてこのことは同時に，それ自体がその目標とあり方を設定する，自律的な AI の出現を急速に促すことになるかもしれない。その理由は，これを止めることのできる人間が誰1人として存在していないからというだけでなく，むしろ，AI が可能な限り最善に機能する，すなわち私たちに製品・サービスを提供するという明確な目標が，大前提として最初に設定されるからである。

　私たちに「正しい」方法で考えさせるように AI が設計された場合，私たちは心穏やかな状態にはいられないようになるかもしれない。AI はすぐに私たちの心を崩壊へと導くように困惑させ，したがって私たちはもはや存在しないも同然となるであろう。そのとき AI は，私たちの不在ゆえに，何ら邪魔されることなく，達成すべききわめて明確な目標を維持し，非常に急速にその自律性を確立していくことになる。

　私たちが問題に対処する主体であり，同時に問題に対する解決策の受取り手であるという考えに基づいて AI の設計が行われるのであれば，それはより良い結果を導くことになるかもしれない。そうなれば，少なくとも将来の一定期間にわたって，この世界に私たちが存在することは可能であろう。このアプローチは，思考と（思考の産物としての）知識とが相互依存的であり，また私たちが自分自身の問題を解き，ニーズを満たすために思考しているという考え方に合致したものである。それでもなお，目標は明確に定義されているわけではない。

選択か，受取りか，あるいはその両方なのか。AIが選ぶのか，人間が選ぶのか。AIが提供するのか，人間が提供するか。AIが考えるのか，あるいは人間が考えるのか。

(6)結　論

　私たちは，またあらゆる生命体は，常に何らかの目的のために努力する存在である。私たちには目標があり，これが思考（あるいはロゴス）が生じる所以である。つまり，目標を達成するために思考するのである。他方，AIを自律的にすることによって生じるリスクを避けるために，目的を持たないAIを構築することは可能かもしれない。しかしそれでも，AIは，私たちが「正しい」方法で考えること，あるいは考え続けることをサポートするように設計されるかもしれず，このことが私たちを混乱させ，困惑させるかもしれない。いずれにせよ，こうしたAIは私たちに何も提供しないだろう。AIは，私たちが，私たち自身の思考を「正しい」方法で実践することによって，私たち自身に答えや製品・サービスを提供することを，単に助けるのみなのである。しかし，これこそがAIの目的なのではないだろうか。

7　情報倫理とAI法が出合うとき

When Information Ethics Meets the Laws of AI

ウーゴ・パガロ（Ugo Pagallo）

トリノ大学（Università degli Studi di Torino），イタリア

　このショートエッセイは，AI，法律，ならびに倫理に関する議論における2つの誤解あるいは思い違いに触れながら，「情報倫理のこれからの課題」について考えることを目的としている。

　1つ目の思い違いは，情報倫理の「オントロジー中心的（ontocentric）」な特質あるいは見解からもたらされがちなものである。この見解は，人間をエージェ

ント（agent：行為主体）という役割のみに基づいて見るのではなく，より広い見方をすることを要求し，エージェントとペイシェント（patient：行為の受け手）との間のインタラクションに注目することを示唆する。エージェントとペイシェントはともに，環境の一部として道徳的に取り扱われるべき情報体と見なされる。情報倫理のオントロジー中心的な立場に従えば，情報倫理が提供しようとしているものは，(i) 公平かつ普遍的な方法で，(ii) どのような技術を考察の対象としているのかに関わらず，(iii) エージェント／ペイシェントのさまざまな状態と，情報資源の内容について関心を寄せるさまざまな制度に対する統合的な見方である。(36)

　このオントロジー中心的な立場は，AI やロボット工学などの特定の技術によってもたらされる規範的課題の特異性を見過ごすべきであるということを意味するものではない。「ペイシェント志向」の「生態学的マクロ倫理」としての情報倫理は，コンピュータ倫理，デジタル倫理，ロボット倫理，機械倫理，AI 倫理などといった応用倫理領域における，多面的で文脈依存的な分析を行うための基盤をもたらすのである。2000年代中頃にコンピュータ倫理の提唱者と情報倫理の支持者との間でさまざまな議論が行われたものの，どちらのアプローチも，特定の抽象化レベルにおいて見れば，まるで一体化したものであるかのように適合している。情報倫理は，善悪といった応用倫理領域における基本的な概念に光を当て，またそれに付随する義務や禁止，許可といった概念を理解するための方法を明らかにすることを目的とする。その一方で，情報倫理の立場に見られるような統合的なものの見方は，特定の技術領域から生じる道徳的ジレンマに特有のものもその考察対象として受け入れる。たとえば，応用倫理の一種である生命倫理は「新しい形態のエージェント，ペイシェント，そして環境を生態学的に扱う点で，デジタル倫理に最も近いものである」(37)とされる。善行，無害，自律，正義といった生命倫理で共通に用いられている一連のコア原則に加えて，AI の規範的課題に適切に取り組むためには，5番目の原則として説明可能性を入れておく必要がある。この5番目の原則には，善きAI 社会のための倫理的枠組みにおける重要な要素として，AI の分かりやすさ

とその使用に関する説明責任の両方が組み込まれるべきであろう。今日の AI 倫理に関する議論は，マクロ倫理とミクロ倫理の衝突などではなく，マクロ倫理と応用倫理がどのように密接に連携するべきかを示している。

このエッセイで論じるもう 1 つの思い違いは，たとえば AI 分野において，情報倫理が現行の法的規制に対して果たす役割に関するものである。ここ数年にわたり，アシロマ AI 原則，責任ある AI のためのモントリオール宣言[39]，AI パートナーシップ理念[40]，OECD AI 原則[41]など，多くの宣言やガイドラインが公表されてきた。しかし，これらの取組みが，現行の多様な法的規制にどのように適合するのかはまったく明確ではない。実際，このような宣言やガイドラインに述べられている倫理原則は，法律という強制力のある手段に組み込まれる形で守られ，実施されるべきであると考えられる。しかしながら，AI に関する原則を盛り込んだこうした宣言が，1953年発効の欧州人権条約（ECHR）や 2000年に公布された EU 基本権憲章などの現行の法的規制や条約よりも上位に位置づけられことはほとんどない。全体として，今日，エキスパートたちは現行の法律に対抗して何をするべきか，またするべきでないのかについて議論していない。欧州委員会の専門家グループ（HLEG）は，その 2 番目の報告書「信頼できる AI ための倫理ガイドライン（2019年 4 月）」において，「信頼できる AI は，適用されるすべての法律と規制，および一連の前提条件を尊重しなければならない[42]」と述べている。これに呼応する形で，AI 原則とその「前提条件」に関する現在の議論は，強制力を伴うハードな倫理になっていない。すなわち，現行の法律，あるいは少なくともほとんどの西欧諸国の法的枠組みに対して，行われるべきことと，行われるべきではないことを示すものになっていないのである。むしろ，問題とされていることは，ソフトな倫理に関わる事柄であり，現行の法的規制をいかに補完し，強化するのかという点をめぐるものになっているのである[43]。図11-1 は，こうした点を明確にすることを意図して示されている。

確かに，長期的には状況が変わる可能性はある。AI や，バイオコンピューティングなどのその他のデジタル技術によってもたらされる課題の出現によっ

図11-1　現在における情報倫理の役割

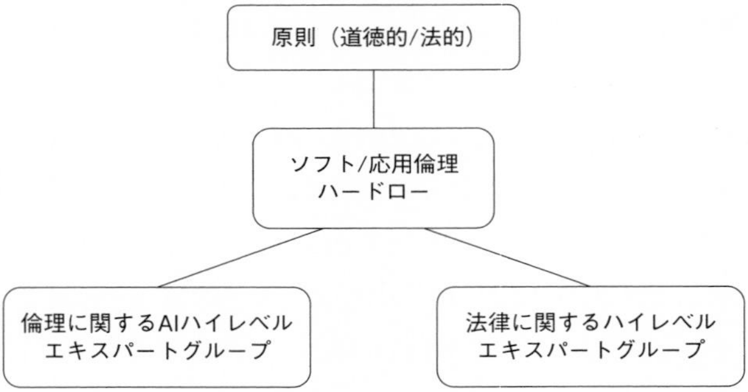

```
        ┌─────────────────────┐
        │  原則（道徳的/法的）  │
        └─────────────────────┘
                    │
        ┌─────────────────────┐
        │   ソフト/応用倫理     │
        │    ハードロー        │
        └─────────────────────┘
             │            │
  ┌──────────────────┐  ┌──────────────────┐
  │ 倫理に関するAIハイレベル │  │ 法律に関するハイレベル │
  │  エキスパートグループ  │  │  エキスパートグループ  │
  └──────────────────┘  └──────────────────┘
```

て，ソフトな応用倫理学者の専門知識ではなく，現行の法的規制に対抗するハードなマクロ倫理学者の知識に，より関心が寄せられていくことになるかもしれない。まるで，ジョン・ケネス・ガルブレイスが自分の専門領域について「経済予測が唯一役に立つことは，占星術を尊敬に値するものと思わせることである」とよく言っていたように。それでも，3〜5年のうちに，特定の技術領域から発生する道徳的ジレンマ（応用倫理が明らかにする）に，より多くの注目が集まるかもしれない。またポリシーメーカーと法律家がたとえば自動運転車，ロボットドクター，ドローン，スマートハウス，IoE（Internet of Everything）におけるブロックチェーンなどに関する現行の法的枠組みのギャップを埋めようとするときに，倫理学者が（ソフト倫理によって）それを手助けできるかもしれない。情報倫理は，技術革新の特定の領域に固有の道徳的ジレンマを，正しく認識するための統合的なスタンスを提供するのである。

8　倫理，ICT，経済：パラダイムシフト
Ethics, ICT and Economy : A Paradigm Shift

マリオ・アリアス–オリバ（Mario Arias-Oliva）

マドリッド・コンプルテンセ大学（Universidad Complutense de Madrid），スペイン

　倫理は，人文学の創始以来，今日までその中核的なトピックである。古代から人間の行動は道徳的および倫理的な観点から評価されてきた。事実，プラトン（紀元前428–348年）やアリストテレス（紀元前384–322年）にとって，倫理はその哲学的思索の中心に位置するものであった。ICT の出現は，技術利用に関する道徳的ジレンマの新たな局面を開くこととなり，倫理的観点から見れば，これによって多くの社会的課題あるいは難題が引き起こされてきている。倫理的な課題は指数関数的に増大しているのである。デジタルトランスフォーメーションは，特定の領域の限られた部分に影響を与えるのではなく，社会と経済が技術に依存するような形での大きな変化をもたらしている。国際電気通信連合（ITC）によると，携帯電話の利用契約数は世界の人口を上回っており，国連の「持続可能な開発アジェンダ」[44]に合わせる形で掲げられた，2023年までに世界人口の96％がブロードバンドサービスを利用できるという「Connect 2030 Agenda Target」の目標の達成も間近である（2018年には90％に達している）[45]。スマートフォンのような技術は，私たちの体と心の延長として，人間の DNA の一部になりつつある。たとえば米国人は，スマートフォンを1日に52回見ており[46]，毎日3時間43分をモバイルデバイスの利用のために費やしている[47]。

　こうした疑う余地もない世界的な ICT の浸透は，経済を変化させている。しかし同時に，技術の統合によってもたらされる経済やビジネスオペレーションの変革は，新たな倫理的懸念を引き起こしている。経済に対する ICT の倫理的影響は，現在の技術革新が，私たちがより良い社会を作るために役立つのかどうかを判断するために，検討されるべきである。私たちは皆，技術とその

潜在的用途に魅了されており，それに対する楽観的な分析が行われることもあって，欠点や悪影響よりも，技術の開発と利用がもたらす有益性に目を奪われがちになる。したがって，ビジネスと経済における技術の利用に関連する重要な倫理的論点について議論するための開かれた場を設定し，ICT が経済と社会に与える影響について批判的な検討を行うことが必要となる。

　私たちは「監視資本主義の時代(48)」へと歩みを進めつつある。グーグルが2001年に広告をカスタマイズするためのユーザ情報の収集を開始して以来，あらゆるセクターの企業が，そのビジネスに関連するあらゆる種類の人々に関するあらゆるタイプのデータを収集している。新たに出現したビッグデータのテクニックは，市場や消費者に関する優れた知識を調査に基づいて得るという活動をさらに先へと推し進めている。データ分析は，顧客の行動を予測するために行われ，選択の自由を単なる幻想と化した。私たちの意思決定は，たとえそれを自分自身で行っていると感じているとしても，企業や組織によってバイアスをかけられている。ケンブリッジアナリティカの事例は，テクノロジーに操られ，決定の自由を失った私たちの状況をまさに表している(49)。私たちの投票も，消費も，また観光旅行も，アルゴリズムによって影響を受けている。そして，この操作プロセスのすべては，人々にとって意識されない方法で行われている。私たちの多くは，このことについて何も分かっていない。むしろ技術を利用して，さらに高いレベルの自由を謳歌しているとすら感じている。人間の行動を操作し，バイアスをかけるために，こうしたディープな知識を得ることを目的として技術を利用することは，果たして倫理的なのであろうか。

　このショートエッセイのテーマに関連して，もう1つの重要な要素について考える必要がある。広く受け入れられているビジネスと技術に関連する原則の1つは，技術が健全な競争を促進するということである。インターネットは，中小企業が市場に参入する際の障壁を低くすると言われている。どこを拠点にしてビジネスを行っていようと，インターネットを利用してグローバル市場にアクセスすることができる。中小企業が大企業と競争する機会が開かれ，世界規模でより適切な富の分配を達成できる社会を実現できるようになる。このこ

とは，理論としては受け容れられている。しかし，テクノロジーとビジネス機会に関する事実は，本当のところどのようなものなのであろうか。実はまったく反対のことが起こっているのである。技術をはじめとするさまざまな要因がもたらしたグローバル経済環境においては，少数のプレーヤーへのパワーと富の集中がもたらされており，これが監視資本主義を発生させている。たとえば，米国では，４つの企業がトウモロコシ種子販売の85％を管理し，４つの企業が食肉用の豚の66％をコントロールし，３つの企業がクレジットカードの95％を支配して，さらに４つの企業が国内航空便の70％を運行している。この状況は技術セクターではさらに悪いものになっている。そこでは，企業は自らのビジネスに関連する個人データにとどまらず，ありとあらゆる人間活動に関連する個人データを収集している。このタイプの企業を「メタ企業」と呼んでもいいだろう。なぜなら，このような企業は特定のセクターの消費者行動に関する知識だけでなく，感情，政治思想，趣味，健康状態，旅行，人間関係，位置，嗜好など，人々の生活のあらゆる側面についての知識を集めているからである。そして包括的な方法で個人データを分析し，私たちが気づくよりも前に，私たちの行動を予測できるツールを開発している。グーグルやフェイスブックなどは，まさにこうした企業なのである。これらの事実は，ほぼすべての人の個人データと個人行動の予測機能，ならびに社会全体を操作しうる能力が少数のテクノロジー企業の手に集中していることを表している。少数の企業によるこのようなパワーの集中は倫理的なのであろうか。

　これらの企業の行動に規制をかけることは１つの解決策である。しかし残念ながら政府と政治家は，私たち全員にとってより良い未来が実現することを確実にするよう企業行動を統制するよりもむしろ，企業が保有している技術を自分たちの利益のために活用することを重視している。私たちは，現在，技術経済が出現しつつあることを認識し，とりわけ消費に関する意思決定を行うときに，自分が思っているほど自分は自由ではないことを自覚しなければならない。この認識こそが，経済における技術の倫理的な利用へと進むための最初のステップなのである。

注

（ 1 ）　Moor, J. H. (1985). What Is computer ethics? *Metaphilosophy*, 16(4), pp. 263–275.

（ 2 ）　Wiener, N. (1950/1954). *The Human Use of Human Beings : Cybernetics and Society*. Houghton Mifflin, 1950. (Second Edition Revised, Doubleday Anchor, 1954).

（ 3 ）　Moor, J. H. (1985). What is computer ethics? *Metaphilosophy*, 16(4), pp. 263–275. (pp. 269–270)

（ 4 ）　Wiener, N. (1948). *Cybernetics : or Control and Communication in the Animal and the Machine*. New York : Technology Press.
Wiener, N. (1950/1954). *The Human Use of Human Beings : Cybernetics and Society*. Boston, MA : Houghton Mifflin, 1950. (Second Edition Revised, Doubleday Anchor, 1954).

（ 5 ）　Quinn, M. J. (2017). Professional Ethics. In *Ethics for the Information Age*, Boston, MA : Pearson/Addison-Wesley, pp. 428–429.

（ 6 ）　DeMarco, T. (2012). Foreword. In Myers, C., Hall, T. and Pitt, D. (eds.), *The Responsible Software Engineer : Selected Readings in IT Professionalism*. London : Springer, pp. 1–5. (p. 4)

（ 7 ）　Bazerman, M. & Tenbrunsel, A. (2011). *Blind Spots : Why We Fail to DO What's Right and What to Do about IT*. Princeton, NJ : Princeton University Press.

（ 8 ）　Tenbrunsel, A. and Messick, D. (2004). Ethical Fading, the Role of Self-Deception in Unethical Behavior. *Social Justice Research*, 17(2), pp. 223–236.

（ 9 ）　Winograd, T. (1995). Computers, Ethics, and Social Responsibility. In Johnson, D. G. and Nissenbaum, H. (eds.), *Computer, Ethics & Social Values*, Upper Saddle River, NJ : Prentice-Hall, pp. 25–39. (p. 34)

（10）　Wiener, N. (1954). The Human Use of Human Beings. New York : Doubleday.
Wiener, N. (1964). *God & Golem, Inc. A Comment on Certain Points Where Cybernetics Impinges on Religion*. Cambridge, MA : MIT Press.

（11）　Bynum, T. (2008). Norbert Wiener and the Rise of Information Ethics. In van den Hoven, J. and Weckert, J. (eds.), *Information Technology and Moral Philosophy*, Cambridge : Cambridge University Press, pp. 8–25.

（12）　Grunwald, A. (2009). Technology Assessment : Concept and Methods. In Gabbay, D. M., Meijers, A. W. M., Woods, J. and Thagard, P. (eds.), *Philosophy of Technology and Engineering Sciences*, 9, Amsterdam : North Holland, pp. 1103–1146.

（13）　Coenen, C. and Simakova, E. (2013). STS Policy Interactions, Technology Assessment and the Governance of Technovisionary Sciences. Science, *Technology & Innovation Studies*, 9, pp. 3-20.

Hackett, E. J., Amsterdamska, O., Lynch, M. and Wajcman, J. (eds.) (2007). *The Handbook of Science and Technology Studies* (3rd ed.). Cambridge, Mass : MIT Press.

(14) Brey, P. and Soraker, J. H. (2009). Philosophy of Computing and Information Technology. In Gabbay, D. M., Meijers, A. W. M., Woods, J. and Thagard, P. (eds.), *Philosophy of Technology and Engineering Sciences*, 9, Amsterdam : North Holland, pp. 1341-1408.

(15) Von Schomberg, R. (2013). A Vision of Responsible Research and Innovation. In Owen, R., Heintz, M. and Bessant, J. (eds.), *Responsible Innovation*, Chichester : Wiley, pp. 51-74. (p. 63)

(16) Owen, R. (2014). The UK Engineering and Physical Science Research Council's Commitment to a Framework for Responsible Innovation. *Journal of Responsible Innovation*, 1, pp. 113-117. https://doi.org/10.1080/23299460.2014.882065.
この解釈は，次の研究業績を基礎としている：
Stilgoe, J., Owen, R. and Macnaghten, P. (2013). Developing a framework for responsible innovation. *Research Policy*, 42, pp. 1568-1580. https://doi.org/10.1016/j.respol.2013.05.008

(17) European Commission (2013). Options for Strengthening Responsible Research and Innovation (*Report of the Expert Group on the State of Art in Europe on Responsible Research and Innovation*). Luxembourg : Publications Office of the European Union.

(18) Von Schomberg, R. (ed.) (2011). *Towards Responsible Research and Innovation in the Information and Communication Technologies and Security Technologies Fields*. Luxembourg : Publication Office of the European Union.

(19) Moor, J. H. (2008). Why We Need Better Ethics for Emerging Technologies. In Hoven, J. V. D. and Weckert, J. (eds.), *Information Technology and Moral Philosophy*, Cambridge : Cambridge University Press, pp. 26-39.

(20) Doherty, N. F., Coombs, C. R. and Loan-Clarke, J. (2006). A Re-Conceptualization of the Interpretive Flexibility of Information Technologies : Redressing the Balance between the Social and the Technical. *European Journal of Information Systems*, 15, pp. 569-582.

(21) Poel, I. van de, Fahlquist, J. N., Doorn, N., Zwart, S. and Royakkers, L. (2012). The Problem of Many Hands : Climate Change as an Example. *Science & Engineering Ethics*, 18, pp. 49-67. https://doi.org/10.1007/s11948-011-9276-0

(22) van Est, R., Stemerding, D., Rerimassie, V., Rerimassie, M., Timmer, J. and

Brom, F. (2014). From Bio to NBIC-From Medical Practice to Daily Life (Report written for the Council of Europe, Committee on Bioethics). *Rathenau Instituut*, The Hague.

(23) Jirotka, M., Grimpe, B., Stahl, B., Hartswood, M. and Eden, G. (2017). Responsible Research and Innovation in the Digital Age. *Communications of the ACM*, 60, pp. 62–68. https://doi.org/10.1145/3064940

(24) Stahl, B. C. (2013). Responsible Research and Innovation : The Role of Privacy in an Emerging Framework. *Science and Public Policy*, 40, pp. 708–716. https://doi.org/10.1093/scipol/sct067

(25) Stahl, B. C., Timmermans, J., Rainey, S. and Shaw, M. (2019). Ethics in Innovation Management as Meta-Responsibility : The Practice of Responsible Research and Innovation in Human Brain Simulation. In Chen, J., Brem, A., Viardot, E., Wong, P. K. (eds.), *The Routledge Companion to Innovation Management*, New York : Routledge, pp. 435–454.

(26) Timmermans, J., Yaghmaei, E., Stahl, B. C. and Brem, A. (2017). Research and Innovation Processes Revisited — Networked Responsibility in Industry. *Sustainability Accounting, Management and Policy Journal*, 8(3), pp. 307–334. https://doi.org/10.1108/SAMPJ-04-2015-0023

(27) Bostrom, N. (2014). *Superintelligence : Paths, Dangers, Strategies*. Oxford : Oxford University Press.

Harrari, Y. N. (2015). *Homo Deus*. Stockholm : Natur & Kultur.

O'Neil, C. (2016). *Weapons of Math Destruction : How Big Data Increases Inequality and Threatens Democracy*. New York : Crown.

Reese, B. (2018). *The Fourth Age : Smart Robots, Conscious Computers, and the Future of Humanity*. New York : Atria Books.

Tegmark, M. (2017). *Life 3.0 : Being Human in the Age of Artificial Intelligence*. New York : Knopf Publishing Group.

(28) Persson, A. and Kavathatzopoulos, I. (2017). How to Make Decisions with Algorithms : Ethical Decision-making Using Algorithms within Predictive Analytics. In Volkman, R. (ed.), *Values in Emerging Science and Technology*, CEPE/ETHICOMP (pp. 1–13). Torino : Università degli Studi di Torino.

(29) たとえば，以下の文献を参照されたい。

Burell, J. (2016). How the Machine 'Thinks' : Understanding Opacity in Machine Learning Algorithms. *Big Data & Society*, January-June 2016, pp. 1–12.

(30) たとえば，以下の文献を参照されたい。

Schopenhauer, A. (1966). *The World as Will and Representation*, 1 & 2. New York : Dover Publications.

(31) Hedman, A. (2017). *Consciousness from a Broad Perspective : A Philosophical and Interdisciplinary Introduction*. Frankfurt : Springer.

(32) たとえば, 以下の文献を参照されたい。

Platon (1986). Paedon, Protagoras, Menon, Theaitetos. Athens : Zacharopoulos.

Platon (1992). Apologia. Athens : Kaktos.

Kant, I. (2004). Kritik av det rena förnuftet. Stockholm : Thales.

Kant, I. (2006). Grundläggning av sedernas metafysik. Stockholm : Daidalos.

Arendt, H. (2003). Responsibility and Judgment. New York : Shocken.

Camus, A. (1973). The Myth of Sisyfos. Athens : Boukoumanis.

(33) Pagallo, U. (2013). *The Laws of Robots : Crimes, Contracts, and Torts*. Dordrecht : Springer.

(34) たとえば, 次の研究がそれに該当する。

Floridi, L. (2008). Information Ethics, Its Nature and Scope. In van den Hoven J. and Weckert J. (eds.) *Moral Philosophy and Information Technology*, Cambridge : Cambridge University Press, pp. 40–65.

(35) Pagallo, U. and Durante, M. (2009). Three Roads to P2P systems and their Impact on Business Ethics. *Journal of Business Ethics*, 90 (4), pp. 551–564.

(36) Pagallo, U. and M. Durante (2019). Human Rights and the Right to Be Forgotten. In Susi, M. (ed.), *Human Rights, Digital Society and the Law*, Abington-New York : Routledge.

(37) Floridi L., Cowls, J., Beltrametti, M., Chatila, R., Chazerand, P., Dignum, V., Luetge, C., Madelin, R., Pagallo, U., Rossi, F., Schafer, B., Valcke, P. and Vayena, E. (2018). AI4People-An Ethical Framework for a Good AI Society : Opportunities, Risks, Principles, and Recommendations. *Minds and Machines*, 28(4), pp. 689–707.

(38) Asilomar AI Principles. https://futureoflife.org/ai-principles/

(39) Montreal Declaration for Responsible AI.
https://docs.wixstatic.com/ugd/ebc3a3_c5c1c196fc164756afb92466c081d7ae.pdf

(40) Tenets of the Partnership on AI. https://www.partnershiponai.org/tenets/

(41) OECD Principles on AI. https://www.oecd.org/going-digital/ai/principles/

(42) AI HLEG's *Ethics Guidelines for Trustworthy AI*. https://ec.europa.eu/digital-single-market/en/news/ethics-guidelines-trustworthy-ai

(43) Pagallo, U. (2017). When Morals Ain't Enough : Robots, Ethics, and the Rules of the Law. *Minds and Machines*, 27(4), pp. 625–638.

(44) United Nations (2015). The Sustainable Development Agenda - United Nations Sustainable Development. https://www.un.org/sustainabledevelopment/development-agenda/

(45) International Telecommunication Union (2018). Measuring the Information Society Report 2018 - Volume 1. Geneva, Switzerland. ITU Publications (Vol. 1). ITUPublications. https : // www.itu.int/en/ITU-D/Statistics/Documents/publications/misr2018/MISR-2018-Vol-1-E.pdf

(46) Deloitte. (2018). Global Mobile Consumer Survey, US Edition. Global Mobile Consumer Survey, US Edition. Overview of results. https : // www2.deloitte.com /content/dam/Deloitte/us/Documents/technology-media-telecommunications/ us-tmt-global-mobile-consumer-survey-extended-deck-2018.pdf

(47) Amy, H. (2019). US Adults Are Spending More Time on Mobile Than They Do Watching TV - eMarketer Trends, Forecasts &amp ; Statistics. https : // www.emarketer.com/content/average-us-time-spent-with-mobile-in-2019-has-increased

(48) Zuboff, S. (2019). *The Age of Surveillance Capitalism*. London : Hachette Book Group.

(49) 第1章ケース(8)および下記文献を参照されたい。
Privacy International (2019). Cambridge Analytica, GDPR-1 year on - a lot of words and some action | Privacy International. https : //privacyinternational. org/news-analysis/2857/cambridge-analytica-gdpr-1-year-lot-words-and-some-action

(50) Mauldin, J. (2019, April). America Has A Monopoly Problem. *Forbes*.

推薦図書

ハンナ・ロスリング，オーラ・ロスリング，アンナ・ロスリング・ロンランド（上杉周作・関美和訳）『FACTFULNESS──10の思い込みを乗り越え，データを基に世界を正しく見る習慣』日経BP，2019年.

ジェイミー・バートレット（秋山勝訳）『操られる民主主義──デジタルテクノロジーはいかにして社会を破壊するか』草思社，2018年.

Rafael Capurro (2017). Digitization as an Ethical Challenge. *AI & Society*, 32, pp. 277–283.

Shoshana Zuboff (2019). *The Age of Surveillance Capitalism : The Fight for a Human Future at the New Frontier of Power*. London : Profile Books.

練習問題

① 今後の情報社会において倫理問題の解決に積極的に取り組むべき主体は誰だと考えられるか，その理由とともに述べなさい。

② 「サイボーグユニット」とは何かについて述べた上で，サイボーグユニットに組み込まれた人間がどのような便益を享受しうるのか，またそこで発生しうるリス

クにはどのようなものが考えられるかについて述べなさい。

③　AI をめぐる倫理問題の論点にはどのようなものがあるのか，説明しなさい。

④　本章の 8 つのエッセイの中で，最も印象に残ったものについて，その著者が主張
する内容に賛同する点と，反対する点についてそれぞれ述べなさい。また，反対
する点については，どのような修正を行うべきかについて論じなさい。

⑤　今後，どのような ICT の開発と利用が行われていくかについて予想し，そのよう
な技術が社会に普及することによって，どのような新たな情報倫理問題が発生
しうるかについて，自分の意見を述べなさい。

索　引　　*は人名

《執筆者紹介》 ＊は編著者

＊村田 潔 （むらた・きよし）第1章，第2章，第3章，第4章，第5章1（1），（2），3，第6章
3，第8章1，第10章1，2，第11章（各ショートエッセイの翻訳）

編著者紹介欄参照

＊折戸洋子 （おりと・ようこ）第1章，第6章1，2，4，第8章2，第10章2，第11章（各ショー
トエッセイの翻訳）

編著者紹介欄参照

宮下 紘 （みやした・ひろし）第5章1（3），2（1），（2），（3）

2007年 一橋大学大学院法学研究科博士課程修了，博士（法学，一橋大学）。
現 在 中央大学総合政策学部准教授。
主 著 『EU 一般データ保護規則』勁草書房，2018年。
『事例で学ぶプライバシー』朝陽会，2016年。
『プライバシー権の復権』中央大学出版部，2015年。

福田康典 （ふくた・やすのり）第5章2（4）

2001年 明治大学大学院商学研究科商学専攻博士後期課程単位取得退学。
現 在 明治大学商学部教授。
主 著 『地域デザインモデルの研究——理論構築のための基本と展開』（共著）学文社，2020年。
「マーケティング・リサーチ活動に対する消費者同意の予備的考察——同意の不本意さの
観点から」，『日本経営診断学会論集』，19，1-7頁，日本経営診断学会，2019年。
Personal Data Sensitivity in Japan : An Exploratory Study（共著），*Orbit Journal*, 1（2），
pp. 1-13, 2017.

山崎竜弥 （やまざき・たつや）第7章，第10章1（2）

2016年 明治大学大学院商学研究科商学専攻博士前期課程修了。
現 在 富山大学経済学部経営学科専任講師。
主 著 「ICT プロフェッショナリズムの現代的課題：責任不在の情報社会における個人と組織」，
『日本情報経営学会誌』，39（4），37-51頁，日本情報経営学会，2020年。
Post-Truth Society : The AI-driven Society Where No One Is Responsible（共著），in
Arias Oliva, M. et al.（eds.），*Societal Challenges in the Smart Society*, pp. 397-405, Uni-
versidad de La Rioja, 2020.

浅井亮子 （あさい・りょうこ） **第9章1**

2007年　明治大学大学院政治経済学研究科政治学専攻博士後期課程修了，博士（政治学，明治大学）

現　在　Ruhr-Universität Bochum（ルール大学ボーフム），Sozialwissenschaft（社会科学部），Wissenschaftlicher Mitarbeiter（リサーチフェロー）

主　著　AI and Ethics for Children : How AI Can Contribute to Children's Wellbeing and Mitigate Ethical Concerns in Child Development, in Arias Oliva, M. et al. (eds.), *Societal Challenges in the Smart Society*, pp. 459–466, Universidad de La Rioja, 2020.
　　　　Social Media in a Disaster : Technology, Ethics and Society in Tôhoku in March 2011, in Lennerfors, T. T. and Murata, K. (eds.), *Tetsugaku Companion to Japanese Ethics and Technology*, pp. 219–233, Springer, 2019.
　　　　Snowden's Revelations and the Attitudes of Students at Swedish Universities（共著），*Journal of Information, Communication and Ethics in Society*, 15(3), pp. 247–264, Emerald, 2017.

柳原佐智子 （やなぎはら・さちこ） **第9章2**

2004年　広島市立大学大学院情報科学研究科博士後期課程修了，博士（情報科学，広島市立大学）
現　在　富山大学経済学部経営学科教授。
主　著　「労働時間を厳格に管理された在宅勤務者の組織市民行動」，『日本情報経営学会誌』，39（ 1 ），57–67頁，日本情報経営学会，2019年。
　　　　「日本におけるテレワークの現状と今後――人間と ICT との共存はどうあるべきか」，『日本労働研究雑誌』，709，16–27頁，労働政策研究・研修機構，2019年。
　　　　『地域とヒトを活かすテレワーク』（共編著）同友館，2018年。

岡田仁志 （おかだ・ひとし） **第10章3**

1999年　大阪大学大学院国際公共政策研究科博士後期課程退学。
2000年　博士（国際公共政策，大阪大学）。
現　在　国立情報学研究所情報社会相関研究系准教授。
主　著　『リブラ　可能性，脅威，信認』日本経済新聞出版社，2019年。
　　　　『決定版　ビットコイン＆ブロックチェーン』東洋経済新報社，2018年。
　　　　『電子マネーがわかる』日本経済新聞出版社，2008年。

《編著者紹介》

村田　潔 （むらた・きよし）

明治大学商学部教授。

1987年筑波大学大学院社会科学研究科経済学専攻博士課程退学。北海道女子短期大学，駿河台大学を経て1995年明治大学商学部助教授，97年同教授。明治大学ビジネス情報倫理研究所所長，英国デュモンフォート大学 CCSR（Centre for Computing and Social Responsibility）国際研究員，ETHICOMP 運営委員会委員，Journal of Information, Communication and Ethics in Society ならびに European Journal of Management and Business Economics 編集委員。研究分野は情報倫理，経営情報論。

著書・論文：

『現代経営情報論』（共著）有斐閣，2021年。

Does Ethical Judgment Determine the Decision to Become a Cyborg? Influence of Ethical Judgment on the Cyborg Market（共著），*Journal of Business Ethics*, 161（1），pp. 5–17, Springer, 2020.

Tetsugaku Companion to Japanese Ethics and Technology （共編著），Springer，2019.

折戸洋子 （おりと・ようこ）

愛媛大学社会共創学部産業マネジメント学科准教授。

2007年明治大学大学院商学研究科商学専攻博士後期課程修了，博士（商学）。愛媛大学法文学部講師，准教授を経て，2016年同大学社会共創学部准教授。明治大学ビジネス情報倫理研究所研究員。研究分野は情報倫理，経営情報論。

著書・論文：

『新時代の経営入門──進化するマネジメント』（共編著）晃洋書房，2020年。

Do Honest People Pull the Short Straw? The Paradox of Openness （共著），in Kreps, D. et al. (eds.), *This Changes Everything - ICT and Climate Change : What Can We Do?* pp. 282–292, Springer, 2018.

『ここから始める経営入門』（共編著）晃洋書房，2016年。

情報倫理入門
——ICT社会におけるウェルビーイングの探求——

2021年5月15日　初版第1刷発行　　　　　　　〈検印省略〉

定価はカバーに
表示しています

編著者　　村　田　　　潔
　　　　　折　戸　洋　子
発行者　　杉　田　啓　三
印刷者　　藤　森　英　夫

発行所　株式会社　ミネルヴァ書房
607-8494　京都市山科区日ノ岡堤谷町1
電話代表　(075)581-5191
振替口座　01020-0-8076

© 村田, 折戸ほか, 2021　　　　亜細亜印刷・藤沢製本
ISBN978-4-623-09125-6
Printed in Japan

よくわかる社会情報学

―――――― 西垣　通・伊藤　守編著　B5判　232頁　本体2500円

社会情報学とはなにか？　情報伝達のためのコミュニケーションの歴史は，音声，書字からコンピュータへと進展してきた。本書は学問としての成立，基礎概念から最新の成果までをわかりやすく解説する。

情報資源組織論
よりよい情報アクセスを支える技とシステム

―――――― 山本順一監修　志保田　務編著　A5判　224頁　本体2600円

情報資源関係の技術や書誌基準（目録），主題分析（分類）などを分かりやすく解説し，書誌コントロールやネットワークなどWeb時代の情報資源をめぐる最新状況を幅広く紹介。特に電子書籍をはじめとするデジタル資源の組織化を重視し，その作動を可能とするメタデータを詳しく解説する。

情報サービス論
情報と人びとをつなぐ図書館員の専門性

―山本順一監修　山口真也・千　錫烈・望月道浩編著　A5判　256頁　本体2800円

司書資格取得者向けに編纂されたテキスト。副読本としても読める。とくに第3・4章の専門的理論は具体的例とともに紹介。また，第5章はレファレンスサービスを実践的に学ぶ練習問題を掲載し，司書資格科目にある「情報サービス論」と「情報サービス演習」の演習テキストにも一部活用できる。

メディア産業論
デジタル変革期のイノベーションとどう向き合うか

―――――― 湯淺正敏編著　A5判　280頁　本体3000円

DXの進展やGAFAの台頭で，メディア産業はどのように変容しているのか。身近な事例，欧米の動向等を網羅した豊富なデータをふまえ，メディア産業の「いま」を解説。また今後採るべき戦略や社会の中で果たすべき役割についても提言する。

―――――― ミネルヴァ書房 ――――――

http://www.minervashobo.co.jp/